工业和信息化普通高等教育 | 高等院校"十三五"
"十三五"规划教材立项项目 | 电子商务系列规划教材

U0740692

淘宝网

开店、装修、运营、推广与管理

微课版 第2版

赵礼玲 李星 / 主编

卢峙阳 黄兰 / 副主编

Electronic
Commerce

人民邮电出版社
北 京

图书在版编目（CIP）数据

淘宝网开店、装修、运营、推广与管理：微课版 / 赵礼玲，李星主编. -- 2版. -- 北京：人民邮电出版社，2021.3
高等院校"十三五"电子商务系列规划教材
ISBN 978-7-115-53578-8

Ⅰ. ①淘… Ⅱ. ①赵… ②李… Ⅲ. ①电子商务－商业经营－中国－高等学校－教材 Ⅳ. ①F724.6

中国版本图书馆CIP数据核字(2020)第043389号

内 容 提 要

　　本书以淘宝为运作平台，从淘宝网店的策划开始，详细介绍了开设一家淘宝网店、选择并发布商品、店铺管理、拍摄并美化商品素材、网店的设计与装修、搜索引擎排名与优化、利用站外资源推广店铺、利用站内资源推广与促销、网店物流与仓储、网店客服与售后服务等内容。

　　本书可作为普通高等学校、高职院校及社会培训学校电商运营相关课程的教材，也可供从事淘宝店铺相关工作或准备从事淘宝店铺相关工作的人员学习和使用。

◆ 主　编　赵礼玲　李 星
　　副主编　卢峙阳　黄 兰
　　责任编辑　许金霞
　　责任印制　杨林杰

◆ 人民邮电出版社出版发行　北京市丰台区成寿寺路 11 号
　　邮编　100164　电子邮件　315@ptpress.com.cn
　　网址　https://www.ptpress.com.cn
　　三河市君旺印务有限公司印刷

◆ 开本：700×1000　1/16
　　印张：17.25　　　　　　　　2021 年 3 月第 2 版
　　字数：369 千字　　　　　　2025 年 8 月河北第 8 次印刷

定价：58.00 元

读者服务热线：(010)81055256　印装质量热线：(010)81055316
反盗版热线：(010)81055315

前言
PREFACE

编写目的

随着电子商务市场的不断发展，淘宝平台的竞争环境、淘宝用户的特征等要素均已发生变化，淘宝网作为早年的"创业圣地"，对创业者虽然依然具有很大的吸引力，但淘宝创业已不再是轻而易举的事情了。

为了更好地帮助读者认识淘宝网，掌握淘宝网的开店过程和经营方法，我们曾编写了《淘宝网开店、装修、运营、推广与管理（微课版）》一书。该书上市3年多来，得到了很多老师和读者的好评。在此期间，网店的运营方法不断发生变化，为了让广大读者更好地了解这些变化，并能将新方法和新思维运用到淘宝店铺的运营中，我们在第1版的基础上进行了一定的改进，主要表现在以下3个方面。

结构优化：本书采用"案例导入+知识讲解＋疑难解答+课后习题"的体例结构进行讲解，先以真实的典型案例启发读者，并结合淘宝网店开设、装修、运营、推广和管理等各种知识展开，力求为读者的学习全方位护航。

内容优化：电子商务的快速发展使网店运营与管理的方法发生了变化，基于此，我们对内容进行了优化，全书深入贯彻党的二十大精神，增加了目前网店运营的新知识，如拍摄和制作主图视频、店铺视觉设计、装修移动端店铺、直播引流推广、内容转化推广、移动端店铺推广等，从而帮助读者更好地在淘宝网上发挥所长，同时兼顾口碑与盈利。

案例优化：对于与淘宝网店运营相关的所有案例和内容介绍，我们都做了相应的更新，以帮助读者更好地掌握当前网店运营的方法。

本书特色

作为淘宝网店运营的教材，与目前市场上的其他同类书相比，本书具有以下特色。

知识全面：本书从淘宝网店的开设、装修、运营、推广与管理等角度出发，全面地讲了述网店运营所需的所有技能，以帮助读者从零开始进行网店的开设、运营与管理。

结构合理：本书以"案例导入"为切入点，通过真实的案例启发读者，然后结合淘宝网店开设、装修、运营、推广与管理等一系列知识进行全面细致的阐述，最后再通过课后习题进行能力的巩固提升。

案例丰富：除了"案例导入"外，本书在知识讲解过程中均以文字或图片的形式列举对应的案例，这些案例具有很强的可读性，可以帮助读者快速理解与掌握相关内容，加深对知识的理解。

实用性强：本书结合真实的网店需求，通过操作实例同步展开相关知识的讲解，读者可以借鉴书中的实例进行操作，也可以在其基础上进行扩展练习。

教学资源

本书通过扫二维码的方式给读者提供配套的视频教学资料，读者直接扫描二维码即可观看。相关素材和效果文件可登录人邮教育社区下载。

编者介绍

本书由经验丰富的网店老手与网络技术高手编写，同时也得到了众多资深网店店主的支持，在此表示衷心的感谢。由于作者水平有限，书中难免存在不足之处，欢迎广大读者批评指正。

编　者

2023年11月

目录
CONTENTS

CHAPTER

01

开设一家淘宝网店

互联网的快速发展与普及，催生了网上购物这种快捷、现代化的购物方式。越来越多的消费者通过网络进行购物，这就为网上商店（简称"网店"）的发展提供了广阔的空间。网上开店的方式非常灵活，且成本较低，商家只要经营得当就能获得一定的利润。本章首先介绍网上开店的基础知识，包括网上开店的方式、常见的网上开店平台等，然后以淘宝网为例，介绍注册淘宝会员，开通支付宝认证、淘宝店铺并进行设置的方法。

案例导入

王丹是一名高校应届毕业生。在所有同学都紧张地准备找工作时，王丹却有了自己开店创业的想法。原来，王丹的表姐在淘宝网上开了一家森女系女装专卖店，专门出售森女系风格的衣服、裤子等，销量还不错。王丹心生羡慕，自己也想开一家淘宝网店。

有了这个想法后，王丹立即开始行动，积极向表姐咨询开店的相关事宜。表姐告诉王丹，网上开店并不简单，她的店铺现在颇有起色，是因为经过了一段时间的摸索，付出了大量的心血。一开始，表姐看到服装在网店的销售非常火爆，也想分一杯羹，于是紧锣密鼓地开设了自己的网店。由于前期市场调查不足、准备不充分等，她没有做好自身店铺的定位，选择了时尚潮流女装作为自己的主打方向，结果因为该领域的竞争太过激烈而销量平平。表姐深刻地分析了自己失败的原因，发现原来是因为时尚潮流女装的目标消费者对款式的流行度、价格的高低等比较在意，而自己的网店商品价格比较高，款式也不太新颖。经过仔细思考和吸取前期的经验教训，表姐决定换一个主打方向：主打森女系，以吸引热爱自然、喜欢宽松服装的目标消费者。

同时，经过表姐的一番努力，她获得了一家工厂的支持，由她提供衣服的概念设计，工厂负责加工制作。她还申请了自己的品牌，将自己的 C2C 网店升级成了 B2C 网店。这下，有了品牌的加持，表姐的网店竞争力大大加强。其次，为了吸引消费者进店浏览并购买商品，表姐花了很多精力进行网店的装修，从网店取名到风格设计都牢牢抓住了森女系服装目标消费者的需求，这也是她的网店后来居上的原因。

表姐的森女系女装专卖店一开始只上架了几件衣服，但衣服的销量比较好，吸引了不少消费者，这给了她很大的信心。于是，表姐再接再厉，设计并生产了其他款式的服装，一步步扩大网店的规模。现在，表姐的森女系女装专卖店已经是皇冠店铺了，并且口碑较好，生意源源不断。

听了表姐开店的经历，王丹也更有信心做好自己的网店了。首先，王丹深入了解了开设网店的平台，在选择了适合自己的开店模式后，才投入网店的开设工作中。

1.1　网上开店的方式

网上开店是随着互联网的发展而产生的在互联网上开设虚拟商店的一种销售方式。在网上开店，商家可以通过互联网在线为消费者提供商品或服务等。但由于没有实体店面，消费者无法直接接触商品或服务，只能通过商家在网店中呈现的描述信息（如文字、图片、视频等）或通过其他消费者的评价来进行了解。商家网上开店的方式不同，展现给消费者的效果也就不同。目前，网上开店的方式主要有 3 种，分别是自助开店、创建独立网站、独立网站与自助开店结合。

↘ 1.1.1　自助开店

自助开店是指通过提供网上商店服务的平台进行自助开店，这样的平台包括淘宝网、易趣网等 C2C 网站，天猫商城、京东商城、当当网等 B2C 网站。自助开店类似于在商城中租用一个柜台出售商品，其方式比较简单。提供这类服务的平台大都提供了自助开店服务，一般只需支付给平台相应的费用，即可快捷地开设自己的店铺。

自助开店是一种非常主流的开店方式，其优势是可以借助网上开店平台的人气。图 1-1 所示为当当网招商页面。

图1-1　当当网招商页面

💬 **经验之谈**

不同的网上商城平台对入驻商家的要求不同。如淘宝网对商家入驻的要求较低，个人或企业都可入驻；而天猫商城、京东商城等网站则对入驻要求较高，一般是商家才可入驻，且入驻时需提供企业基本信息，并缴纳一定的保证金。

↘ 1.1.2　创建独立网站

创建独立网站是指网店经营者根据自己的经营情况，自行设计或委托专人制作网站。独立网站一般都有一个独立域名，不依附其他的大型购物商城，经营者自主进行经营。创建独立网站需要完成域名注册、空间租用、网页设计、程序开发、网站推广、服务器维护等工作。由于是自主设计，所以可以体现出独特的设计风格，这一点与受限于商城模板的自助开店不同。图1-2所示为独立网站。

独立网站的经营推广比自助开店更加困难，需要有固定的团队进行网站的维护。同时，由于这类网站不依靠其他商城，所以不需要缴纳保证金，但网站推广及维护的费用成本较高，新创建的独立网站一般较难取得消费者的信任。

图 1-2　独立网站

↘ 1.1.3　独立网站与自助开店结合

　　独立网站与自助开店结合是指将独立网站与自助开店两种方式结合起来，既在大型商城中开设店铺，又建立自己独立的网站进行运营。这种方式的投入较高，但集合了两种开店方式的优势，新的品牌也可以先依靠大型商城的人气慢慢积累品牌知名度，再发展自己的独立网站。现在很多知名品牌采用了这种模式进行销售。

1.2　常见的网上开店平台

　　网上开店的平台很多，商家应该根据自身情况选择有一定人气、流量且广受消费者喜爱的平台。因此，商家需要先了解各大网上开店平台，分析其是否符合自身的需求。同时，还要了解常见的电子商务类型，以更好地进行网上开店平台的选择。

↘ 1.2.1　常见的电子商务类型

　　了解电子商务的类型，可以帮助商家深入理解各大网上开店平台的运营模式，以便更好地进行网上开店平台的选择。根据电子商务平台经营性质的不同，可将电子商务划分为不同的类型。例如，按照交易的主体，可将电子商务划分为 B2B、B2C、C2C、O2O、B2G、C2G 这 6 种类型，其中前 3 种类型是现在主流的电子商务类型。

1. B2B

　　B2B（Business-to-Business）是一种企业对企业的电子商务类型。B2B 电子商务是企业与企业之间通过互联网进行商品、信息、服务的沟通和交易，如阿里巴巴网就是 B2B 电子商务中的典型代表。

2. B2C

B2C（Business-to-Customer）是一种企业对消费者的电子商务类型，即企业直接面向消费者销售商品和服务的商业零售模式。B2C 电子商务一般以网络零售业为主，主要借助于互联网开展在线销售活动，如京东商城、当当网就属于 B2C 电子商务类型。

3. C2C

C2C（Customer-to-Customer）是一种个人对个人的电子商务类型。C2C 电子商务平台一般会为交易的双方提供网上在线交易平台，卖方将商品信息提供给交易平台，由交易平台展示商品，买方可选择需要的商品进行购买，如淘宝网、易趣网等就属于C2C 电子商务类型。

经验之谈

O2O（Online To Offline）是指将线下的商务机会与互联网结合，让互联网成为线下交易的平台。O2O 是现在非常常见的一种电子商务模式，如团购、网上订票等本地生活服务就是非常典型的 O2O 模式。

1.2.2　网上开店的平台

经营者需根据实际需要来选择网上开店平台，如个人用户适合在淘宝网、易趣网等 C2C 平台开设店铺；商家、企业等既可以选择 C2C 平台，又可以选择京东商城、天猫商城等 B2C 平台。

1. 淘宝网

淘宝网由阿里巴巴集团在 2003 年 5 月创建，是中国受众非常多的一个网购零售平台。自创建以来，随着规模的不断扩大和用户数量的快速增加，淘宝网逐渐由原本的 C2C 网络集市变成了集 C2C、团购、分销、拍卖等多种电子商务模式于一身的综合性零售商圈。

淘宝网为淘宝会员打造了非常全面和完善的网上交易平台，操作比较简单，非常适合想要开设网络店铺的个人卖家。图 1-3 所示为淘宝网首页。

2. 天猫商城

天猫商城是一个综合性购物网站。天猫商城是淘宝网打造的 B2C 电子商务网站，整合了众多品牌商和生产商，为消费者提供 100% 品质保证、7 天无理由退货，以及购物积分返现等优质服务，其中天猫国际还为国内消费者直供原装进口商品。图 1-4 所示为天猫商城的首页。

图 1-3　淘宝网首页

图 1-4　天猫商城的首页

3. 京东商城

京东是中国最大的自营式电商企业，京东集团旗下设有京东商城、京东金融、京东智能、O2O 及海外事业部，其售后服务、物流配送等方面的软、硬件设施和服务条件都比较完善。京东商城与天猫商城一样，是 B2C 类型的电子商务网站，入驻京东必须满足一定的条件。图 1-5 所示为京东商城的首页。

图 1-5　京东商城的首页

4. 其他开店平台

与淘宝网、天猫商城、京东商城等电子商务网站类似的平台还有很多，如当当网、苏宁易购、国美在线等。下面分别进行介绍。

- **当当网**。当当网是知名的综合性网上购物商城，由著名出版机构科文公司、美国老虎基金、美国 IDG 集团、卢森堡剑桥集团、亚洲创业投资基金共同出资成立。当当网早期主要进行图书的销售，而后逐渐扩展至音像、美妆、家居、母婴、服装和 3C 数码等几十个大类。物流方面，当当网在全国 11 个城市设有 21 个仓库，共 37 万多平方米，并为 21 个城市提供当日达服务，为 158 个城市提供次日达服务，为 11 个城市提供夜间递服务。
- **苏宁易购**。苏宁易购是苏宁云商集团股份有限公司旗下的 B2C 网上购物平台，覆盖了传统家电、3C 电器、日用百货等诸多品类。此外，苏宁易购在全国 300 多个城市有上万个门店和服务终端，致力于为消费者提供贴心的服务。
- **国美在线**。国美在线的前身为国美电器网上商城。2012 年 12 月初，国美电器整合旗下"国美电器网上商城"和"库巴网"两大电商平台，实现后台统一管理和资源共享，并更名为"国美在线"，逐步发展成一个面向 B2C 业务的跨品类综合性电商购物网站。

↘ 1.2.3　淘宝网中的店铺类型

淘宝网是一个综合性的网上开店平台，根据商家经营性质、收费标准、入驻标准的不同，淘宝网提供了不同的店铺类型，主要包括集市店铺和天猫商城两种。集市店铺和天猫商城的经营方式差异较大，下面分别进行详细介绍。

1. 集市店铺

集市店铺一般也被称为 C 店（Customer），淘宝网中的店铺均为 C 店。C 店是淘宝网中的主体经营模式，收取费用较少，门槛较低，无论是公司还是个人，只需进行相关的身份认证就可以创建自己的店铺。由于 C 店经营和销售的成本控制具有较大的自由度，因此开设 C 店的个人或公司非常多，竞争十分激烈。

C 店的信用等级可以划分为红心、钻石、蓝皇冠、金皇冠 4 个，淘宝会员在淘宝网中每成功交易一次，就可以对交易对象做一次信用评价。评价分为"好评""中评""差评" 3 类，每种评价对应一个信用积分，"好评"加一分，"中评"不加分，"差评"扣一分。信用度分为 20 个级别，商家信用越高，越容易在店铺运营中获得有利条件。图 1-6 所示为淘宝网中的个人 C 店与企业 C 店的相关信息。

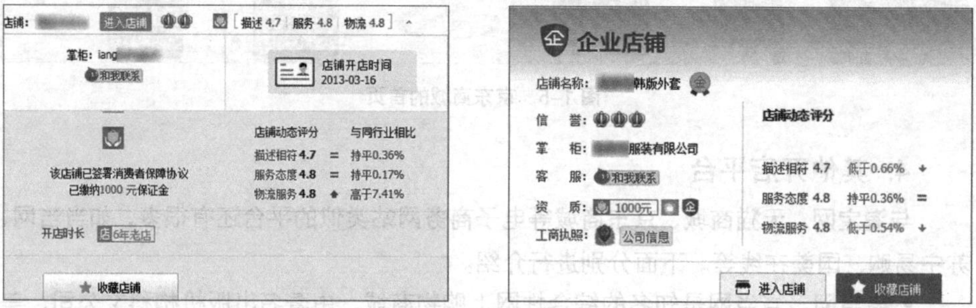

图 1-6　C 店信息

2. 天猫商城

天猫商城是由淘宝网打造的在线 B2C 购物平台，相对于集市店铺而言，质量更有保障，但投入也相对较高。天猫商城的入驻流程大致分为提交申请、审核、完善店铺信息和开店 4 个阶段。天猫商城只接受合法登记的企业用户入驻，不接受个体工商户、非境内企业入驻，在入驻前还需提供天猫入驻要求的所有相关文件。

天猫商城的店铺类型主要分为旗舰店、专卖店和专营店 3 类。

- **旗舰店**。商家以自有品牌（商标为 R 或 TM 状态）或权利人独占性授权在天猫开设的店铺。
- **专卖店**。商家持他人品牌（商标为 R 或 TM 状态）授权文件在天猫开设的店铺。
- **专营店**。经营天猫同一经营大类下两个及以上他人或自有品牌（商标为 R 或 TM 状态）商品的店铺。一个招商大类下只能申请一家专营店。

在天猫商城中，不同类目的商品，其入驻要求也不一样，想要入驻天猫的商家都需仔细阅读相关规定和资费说明。

↘ 1.2.4　淘宝店铺的移动运营

淘宝的移动运营是指利用手机、掌上电脑等移动终端进行营销的电子商务模式。为了满足不同用户的消费需求，淘宝网提供了两种主要的端口服务：当消费者通过计算机访问淘宝网站进行消费时，使用的是淘宝 PC 端服务；而当消费者通过安装在手机、平板电脑等移动设备上的淘宝应用访问淘宝网站并进行消费时，则使用的是淘宝移动端服务。淘宝网创建之初，主要以 PC 端服务为重心，但近几年，随着用户、市场、网络环境的不断变化，不论是淘宝消费者还是运营者，都逐渐将阵地转移到淘宝移动端上。

1. 移动电商的发展趋势

电子商务从诞生到现在，商业模式一直在不断地发生着变化，其中移动端服务就是最显著的变化之一。不仅淘宝、天猫、京东等电子商务网站纷纷开发了自己的移动端服务，而且很多基于移动端的电子商务应用也陆续出现。

智能手机、掌上电脑等移动终端的普及和发展，不仅方便了人们的生活，还为电子商务的营销模式拓展了更广阔的空间。移动互联网技术的发展和移动设备的普及，让移动终端成为用户连接互联网的主要工具。据统计，截至 2019 年 6 月，我国网民规模已达到 8.54 亿，互联网普及率为 61.2%。此外，移动支付的发展使移动购物更加安全便捷，而移动设备具有方便携带的特点，便于用户随时随地连接网络进行消费。在诸多因素的综合影响下，传统电商行业的主要载体 PC 端逐渐被移动端超越，移动电商的便利性更能满足消费者的消费需求，并为消费者提供更优质的服务。

2. 淘宝移动运营的重要性

在移动设备上安装淘宝应用即可使用淘宝移动端提供的服务，如手机用户安装的手机淘宝。手机淘宝是淘宝网官方推出的手机应用软件，它将旗下的天猫商场、聚划算、淘宝商城等整合为一体，具有购物比价、便民充值、淘宝团购、折扣优惠、类目浏览、宝贝筛选、宝贝浏览、宝贝详情、分享惊喜等功能。

1.3　网上开店的流程

网上开店前，商家首先需要了解网上开店的流程，为后面开设店铺奠定基础。网上开店虽然比实体店铺的开设更简单，但也涉及从店铺策划到售后服务等一系列工作。下面以淘宝网为例，介绍店铺的开店流程。

↘ 1.3.1　开店前期准备

　　开店前期准备主要是指商家根据自己的开店需要，进行市场前景的预测、市场的定位、用户群体的分析，然后选择和确定适合自己网上销售的商品，确定店铺的形象，并找好合适的供应商和物流公司。与此同时，商家还需提前准备好在网上购物平台上开店所需要的相关资料。

- **预测市场前景。** 市场前景预测通常是指通过各种手段获得该行业的大量信息，包括当前的社会热点、人们的生活方式以及经商者的商业行为等。通过数据分析，经营者可以对该行业在未来一段时间内的发展趋势、供求变化进行预测，了解未来市场环境的变化情况，理性分析"朝阳"行业和"夕阳"行业，抓住商机，顺应市场需求，更好地组织货源、扩展业务，从而提高经济效益。
- **进行市场定位。** 市场定位是网店分析中比较重要的一个步骤，市场分析不仅需对行业市场进行分析，还需对自己的商品进行分析。一般来说，分析商品主要包括商品或店铺的优点和特色，了解自己的优势，找准最利于自己发展的商品定位，然后将优势作为推广重点，为店铺的发展打好基础。同时，还需对竞争对手进行分析，了解竞争对手的优点、商品信息、数量、分布、营销策略等，然后根据分析结果制订出适合自己商品成长的策略，即是选择参与竞争与其共享市场，还是选择避开竞争对手、单独开辟自己的市场。
- **分析用户群体。** 用户群体是网店定位中非常重要的一个因素，商品必须拥有较稳定的用户群体，才能拥有更大的发展空间。另外，不同的用户具有不同的消费观念和消费行为，分析用户群体可以帮助经营者更好地进行商品定位。
- **选择商品类型。** 网上店铺主要有两种方式选择商品类型，即选择自己熟悉的商品或选择不熟悉的商品。如果选择前者，显而易见，其在店铺发展上将更加有利。如果选择后者，则经营者在开店时需要提前了解所选择的商品，包括行业环境、市场需求、消费者特征和竞争对手等，然后为店铺做出准确定位。
- **确定店铺形象。** 确定了商品后，还需对店铺的形象进行合理的设计。好的店铺形象可以突出自己的优势，让自己的店铺脱颖而出。在树立店铺形象时，需结合商品风格与店铺风格进行统一考虑，同时应该选择正确的经营策略，在商品质量和服务质量上打造出自己的特色。
- **找好供应商和物流公司。** 供应商决定了商品的进货成本，物流公司决定了商品的物流成本。这两个成本是网上开店的主要支出，商家需要在成本预算范围内选择合适的供应商和物流公司。

↘ 1.3.2　选择开店平台

　　选择开店平台时，商家需根据自己的实际情况选择合适的开店模式和开店平台，不同类型的网上开店平台对入驻商家的要求不同。一般来说，淘宝网、易趣网等网络交易服务平台对成本、资质等要求较低，基本属于全民可选模式，只需使用有效的身份证件进行注册，即可申请自己的店铺。而天猫商城、京东商城等B2C网站则对入驻商家要求较高，普通个体户不能申请。

↘ 1.3.3 开设店铺并完成装修

店铺申请成功后，需要对店铺进行装修和管理，如店铺名称设置、店铺招牌设置、图片管理、商品分类、商品导航、岗位管理及物流管理等，其中店铺名称的确定和商品类目的选择是该阶段比较重要的工作。好的名字可以给消费者留下好的印象，方便消费者记忆，而商品类目的选择则与店铺日后的经营成效息息相关。

↘ 1.3.4 进货

对于进货这一阶段而言，低价进货、控制成本非常重要，而要做好这一点，商家需选择好的进货渠道，并与供应商建立良好的合作关系。

网上商品的进货渠道很多，阿里巴巴等很多批发网站都提供商品批发服务。此外，也可选择线下实体批发市场进货，或选择厂家直接进货等。

↘ 1.3.5 拍摄商品照片

拿到商品以后，商家需要为商品拍摄好看的照片，如图1-7所示。由于消费者无法直接接触和检查店铺中的商品，通常顾虑较多。为了在一定程度上打消这种顾虑，商家需要向其展示商品的实拍图片。店铺中商品的实拍图一般都要求美观好看，但好看的前提是保证图片不失真，否则极易产生售后问题。

图1-7 商品的拍摄

↘1.3.6　上传商品

上传商品是指把商品的名称、产地、所在地、性质、外观、数量、交易方式、交易时限等信息填写到网页中。上传商品的过程比较烦琐，包括上传主图、选择二级类目、设置商品名称、设置商品属性、上传商品详情页、设置价格等。该阶段的商品名称设置非常重要，直接关乎店铺和商品的自然流量，商家要提前进行分析和确定，商品的主图和详情页也要提前进行制作。此外，商品价格的设置也是商品销售成功与否的重要因素之一。

↘1.3.7　店铺营销和推广

店铺开设初期，人气会比较低，此时商家就需要适当地进行营销推广。网店营销和推广的方式与实体店不一样，网店的推广主要是通过网络渠道进行的，如通过淘宝网自身推广平台进行推广，或通过其他自媒体平台推广。图 1-8 所示为淘宝网自身提供的推广工具。

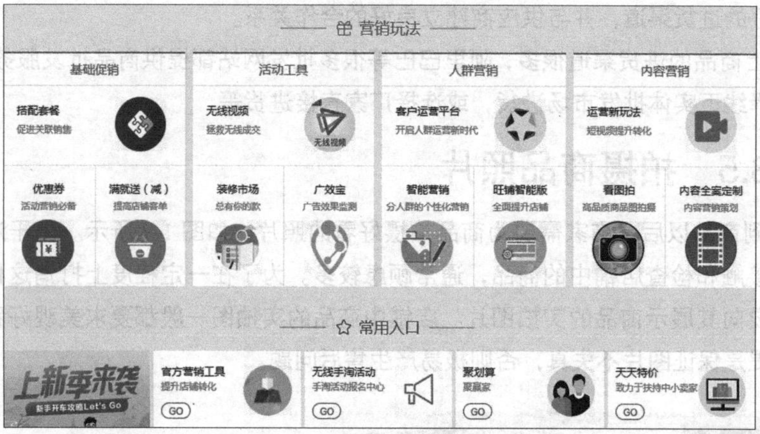

图 1-8　淘宝网自身提供的推广工具

↘1.3.8　商品售中服务

消费者在消费过程中会与商家进行一些必要的沟通，例如提出某些问题或要求，此时需要商家能快速、妥善、及时地回复消费者并处理相关问题。需要注意的是，很多平台对消费者信息的保密要求非常严格，商家严禁向第三方透露消费者的相关信息，否则将给予处罚。

↘1.3.9　发货

消费者确认购买商品后，商家要在自己设定的时间内寄出商品，包括快递公司揽件、填写订单号以及更新订单信息等。发货快慢也是消费者在网上购物时非常关心的问题，因此商家应尽量早发货，选择正规的快递公司，保证商品寄送的速度和服务的质量。

↘ 1.3.10　处理评价和投诉

店铺信用是网上商店非常重要且直观的一个评价因素，在完成交易之后，淘宝网买卖双方都需对对方做出评价。淘宝网中消费者对商家的评价是可以更改的，如果遇到消费者给差评或投诉，需尽快联系消费者解决问题。如果遇到恶意投诉，商家也可向淘宝网申诉。

↘ 1.3.11　售后服务

售后服务也是商品价值的一种体现，它包括技术支持、退换货服务等。好的售后服务不仅可以为商品增值，还可以扩大商品的影响力，获得更多的回头客，直接提高商品销量。

1.4　注册淘宝会员

淘宝网是目前较为主流的网上开店平台。个人或企业要想借助淘宝网开店，都需要先注册淘宝会员。在淘宝网上注册会员的方法较为简单，下面对注册成为淘宝会员以及登录淘宝账户的方法进行介绍。

微课视频

扫一扫 实例演示

↘ 1.4.1　注册成为淘宝会员

根据申请用户的类型，淘宝会员分为个人账户和企业账户。两者的注册方法类似，不同的是，个人账户一般通过手机号码进行注册，企业账户则通过电子邮箱进行注册，同时，企业账户还需要具备营业执照，要填写详细的工商注册信息，如企业名称、经营范围、营业执照注册号、营业执照所在地等。下面以个人账户的注册为例讲解淘宝会员的注册方法，其具体操作如下。

STEP 01 打开淘宝网，单击其首页左上角的"免费注册"超链接，如图1-9所示。

STEP 02 打开"用户注册"页面，并同时打开"注册协议"对话框，阅读该对话框中的内容，单击 `同意协议` 按钮同意协议后才可以进行注册，如图1-10所示。

图 1-9　打开注册页面　　　　　　图 1-10　注册协议

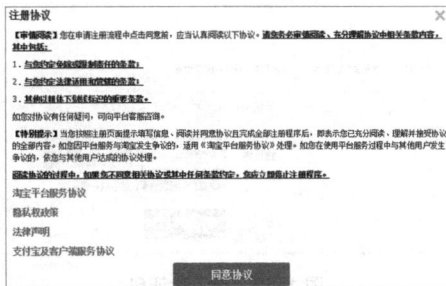

STEP 03 返回"用户注册"页面，默认以个人账户进行注册。在该注册页面填写个人账户的手机号，如图1-11所示。

STEP 04 按住鼠标左键拖动"验证"栏中的滑块至最右边完成验证，然后单击 下一步 按钮，如图1-12所示。

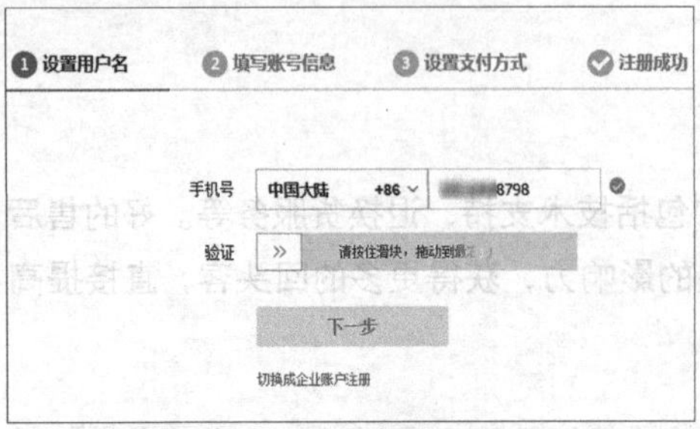

图 1-11　输入注册手机号码

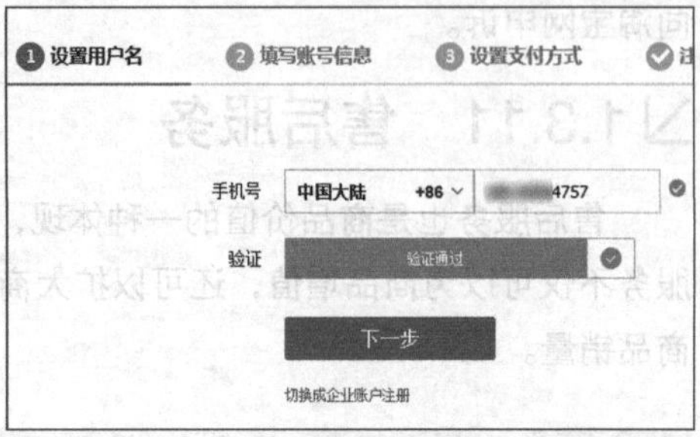

图 1-12　完成验证

经验之谈

单击"切换成企业账户注册"超链接，打开"企业注册"页面，在该页面中输入企业账户的电子邮箱后，按提示进行操作即可注册企业账户。

STEP 05 此时，淘宝注册系统将向所填写的手机号码发送验证码，在打开的"验证手机"页面的"验证码"文本框中输入收到的验证码，单击 确认 按钮，如图1-13所示。

STEP 06 打开"填写账号信息"页面，分别在"登录密码""密码确认"文本框中输入账户密码，在"登录名"文本框中输入账户名称，然后单击 提交 按钮，如图1-14所示。

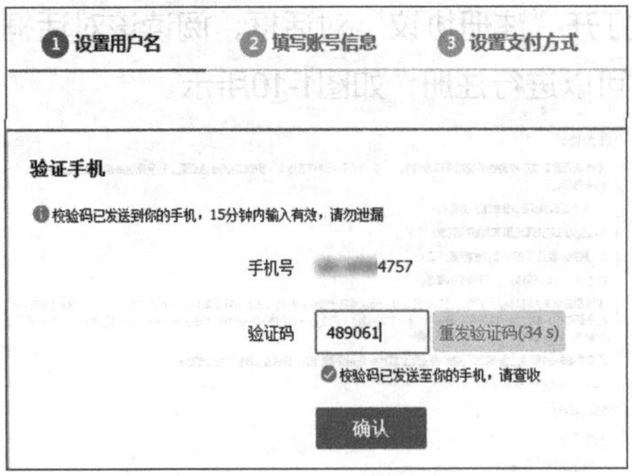

图 1-13　输入验证码

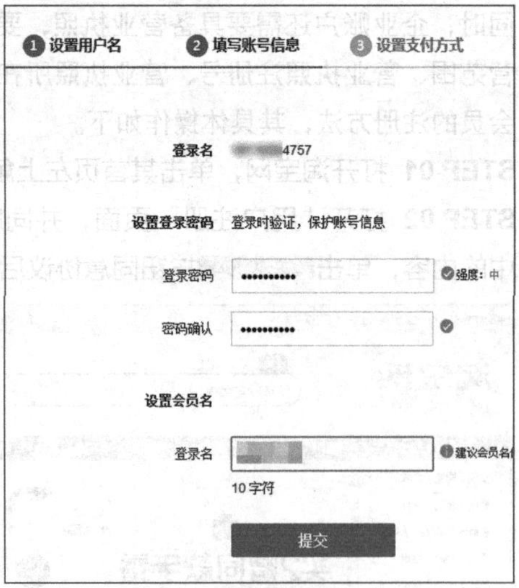

图 1-14　输入注册信息

STEP 07 此时，将打开登录验证界面，单击 手机短信验证 按钮，在打开的页面中单击 免费获取验证码 按钮获取验证码，然后输入验证码再次进行验证，验证完成后单击 确定 按钮，如图1-15所示。

STEP 08 打开"设置支付方式"页面，在"银行卡号""持卡人姓名""证件""手机号码"文本框中输入相应的信息，然后单击 同意协议并确定 按钮，如图1-16所示。

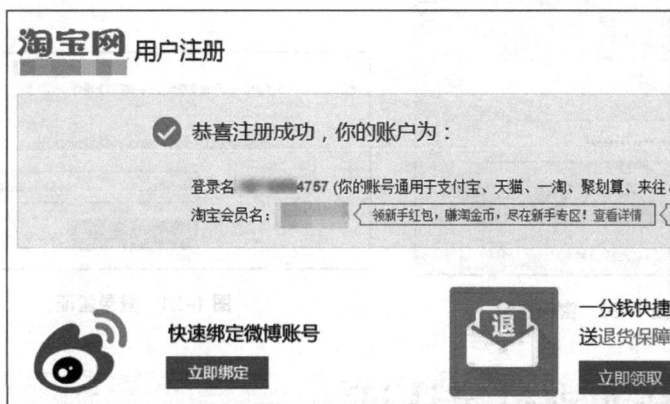

图1-15 登录验证

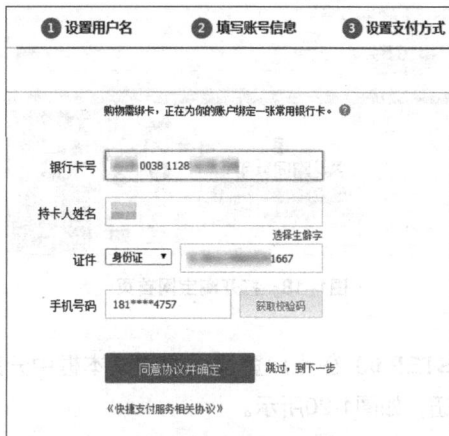

图1-16 设置支付方式

STEP 09 上述操作完成后，即完成淘宝个人账户的注册，并在打开的页面中显示注册成功的信息，如图1-17所示。

图1-17 完成注册

↘ 1.4.2 登录淘宝账户

完成淘宝账户的注册后，即可使用注册好的账号和密码登录淘宝网站。下面介绍登录淘宝账户的方法，其具体操作如下。

STEP 01 打开淘宝网首页，如图1-18所示，在页面上方单击"亲，请登录"超链接，打开淘宝登录页面。

微课视频

扫一扫 实例演示

15

STEP 02 淘宝网登录方式默认为扫描二维码登录，该方法主要是通过手机淘宝客户端的扫码功能进行登录。单击右上角的💻图标，可切换至密码登录模式，如图1-19所示。

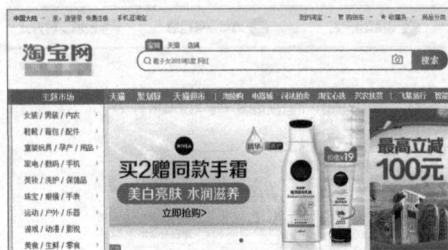

图1-18　打开淘宝网首页

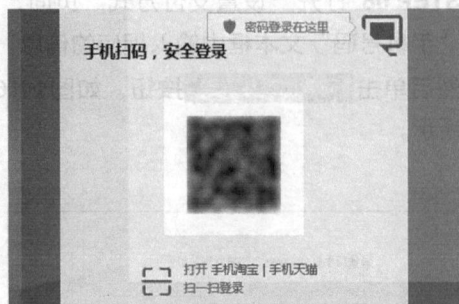

图 1-19　切换登录方式

STEP 03 在账户登录页面的文本框中分别输入账户名称和密码，单击 [　登录　] 按钮，如图1-20所示。

STEP 04 登录时，淘宝网将对当前登录环境进行检查，检查无误后可直接完成登录。如果检查出当前登录环境有异常，则会要求用户进行验证，如图1-21所示，输入验证码并单击 [　确定　] 按钮即可完成登录。

图 1-20　密码登录

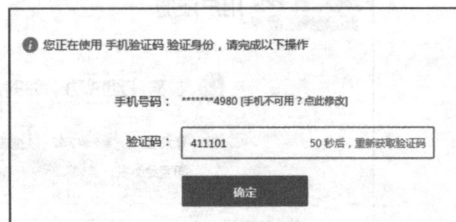

图 1-21　登录验证

1.5　开通支付宝认证

　　支付宝是蚂蚁金服旗下的一款融合了支付、生活服务、政务服务、社交、理财、保险、公益等功能的第三方支付平台。它是淘宝网唯一认证且支持的第三方支付方式。淘宝网要求所有在淘宝网上交易的用户都必须开通支付宝认证。注册淘宝账户后，直接使用该账户登录支付宝，在此基础上进行身份信息的认证即可完成支付宝认证，其具体操作如下。

微课视频

扫一扫 实例演示

STEP 01 进入支付宝页面，单击 ⊗ 我是个人用户 按钮，在打开的页面中单击 登录 按钮，打开登录对话框，在其中输入账号与密码进行登录，单击 登录 按钮，如图1-22所示。

STEP 02 登录成功后进入支付宝个人页面，在其中可查看支付宝账户的相关信息。将鼠标指针移动到"未认证"超链接上，在出现的提示框中单击"立即认证"超链接，如图1-23所示，打开"支付宝注册"页面。

图 1-22　登录支付宝

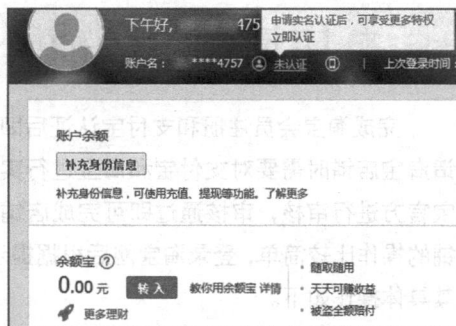

图 1-23　立即认证

经验之谈

支付宝认证需要设置登录密码和支付密码，支付密码不能与登录密码相同。

STEP 03 在"设置身份信息"页面中输入支付密码和身份信息，输入完成后单击 确定 按钮，如图1-24所示。

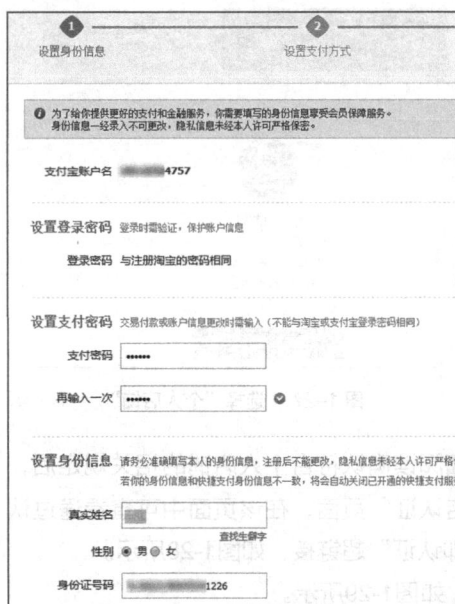

STEP 04 在"设置支付方式"页面分别输入银行卡号、持卡人姓名、证件、手机号等信息，然后单击 获取校验码 按钮获取验证码，输入验证码后单击 同意协议并确定 按钮即可完成支付宝认证，如图1-25所示。

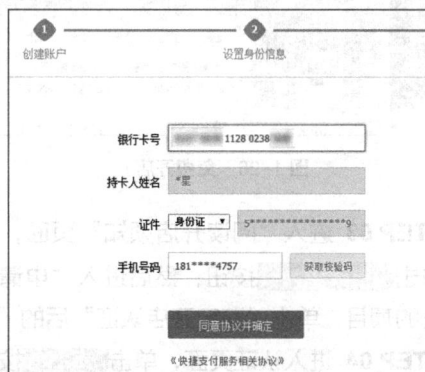

图 1-24　设置身份信息

图 1-25　设置支付方式

💬 经验之谈

支付宝认证必须填写真实的身份证号和银行卡号，使用的银行卡需开通网上银行功能。添加了银行卡后，在支付宝个人页面右侧可对银行卡进行管理。

1.6 申请淘宝店铺

完成淘宝会员注册和支付宝认证后即可申请淘宝店铺。申请淘宝店铺时需要对支付宝和淘宝进行实名认证，然后等待淘宝官方进行审核，审核通过即可完成店铺的申请。申请淘宝店铺的操作比较简单，登录淘宝网后根据提示即可完成申请操作，其具体操作如下。

微课视频

扫一扫 实例演示

STEP 01 登录淘宝网首页，将鼠标指针移动到网页右上方"千牛卖家中心"选项上，在打开的下拉列表中选择"免费开店"选项，如图1-26所示。

STEP 02 进入千牛卖家工作台的"我要开店"页面，在该页面中选择店铺类型，这里选择"个人店铺"后单击 创建个人店铺 按钮，如图1-27所示。

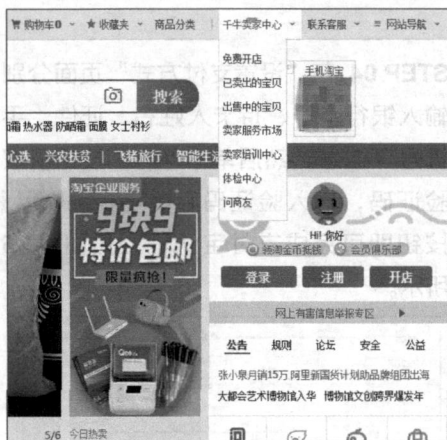

图1-26 免费开店

图1-27 选择"个人店铺"

STEP 03 进入"阅读开店须知"页面，仔细阅读确认符合个人店铺的相关规定后，单击 我已了解,继续开店 按钮；然后进入"申请开店认证"页面，在该页面中可查看通过认证的项目，单击"淘宝开店认证"后的"立即认证"超链接，如图1-28所示。

STEP 04 进入认证页面，单击 立即认证 按钮，如图1-29所示。

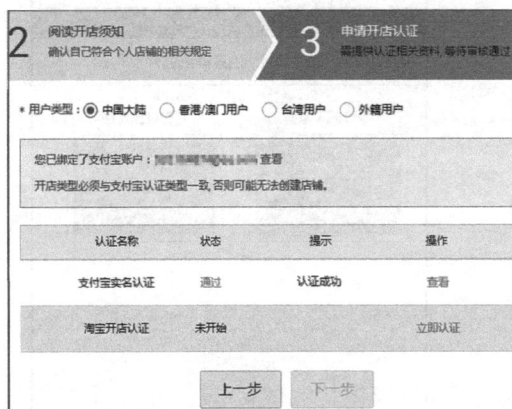

图1-28　单击"立即认证"超链接

图1-29　单击"立即认证"按钮

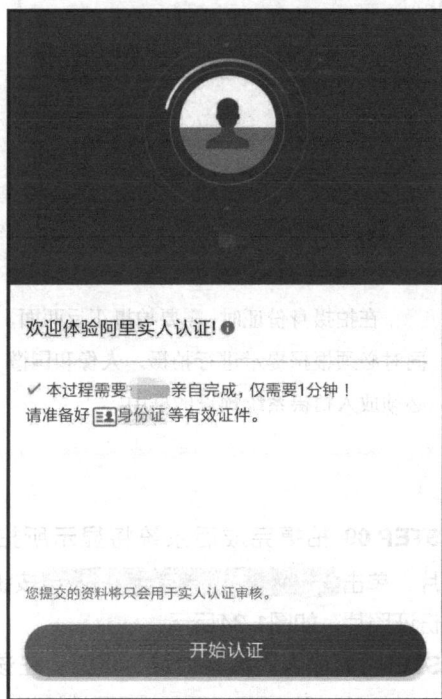

STEP 05 进入"淘宝身份认证资料"页面，使用手机淘宝客户端"扫一扫"功能扫描二维码。若未下载手机淘宝客户端，可点击二维码下方的"下载淘宝客户端"超链接进行下载，下载安装完成后再使用手机淘宝客户端中的扫码功能进行认证，如图1-30所示。

STEP 06 在打开的页面中单击 开始认证 按钮进入"授权声明"页面，如图1-31所示。

图1-30　用手机淘宝客户端扫描二维码

图1-31　开始认证

STEP 07 阅读声明后单击 同意 按钮；然后在新打开的页面中单击 点击验证 (3) 按钮，按照系统提示和要求进行人脸验证，如图1-32所示。

STEP 08 人脸验证通过后将自动进入"拍摄照片"页面，单击 立即拍照 按钮拍摄身份证正反面照片，如图1-33所示。

图 1-32　人脸验证

💬 **经验之谈**

　　在拍摄身份证时，需要拍摄正反两面，同时必须根据提示进行拍摄，人像和国徽必须放入拍摄系统预设的框中。

STEP 09 拍摄完成后系统将显示所拍摄的照片，单击 提交 按钮提交身份证照片，如图1-34所示。

STEP 10 进入"填写地址"页面，在该页面中填写地址，单击 下一步 按钮提交认证信息后，将显示认证结果，如图1-35所示。

STEP 11 再次进入淘宝店铺申请页面，可查看到淘宝开店认证已通过。单击 创建店铺 按钮，如图1-36所示。

STEP 12 在"我要开店"页面中"淘宝开店认证"的状态显示为"已通过"，单击 下一步 按

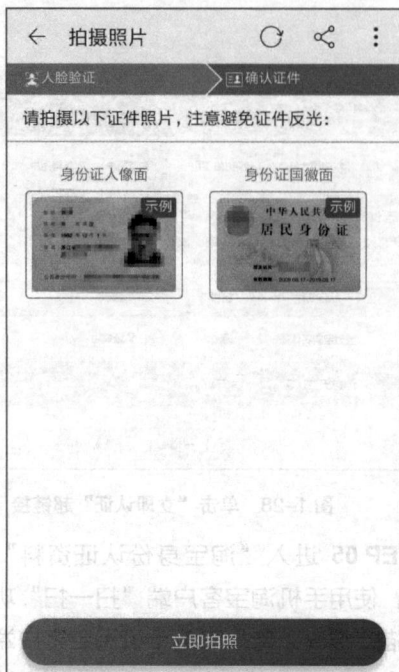

图 1-33　拍摄身份证照片

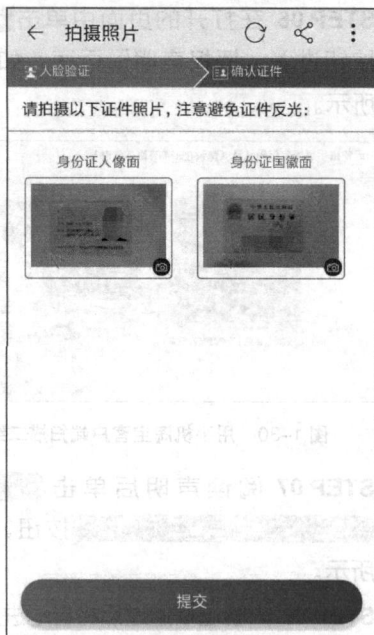

图 1-34　提交身份证照片

图1-35　显示认证结果

图1-36　单击"创建店铺"按钮

钮，如图1-37所示。

STEP 13 打开"阅读开店协议"页面，阅读开店协议条款后，单击 同意 按钮，如图1-38所示。

STEP 14 在打开的页面中将显示店铺创建成功，如图1-39所示。

图1-37　单击"下一步"按钮

图1-38　单击"同意"按钮

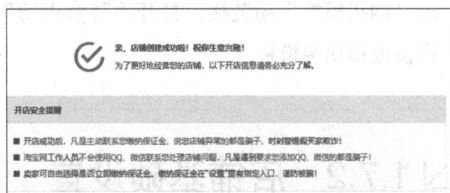

图1-39　显示店铺创建成功

经验之谈

开店成功后，为保障用户的支付宝账户安全，建议安装支付宝数字证书。

1.7　店铺设置

成功申请淘宝店铺后，淘宝系统会自动打开淘宝后台管理系统——"千牛卖家工作台"。在千牛卖家工作台左侧的"店铺管理"栏中可以对店铺进行设置，这里主要介绍店铺的模板设置、基础设置和分类设置等。

↓1.7.1　店铺模板设置

在千牛卖家工作台左侧的"店铺管理"栏中单击"店铺装修"超链接，打开"店铺装修"页面，单击左侧的"模板"选项卡，在打开的页面中即可查看已使用模板和可使用模板；将鼠标指针放在需要使用的模板上，在弹出的界面中单击 [　使用模板　] 按钮，打开"使用模板"对话框，在"选择页面"下拉列表中选择需要应用该模板的页面，单击 [　确认　] 按钮即可，如图 1-40 所示。

图 1–40　更改模板

💬 经验之谈

如果对淘宝自带的模板不满意，可以单击"设计师模板"选项卡，在打开的页面中单击"购买模板"超链接，打开"装修市场"页面，在该页面中商家可根据需要购买 PC 端模板或移动端模板。

↓1.7.2　店铺基础设置

在申请了淘宝店铺后，店铺的名字、店标等都是默认的未设置状态，需要商家自行设置。下面介绍店铺基本信息的设置方法，其具体操作如下。

STEP 01 将鼠标指针移动到千牛卖家工作台中"店铺管理"栏右侧的 ▶ 按钮上，在展开的列表中选择"店铺基本设置"选项，如图 1-41所示。

微课视频

扫一扫 实例演示

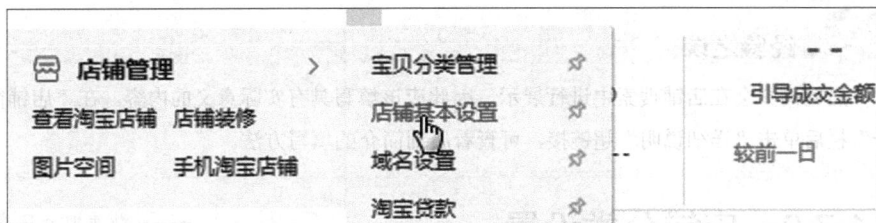

图 1–41 选择"店铺基本设置"选项

STEP 02 进入店铺基本设置页面，在"店铺名称"文本框中输入店铺名称，单击"店铺标志"栏的 上传图标 按钮，如图1-42所示。

STEP 03 在打开的"打开"对话框中选择"店标.jpg"，然后单击 打开(O) 按钮，如图1-43所示。

图 1–42 设置店铺名称

图 1–43 选择店标

STEP 04 返回店铺设置页面，即可看到店标已成功上传到页面中。然后在"店铺简介"文本框中输入店铺简介内容，如图1-44所示。

STEP 05 在"经营地址"栏中单击下拉按钮 ▼，设置店铺经营地址，在"主要货源"栏中设置货源，在"店铺介绍"栏中填写店铺简介信息，然后单击 保存 按钮，如图1-45所示。

图 1–44 设置店铺简介

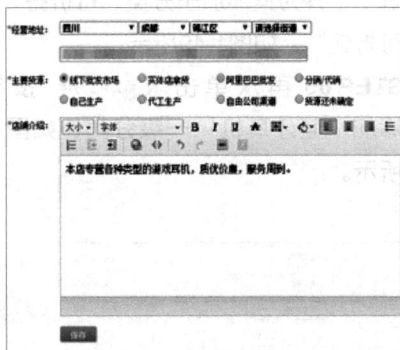

图 1–45 设置其他信息

💬 经验之谈

　　店铺简介会在店铺搜索中进行展示，因此应该填写具有实际意义的内容。在"店铺简介"栏后单击"详细说明"超链接，可查看店铺简介的填写方法。

↘ 1.7.3　店铺分类设置

　　与实体店铺一样，网上开店也需要对商品进行分类。特别是在店铺发展一段时间后，店铺所售商品数量增加，更要清晰划分每种商品的类别，以更好地规划店铺的结构，并为商品发布做准备。下面介绍店铺分类的设置方法，其具体操作如下。

微课视频

扫一扫 实例演示

STEP 01　将鼠标指针移动到千牛卖家工作台中"店铺管理"栏右侧的 > 按钮上，在展开的列表中选择"宝贝分类管理"选项，如图1-46所示。

STEP 02　打开"宝贝分类管理"页面，单击 ＋添加手工分类 按钮，在"分类名称"栏下的文本框中输入一级分类名称，这里输入"入耳式耳机"。然后单击下方的 添加子分类 按钮，如图1-47所示。

图 1-46　选择"宝贝分类管理"选项

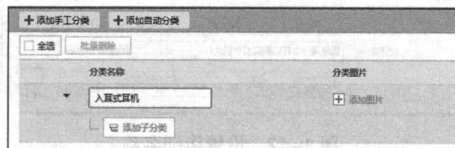

图 1-47　添加分类

STEP 03　在文本框中输入子分类的名称，如"无耳塞"。然后再次单击 添加子分类 按钮，在下方的文本框中输入对应的子分类名称，如"有耳塞"，如图1-48所示。

STEP 04　单击页面左上角的 ＋添加手工分类 按钮，添加其他一级分类，如"头戴式耳机"，并为其添加子分类"可折叠""不可折叠"，如图1-49所示。

STEP 05　再次单击 ＋添加手工分类 按钮，添加"蓝牙耳机"一级分类，如图1-50所示。

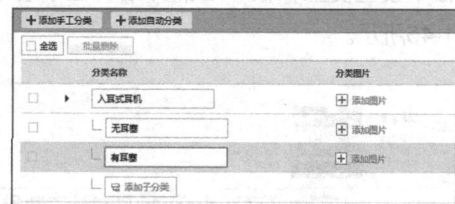

图 1-48　添加子分类

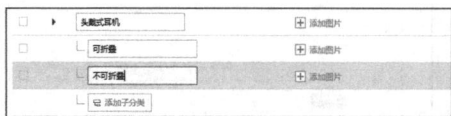

图 1-49　添加其他分类

图 1-50　添加"蓝牙耳机"一级分类

STEP 06 添加完成后单击页面右上角的 保存更改 按钮保存设置。最终效果如图1-51所示。

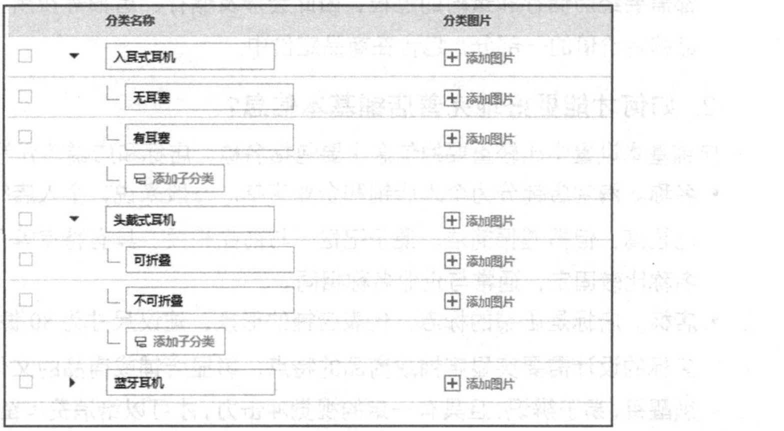

图 1-51　最终效果

💬 **经验之谈**

在"分类图片"栏中单击"添加图片"按钮⊞，在打开的对话框中可为分类添加图片。但前提是先将图片上传到淘宝图片空间中。

1.8　疑难解答

本章主要介绍了网上开店的基本概念、网上开店平台和网上开店流程、注册淘宝会员、申请淘宝店铺、设置店铺信息等知识。下面将针对本章中容易遇到的一些疑难问题进行解答。

1. 店铺定位时需要考虑哪些成本因素？

在店铺定位中进行目标消费人群的定位时，一般都需要结合成本、运营策略等问题综合进行考虑。商家应该在可承受的成本范围内定位目标消费人群，店铺定位必须事先对成本因素进行分析。一般来说，店铺成本主要考虑生产成本、销售成本和储运成本 3 个方面。

- **生产成本。** 生产成本指企业生产过程中所支付的成本。企业生产规模越大、设备越精良、管理越完善，生产成本就越低。同时，生产成本还要考虑库存数量，在合理的库存条件下进行有规划的生产，才能控制生产成本。
- **销售成本。** 销售成本指在商品销售过程中所产生的费用，如推广费用、促销费用等。推广是商品销售中非常重要的环节，在商品成本中所占的比例越来越高，商家在定位商品和确定商品价格时，都需慎重考虑销售成本这一因素。

- **储运成本**。储运成本指商品在储存和运输过程中所产生的成本。店铺商品通常都需要经历储存和运输的过程，因此会涉及储存、运输等费用。储运成本是商品综合价值的一部分，包含在商品定价中。

2. 如何才能更好地完善店铺基本信息？

店铺基本设置中比较重要的信息主要包括名称、店标和店铺简介等。

- **名称**。淘宝店铺分为个人店铺和企业店铺。一般来说，个人店铺名称的自由度比较高，但需遵循简洁、便于记忆、与商品相关、具有特点等原则。企业店铺名称比较固定，通常与企业名称相同。
- **店标**。店标是店铺的标志，代表店铺的形象，建议尺寸为 80 像素 ×80 像素。店标的设计需要突显店铺或商品的特点，彰显店铺或商品的文化内涵。店标必须醒目，易于辨识，且具有一定的视觉冲击力，才可以给消费者留下深刻的印象。
- **店铺简介**。店铺简介中的内容会被淘宝的搜索引擎抓取，即店铺简介可在店铺搜索的结果页中进行显示。在填写店铺简介时，主要填写掌柜签名、店铺动态、主营宝贝 3 个信息。掌柜签名是指店铺的签名，可以设计一些个性化的短语。店铺动态是指店铺最近的促销信息，如全场包邮、打折等。主营宝贝是指店铺经营的主要宝贝的类型、风格等，如民族风的羽绒服。主营宝贝信息的填写必须真实、客观，不能直接堆砌无用或与店铺无关的关键词，不仅会影响搜索的相关性，还会影响消费者的购物体验。

3. 店铺分类设置有什么注意事项？

店铺分类用于帮助消费者快速找到符合他们需求的商品。在进行店铺分类设置时，应注意以下两点。

- 店铺分类应尽量简单、直接，不要为了彰显商品种类的丰富而划分很多的类型，特别是对某些分类较为模糊的商品。如服装可以按照性别分为女装、男装；按穿着分为上装、裤装、裙装等；按用途分为家居服、职业装、运动装、休闲装等。在这些类别下又可以进行细分，这些细分的类别可以同时属于多个分类，如运动裤属于下装，也属于裤装，同时还可以按照裤子长短分为七分裤、九分裤等。此时要注意，如果店铺中这种类型的商品数量很多时，可尽量细分，若商品数量不多时，则应尽量简洁，否则会影响消费者的购物体验。
- 店铺分类尽量不设置二级子类目，要以最直观的方式将分类展示给消费者，像"下装→运动裤"等子分类虽然很详细，但消费者在查看时还要通过鼠标一层一层单击，无形中给消费者设置了访问障碍，增加了消费者操作的难度。相反，如果设计单层店铺分类，将店铺中具有代表性的商品直观地展示在导航条中，可以让消费者快速找到自己需要的商品，更好地提升用户体验。

- 对于店铺主推或人气较高的商品，可以单独做一个商品集合页，将其单独作为一个分类放在导航条上，如"热卖爆款""2018 新品""现货秒发""清仓大促"等。

1.9　课后习题

（1）填写表 1-1，考查对网上开店基础知识的掌握程度。

表 1-1　调查表

网上开店平台	电子商务模式	优势
淘宝网		
天猫商城		
京东商城		
苏宁易购		
阿里巴巴		

（2）简述注册淘宝会员、开通支付宝认证的步骤，并绘制淘宝网开店的流程图。

（3）图 1-52 所示为某淘宝店铺的商品分类，分析其分类是否合理。若不合理，应怎样进行改进？

首页	所有商品	新品发布	手袋	服饰	配饰	精品小皮具	SALE｜优惠

图 1-52　某淘宝店铺的商品分类

CHAPTER

02

选择并发布商品

　　做好网上开店的准备并开通网店后，商家需要先选择和确定商品，做好网店商品的发布工作。在选择商品前，商家还要对店铺定位进行适当的分析，如市场分析、行业分析、消费者分析等，以明确店铺的定位，并选择适合店铺销售的商品。本章将对选择并发布商品的相关知识进行介绍，包括选择合适的商品、商品的进货渠道、商品的发布与信息修改等。

案例导入

　　刘辉的家乡是有名的茶叶之乡，茶叶品种丰富且口碑良好。因此大学一毕业，刘辉就回到了家乡，准备自己开店为家乡建设添砖加瓦。刘辉的家乡有很多卖茶的商人，他们都是有一定经营实力的商家，刘辉自己单打独斗并不现实。为此，刘辉萌生了网上开店的想法，并快速在淘宝网上开通了店铺。

　　开通店铺后，刘辉发现出售家乡的茶叶的网店还不少，但刘辉相信，自己就出生在茶叶之乡，肯定有更大的优势。除了货源的优势外，刘辉还花费了很多精力在商品的促销上，经常送小礼品、红包等，短短半年就将店铺升到了1钻。但好景不长，刘辉发现店铺的商品销量越来越低，甚至有消费者评价说"价格比别家贵，质量还比不上"。这样的评价让刘辉无法接受，他认为这不仅贬低了自己店铺的形象，还让家乡的茶叶蒙羞。究竟为什么会有这样的评价？刘辉决定去搞清楚原因。刘辉在淘宝上购买了几家销量和口碑都较好的店铺的茶叶，通过对比他发现，自己店铺的茶叶确实有质量问题。自己的茶叶冲泡后大多是单瓣茶叶，而其他商家的茶叶则颗粒饱满，泡开之后多为三瓣茶叶。这项发现让刘辉明白了，原来是自己的进货渠道出了问题。原来，刘辉非常信任自己家乡的茶叶品质，直接委托了制茶厂进行茶叶的加工、包装等，并未对茶叶的质量进行把关。

原本的优势竟然变成了劣势，这让刘辉不得不承认自己犯了重大的错误。所幸发现问题的时机还不晚，刘辉决定亲自走访茶园，请教种茶、制茶经验丰富的茶农，亲自甄选茶叶，记录采茶、炒茶、制茶的过程，让消费者明明白白看到茶叶的制作过程，以获取他们的信任。茶叶质量上去了，店铺信誉慢慢变好了，店铺的顾客越来越多，关键是回头客也越来越多。

这次进货方式和进货渠道的改变直接扭转了刘辉店铺的命运，让刘辉深刻认识到开网店并不是一件简单的事情。质量是消费者非常关注的问题，商家在开店时一定要选择适合自己销售的商品，并挑选合适的进货渠道。对于有能力的商家来说，最好亲自查看货源、挑选货物，特别是店铺前期进货，应该尽量亲力亲为。此外，在进货的过程中，商家应该多咨询、多了解商品的信息，便于挖掘商品卖点，打造出自己的店铺特色。

2.1　选择合适的商品

不管开实体店还是网店，商家都需要在店铺中展示自己的商品，让消费者看到并进行购买。对于网店来说，由于消费者不能直接触摸到商品，因此商品的选择更加重要，选择适合自己店铺的商品、有市场前景的商品、消费者需要的商品和感兴趣的商品才能帮助商家盈利。此外，由于网店经常会开展各种促销活动，商品的成本控制也是需要重点考虑的。因此，选择合适的商品对商家的店铺运营来说非常重要。下面先介绍选择商品前必做的分析工作，包括市场分析、行业分析、消费者分析，再介绍商品的具体选择方法。

↘ 2.1.1　选品前的市场分析

近几年，中国电子商务市场的发展呈现大幅度上升趋势。据中国电子商务研究中心发布的《2019年中国网络零售市场数据监测报告》分析，2019年我国网络零售市场交易规模达10.32万亿元，同比增长20.56%，如图2-1所示。据网络经济服务平台统计，B2C 在网络购物中的市场份额处于持续上升态势。图 2-2 所示为 2019 年网络零售 B2C 市场份额数据，从中可看出天猫仍是 B2C 市场当之无愧的"领头人"。

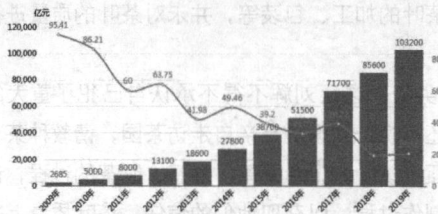

图 2-1　2009—2019 年中国网络
零售行业交易规模

图 2-2　2019 年网络零售 B2C
市场份额

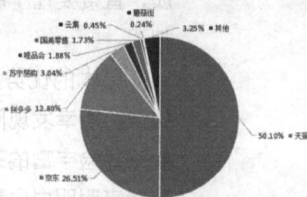

通常来说，B2C 市场和 C2C 市场的商品销量表现并不一样，如大家电类目，B2C的市场表现就会更好，而 3C 数码配件类目的市场则相差不大。对于淘宝网而言，女装、手机、美容护肤、数码配件、男装、箱包、女鞋、零食、汽车用品、电脑配件、玩具、床上用品、内衣等类目的销量表现都不错。

网络购物市场的商品销售额和销量排名并不是固定不变的，时间、环境、消费观念、流行趋势、热门话题等都会对网上销售的产品产生影响。因此，商品选择得好并不一定就能保证销量好，在商品选择的基础上提高竞争力才是营销成功的关键。

↘ 2.1.2　选品前的行业分析

选择具有良好市场和竞争力的产品是网店成功的关键。近几年，随着网上商店数量的快速增加，商店类型也越来越多样化，盲目地选择商品非常不利于网店的后续发展。一般来说，选择商品之前，首先需要对所选择的行业进行分析，然后根据分析结果选择合适的商品。

正确地对行业进行分析，可以帮助商家了解行业的发展前景、竞争力、热门程度等，从而宏观调整店铺的发展方向。在淘宝网上开店，可以通过淘宝网的数据分析工具进行行业分析，如阿里指数。阿里指数是一款监控电子商务平台市场动向的数据分析平台，可以为中小企业用户、业界媒体、市场研究人员等不同的用户提供市场行情、热门行业、用户群体分析等服务。

打开阿里指数首页，单击其中的"行业大盘"板块，如图 2-3 所示，即可在打开的行业大盘分析页面中进行行业分析，包括采购趋势分析、热门行业和潜力行业分析等，下面分别进行介绍。

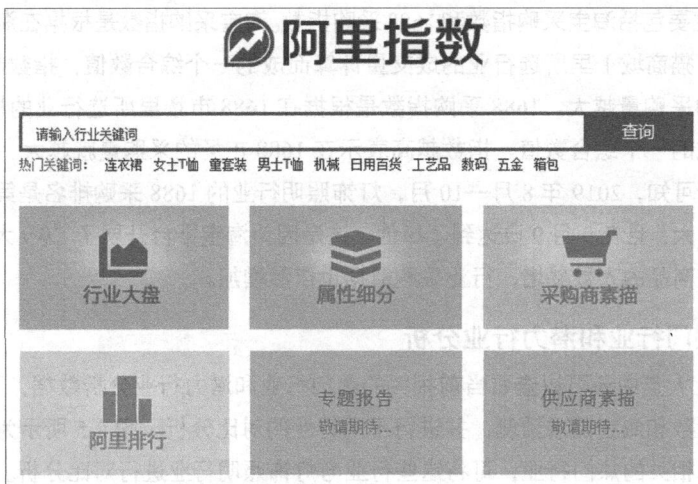

图2-3　阿里指数"行业大盘"

1．采购趋势分析

在行业大盘分析页面中进行采购趋势分析时，要先选择身份与需要分析的行业类目。身份有两个选项：采购商、供应商。行业类目的种类非常丰富，商家可根据需要进行选择。选择完成后即可通过阿里指数的行业大盘查看所选类目在最近 3 个月内的采购变化趋势，进而了解行业的热度变化情况，如图 2-4 所示。

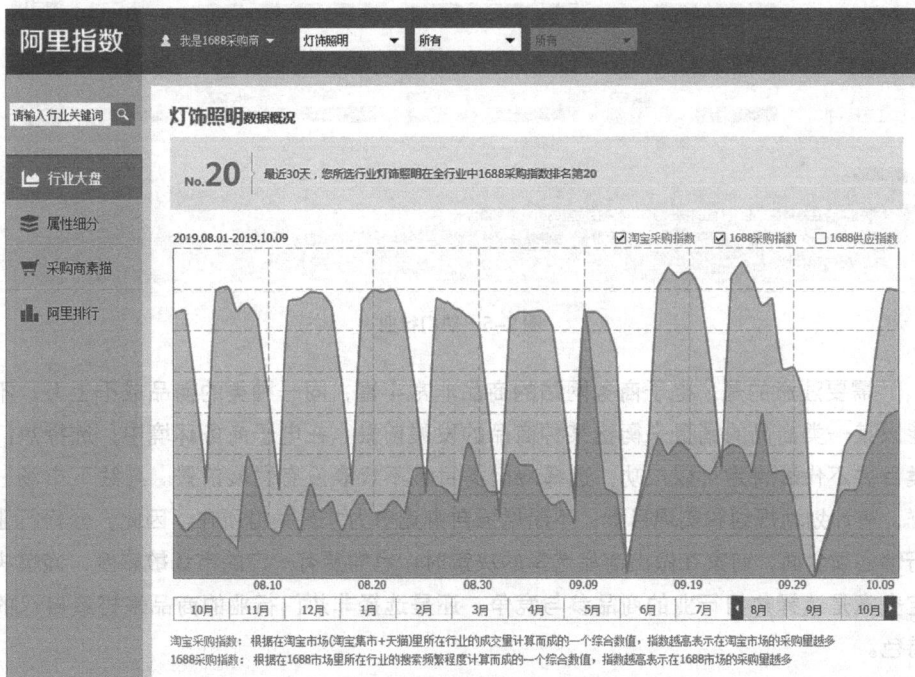

图2-4　采购趋势分析

　　数据主要包括淘宝采购指数和 1688 采购指数。淘宝采购指数是根据在淘宝市场（淘宝集市和天猫商城）里所选行业的成交量计算而成的一个综合数值，指数越高表示在淘宝市场的采购量越大。1688 采购指数是根据在 1688 市场里所选行业的搜索频繁程度计算而成的一个综合数值，指数越高表示在 1688 市场的采购量就越大。根据图 2-4 的结果分析可知，2019 年 8 月—10 月，灯饰照明行业的 1688 采购排名是第 20 名，采购量波动较大，且在 9 月 9 日达到了峰值。这是因为淘宝平台开展了"9·9 大促"活动，当天采购该商品的人数暴增，行业采购数据也自然增加。

2. 热门行业和潜力行业分析

　　在行业大盘中还可以查看当前相关的热门行业和潜力行业分析数据，了解热门行业的供应指数和淘宝需求预测，并进行不同行业的对比分析。图 2-5 所示为最近 30 天与灯饰照明相关的热门行业，可将这些行业与灯饰照明行业进行对比分析。

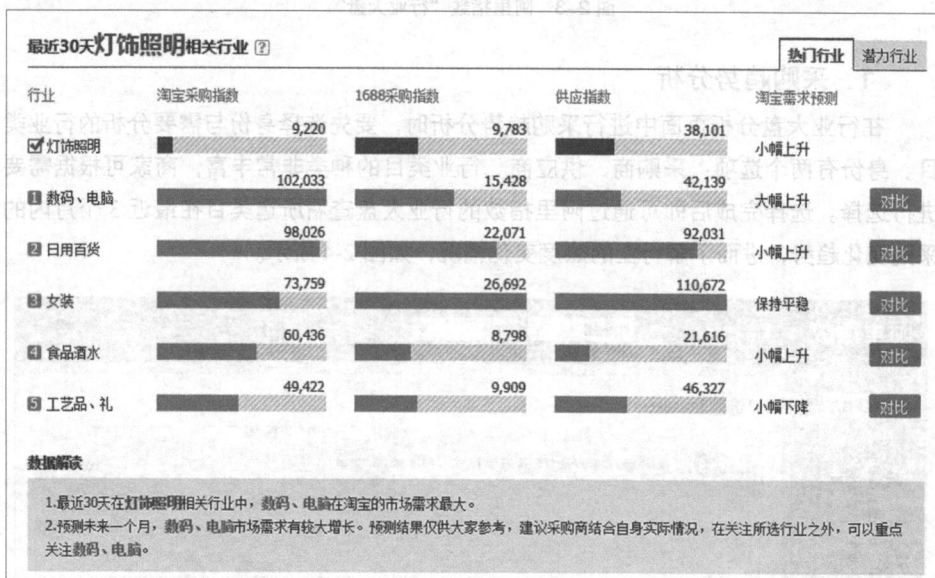

行业	淘宝采购指数	1688采购指数	供应指数	淘宝需求预测
☑ 灯饰照明	9,220	9,783	38,101	小幅上升
① 数码、电脑	102,033	15,428	42,139	大幅上升 对比
② 日用百货	98,026	22,071	92,031	小幅上升 对比
③ 女装	73,759	26,692	110,672	保持平稳 对比
④ 食品酒水	60,436	8,798	21,616	小幅上升 对比
⑤ 工艺品、礼	49,422	9,909	46,327	小幅下降 对比

数据解读

1.最近30天在灯饰照明相关行业中，数码、电脑在淘宝的市场需求最大。
2.预测未来一个月，数码、电脑市场需求有较大增长。预测结果仅供大家参考，建议采购商结合自身实际情况，在关注所选行业之外，可以重点关注数码、电脑。

图 2-5　热门行业

　　需要注意的是，电子商务网站的商品非常丰富，同一种类的商品成千上万，不能以某一类商品的销量来衡量某种商品的发展前景。在电子商务环境中，选择热门类目并不代表肯定可以成功，选择冷门类目也不代表没有发展前景。与线下市场一样，有计划地规划和实现目标，不断增强自身竞争力才是关键所在。因此，分析行业行情必须全面，商家在做出商品选择的决策时，也需要有一定的市场敏感度，谨慎决定究竟是选择热门行业的商品参与竞争，还是选择非热门行业的商品来打造自己的特色。

经验之谈

行业的热门程度常常与总销售额关系密切。以淘宝网商品的销售情况为例，女装作为热门行业，无论是销售额、成交量、关注度还是搜索量都比较大，而五金电子类商品的总销售额、成交量、关注度、搜索量则低于女装。但是女装作为热门类目，由于竞争对手多，同类型商品多，因此竞争激烈程度也会远远高于五金电子类目。

2.1.3　选品前的消费者分析

网上商店基于互联网开设，因此在选择网上商品时，有必要对互联网用户进行分析。在整个电子商务的大背景下，年轻消费者正在逐步成为消费主力军。根据阿里妈妈对网络消费者消费数据的解读，发现年轻消费者正在逐渐成为中国消费市场的中坚力量，他们的消费观念将在很大程度上影响未来网络购物的走向。

我国网络消费者的总体性别占比目前差异不大，但不同年龄阶段的消费者网购的消费能力不同。商家应该对店铺目标消费人群的年龄、性别进行分析，根据分析结果进行选品。例如目标消费者人群为有一定消费能力的年轻女性，则推广营销要面向 20~45 岁的女性消费者。根据商务部数据显示：2019 年上半年，东、中、西和东北地区网络零售额占全国比重分别为 83.2%、9.6%、5.9%、1.3%；同比增速分别为 17.8%、35.4%、13.9% 和 20.6%。不同地域呈现不同消费热点：大城市生鲜、化妆品、宠物用品等零售额增长较快；中小城市和农村地区服装、汽车用品、大家电等零售额增长较快。从消费者的消费态度上进行分析，年轻消费者更倾向于快捷、高效的消费方式，在满足刚需的基础上，愿意为高品质的服务和产品买单，是高端消费的主力人群。对消费者的地域分布、消费领域、消费态度进行交叉分析，结果显示发达的一二线城市具有更强的消费能力，服务、美妆、健康食品、智能设备等领域更受主流消费人群关注，他们愿意为更有品质和口碑的商品买单。

2.1.4　选择商品

做好市场、行业和消费者的分析后，即可考虑网店需要销售的商品。一般来说，商品选择包含两个阶段：第一阶段是选择商店所经营的商品；第二阶段是从已有商品中继续选择商品，将其打造为"爆款"。

1. 选款

第一阶段的商品一般是选择具有一定市场潜力的商品，需要结合市场、行业、消费者需求以及自身的资源情况进行综合选择。在众多商品类型中，有些商品的总成交量非常大，但是销售这类商品的商家也非常多，竞争非常激烈，需要具备成熟的营销推广手段。有些商品成交量不算很高，但是市场前景好、竞争小，所以部分商家开始另辟蹊径，选择一些竞争较小但销量也比较可观的商品。如果具备一定的资源，建议选择自己熟悉的领域和商品，或者选择经典产品、品牌产品，打造更专业的店铺。总之，优先选择更适合自己、更方便经营的产品或服务。

第二阶段是在第一阶段的基础上，为了赚取更多的利润，有选择性地打造爆款商品。爆款是指在商品销售中供不应求、销售量高、人气高的商品。当商品有了一定的基础销量后，可以将其转化为爆款，提升加购量和收藏量，对商品本身的权重提升十分有利。选择爆款的方法有很多，常用方法主要包括以下几种。

- **按销量选择款式**。该选择方式是一种比较简单的选款方式，按照销量选择的商品通常都是热销款式，受大众欢迎，竞争力也比其他商品更强。但与这类商品同款的也会比较多，竞争环境会比较激烈。
- **搜索选款**。搜索选款指根据消费者搜索的热门关键词来分析和判定商品，并选择爆款。搜索选款和销量选款区别较大，销量选款注重产品之前的销售数据，而搜索选款则着眼于产品未来的数据。
- **直通车选款**。与销量选款类似，直通车选款首先需要选定一个主要关键词，便于在淘宝首页搜索。直通车选款需要分析直通车商品。找出直通车前 100 的商品，分析并筛选上架时间短但收藏数高于 2 000 的商品，这些商品既是受大众喜欢的商品，也会是一些大型店铺的主推款式，具有成为爆款的潜力。
- **活动选款**。活动选款指根据活动的销售数据来选款。进行活动选款时，首先需关注各个活动中本类目的商品，并找出销量达到 2 000 的商品，然后使用数据分析工具查看竞争对手的销量，最后选择出合适且销量可观的商品。

从商品选择到打造爆款有一个过程。在选定商品后，首先，需对该商品的访问量、收藏量和购买量等进行分析，观察其是否可以成为爆款。其次，还需对商品的总成交率、点击转化率等进行观测，并对商品的实际销售情况进行监测。最后，将销量表现良好、转化率理想，以及评价不错的商品确定为主推款。

2. 选择注意事项

为了获得较大的利润空间和发展空间，在选择商品时还需分析以下问题。

- 出售的商品是否为消费者必需品或准必需品，是不是大众商品，持续购买和持续生产能力如何。
- 与线下商品相比，其价格优势和利润优势如何，运输是否便利。
- 是否容易被仿制，是否容易贬值。
- 是阶段性商品还是非阶段性商品。
- 售后服务难度如何。

商品的性质不同，营销和推广策略也就不一样。对于从事电子商务的商家而言，商品的选择、销售策略的制订都会对经营的规模和利润产生非常大的影响。

2.2　商品的进货渠道

进货渠道是把控商品品质的第一道关口，商家要根据自身实力选择便于操作的、具有保障的合作渠道进行进货。对于网上商家来说，既可以选择像实体店铺经营那样进货，如线下批发市场进货；也可以通过网络平台进行进货，常用的网络进货渠道很多，如阿里巴巴、分销网站、供销平台等。

↘ 2.2.1　通过线下批发市场进货

线下批发市场进货是传统的线下进货渠道，但仍旧适用于网上商店进货。对于商家来说，线下批发市场进货的优点较多，因此常受到商家的青睐。线下批发市场进货的优点有以下 5 点。

- 选择通过线下批发市场进货的商家，一般距离线下批发市场的距离较近，因此货源成本更低，可以节省部分运输和仓储成本。
- 线下批发市场中聚集了大量的供应商，每个供应商提供的商品种类、数量、样式等都不同，商家的选择范围更大，可选择性更强。
- 线下批发市场展示的商品是真实的，商家可以考察商品的产地、质量等信息，更容易把控商品的整体质量。
- 线下批发市场的进货时间和进货量比较自由，补货时间也更短，商家可根据店铺的经营现状灵活控制进货数量。
- 商家与线下批发市场的供应商可以面对面沟通交流，维护好与供应商的关系，可以拿到更便宜、更新、质量更好的商品，甚至可以等网上商店的商品售出以后再前往取货，不必占用过多的资金，也不会积压商品。

除了在本地线下批发市场进货外，商家还有必要了解所售商品在其他地区的采购情况，以综合判断并选择最终的线下批发市场。商家可通过阿里巴巴产业带网查看其他地区的产业带，或直接选择热门产地的商品进行进货。在阿里巴巴产业带网的右上角输入需要查询的商品类型，单击"查询"按钮 🔍 即可查看该商品的产业带。或直接在"热门产地一手货"栏目中选择热门商品，查看其产业带，如图 2-6 所示。

↘ 2.2.2　通过阿里巴巴批发进货

阿里巴巴是国内最大的网上采购批发市场，拥有丰富的商品种类与大量的供应商。阿里巴巴账户与淘宝账户是通用的，商家可直接使用淘宝账户登录阿里巴巴采购商品，在采购时，为了保证商品的质量，还要重点关注供货商的以下信息。

- 查看供货商的资质、联系方式、厂家信息等。
- 查看供货商的"诚信通"年份，诚信指数高的商家信任度更高。
- 查看商品的图片、销量及评价，也可先小额订货，了解其供货速度。

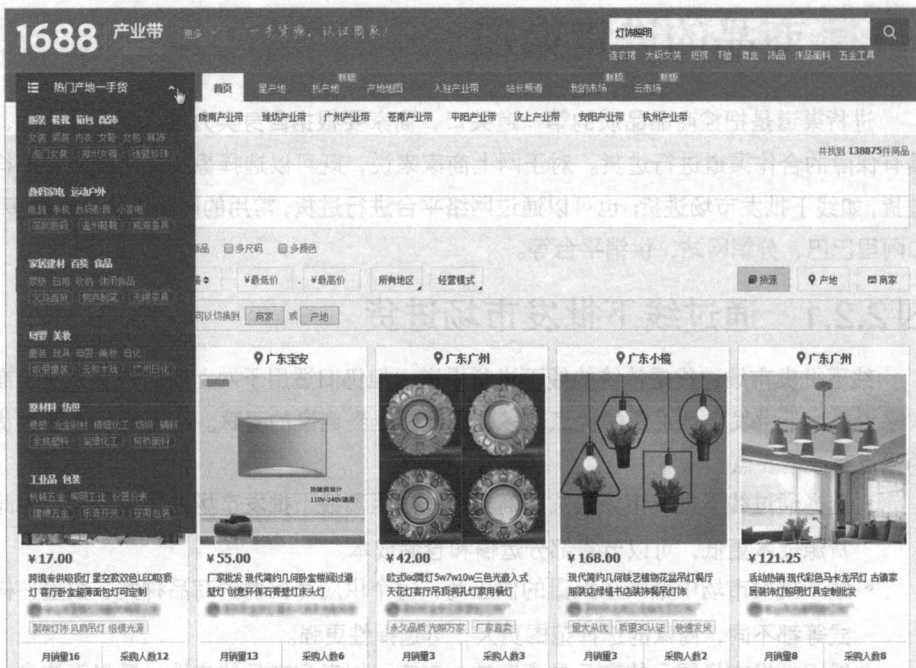

图2-6 在阿里巴巴产业带网中查看商品产业带

在阿里巴巴批发网中搜索商品的操作比较简单，搜索所需采购的商品，并选择供应商进行采购即可，其具体操作如下。

STEP 01 登录阿里巴巴批发网，在其首页上方的搜索文本框中输入需要采购的商品，单击 搜索 按钮进行搜索，如图2-7所示。

STEP 02 打开"灯饰照明"的搜索结果页面，如图2-8所示。

经验之谈

在搜索文本框左侧可选择搜索的类型，包括货源、工业品牌、供应商、求购、生意经5种类型。

图2-7 搜索商品   图2-8 查看搜索结果页面

STEP 03 该页面中的商品非常丰富，商家可"货比三家"后再进行购买。首先可设置商品的具体信息，如风格、类型、材质、品牌、价格等，如图2-9所示。

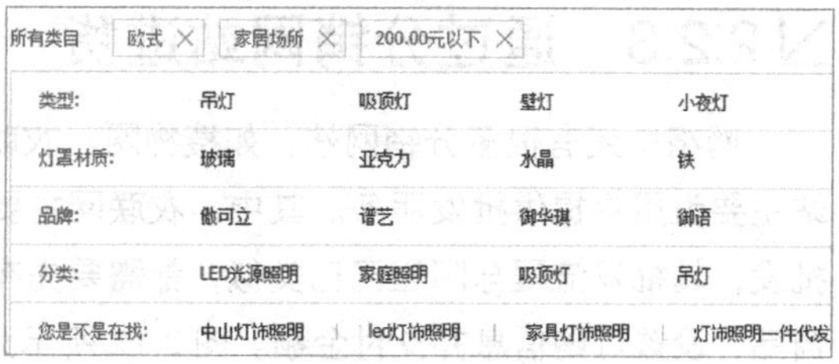

STEP 04 阿里巴巴将根据设置同步显示搜索结果，如图2-10所示，然后查看商品供应商的信息和商品信息。

图2-9　设置商品信息

经验之谈

是阿里巴巴实力供应商的标志，3年 代表该供应商"诚信通"的年份。

STEP 05 单击商品主图或商品名称，进入商品详情页面，滚动鼠标滚轮查看商品的图片、价格、材质等具体信息。浏览并对比各个供货商的商品，确认选择后，在该商品的详情页中设置商品的颜色、尺码等订购信息，然后单击 立即订购 按钮，如图2-11所示。

STEP 06 在打开的页面中设置收货地址、联系电话等信息，然后单击 确认收货信息 按钮，查看订购信息是否正确，确认无误后单击 提交订单 按钮。此时将打开支付页面，在该页面中选择支付方式并输入支付密码，然后单击 确认付款 按钮，即可完成交易。

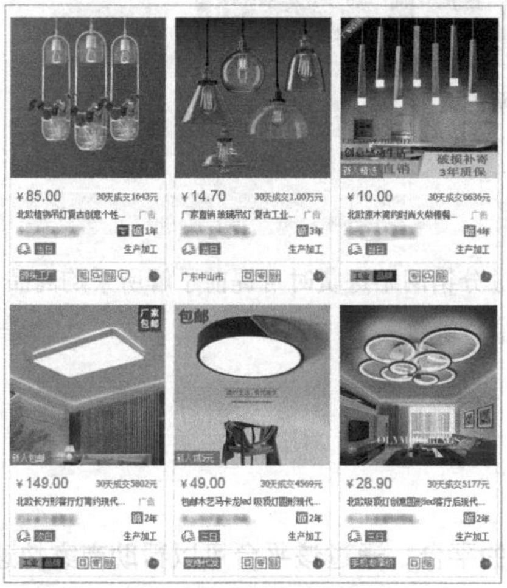

图2-10　查看搜索结果

图2-11　订购产品信息

经验之谈

阿里巴巴的购买操作与淘宝网非常相似，单击 加入进货单 按钮可以将所选商品添加至进货单，在完成商品的选购之后，再进入"进货单"页面，可对所有选购商品的费用进行一次性支付，简化购买流程。

↘2.2.3　通过分销网站进货

　　网络中还有很多分销网站，如搜物网、衣联网、中国货源网、好多鞋等，这些网站主要为用户提供批发服务。其中，衣联网主要提供女装批发；好多鞋主要提供女鞋批发，其批发流程与阿里巴巴类似，都需要先在分销网站中注册账户，然后选择所需商品、设置订购信息并支付金额。图 2-12 所示为衣联网首页，在搜索文本框中直接输入商品关键词进行搜索，即可进行后续订货操作。

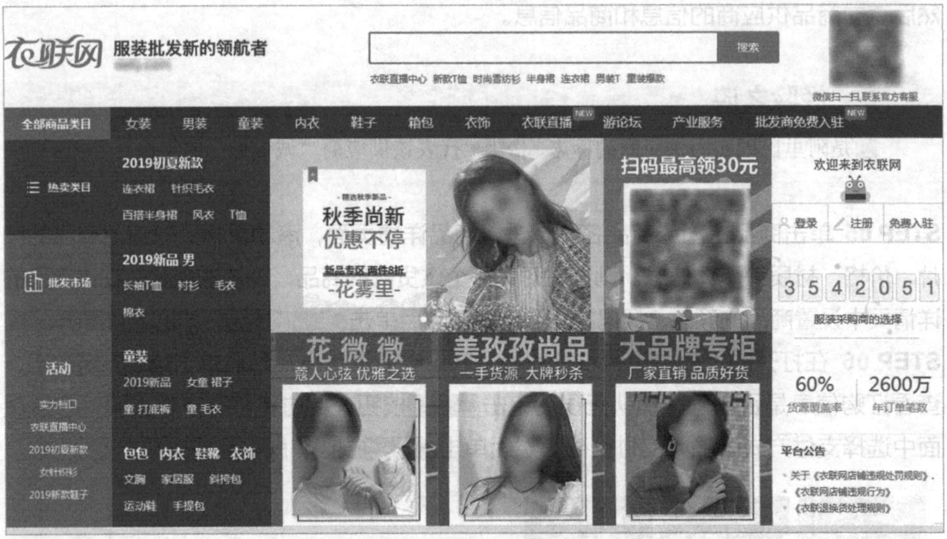

图 2-12　衣联网首页

经验之谈

　　通过分销网站进货有一定的风险，商家在通过分销网站进货时可提前了解所采购商品的供应商的信息，如公司信息、产地信息、网址信息等。

↘2.2.4　通过供销平台进货

　　供销平台是淘宝网为商家提供代销、批发的平台，通过该平台可以帮助商家快速找到供货商或成为代销商。供销平台由代销和批发两部分组成。代销是指供货商与代销商达成协议，将商品的品牌授予代销商，为其提供商品图片等数据，而不提供实物，并与代销商商议价格，代销商赚取差价。批发则与其他批发网站相似。要成为供销平台的代销商，首先需要进行申请，然后才能通过供销平台选择供货商进行代销。图 2-13 所示为天猫供销平台首页。

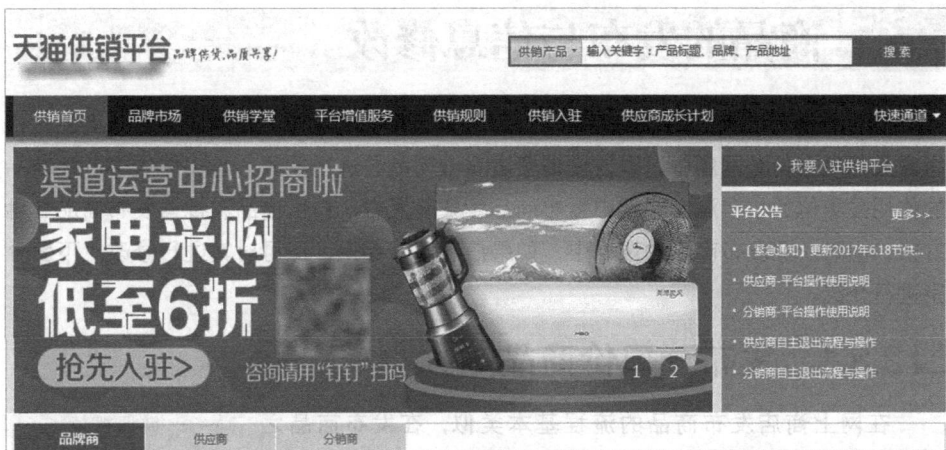

图 2-13　天猫供销平台首页

💬 经验之谈

网络代销的资金投入比较少，比较适合新商家或小商家。同时，网络代销的操作过程要简单一些，不需要仓库，商品照片、商品描述等基本都由供货商准备，甚至不需要自己邮寄，只需将定金和资料提供给供货商即可。但由于不直接接触商品，所以很难把控商品质量，因此在选择供货商时一定要选择正规公司。

↘2.2.5　进货的技巧

商家在进货时不能盲目选择商品，应该在综合考虑商品热度、质量，以及进货成本、库存等因素的前提下进行选择，要掌握一定的进货技巧。

- **选择好商品**。好商品一般需具备顾客喜爱、质量好、价格合理等特点，因此商家在进货时，要注意辨别商品是否热门、是否有市场、价格是否合理，以能满足顾客需求为准。为了保证商品质量，可以"货比三家"后再建立合作关系。
- **合理进货**。对于新商品而言，试销时进货量不宜过大。对于畅销商品而言，则需要检查和分析库存，提前进货，保证供应量，但库存亦不建议过大。对于季节性商品而言，季初可以多进，季中少进，季末补进。此外，还需要注意进货时机，一般大部分商品都需要提前进货。
- **控制成本**。成本对盈利产生直接影响，同时成本也直接影响着价格策略的实施。为了合理控制成本，需要充分了解商品和市场，还可以与供货商建立良好的长期合作关系，尽量以最低的价格拿到商品。

2.3 商品的发布与信息修改

选择好商品并拥有足够的库存后，即可进行商品的发布。在网店中发布商品是指将商品信息上传至网店中，以方便消费者查看商品并进行购买，与实体店中上架商品的作用是类似的。在淘宝网店中发布商品主要有发布一口价商品和批量发布商品 2 种方式，同时，在发布商品的过程中，如果信息填写错误，还可对其进行修改。下面分别进行介绍。

↘ 2.3.1 发布一口价商品

在网上商店发布商品的流程基本类似，在发布商品之前都需要做一些准备工作，如了解商品信息、准备商品图片等。下面将介绍在淘宝网中发布女士凉鞋的方法，其具体操作如下。

微课视频

扫一扫 实例演示

STEP 01 在淘宝网首页右上角单击"千牛卖家中心"超链接，登录并进入千牛卖家工作台。在千牛卖家工作台的"宝贝管理"栏中单击"发布宝贝"超链接，如图2-14所示。

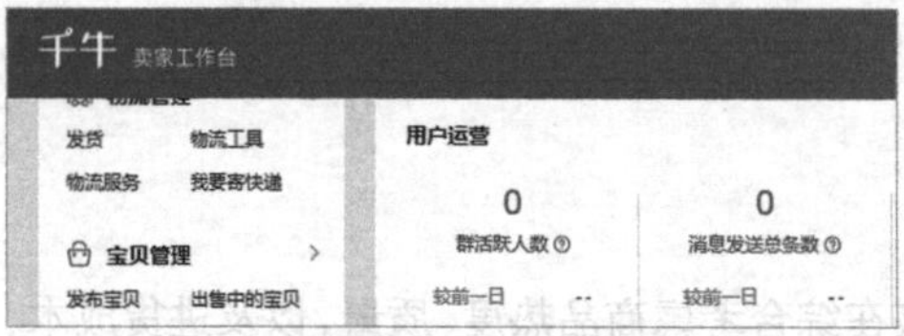

图 2-14 单击"发布宝贝"超链接

💬 经验之谈

千牛卖家工作台是商家进行店铺管理、物流管理、交易管理、宝贝管理等的综合管理平台，它不仅提供了商品发布、店铺装修等功能，还提供了各种促销推广工具以及店铺分析工具。

STEP 02 打开商品发布页面，在文本框中输入商品信息，如"凉鞋"，单击 搜索 按钮，在打开的下拉列表中选择该商品的具体类目，如"女鞋>凉鞋"，然后单击 下一步,发布商品 按钮，如图2-15所示。

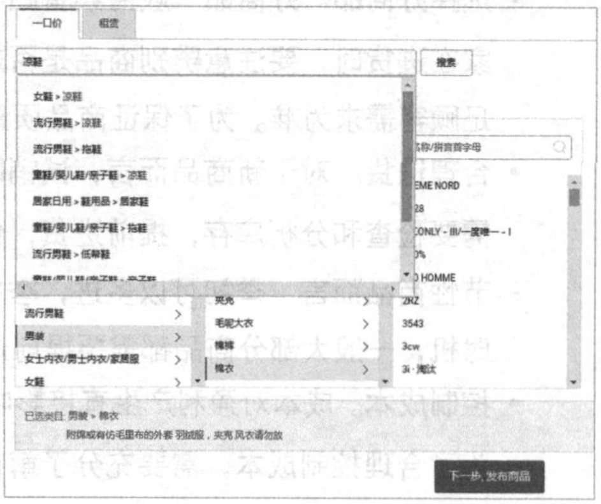

💬 经验之谈

也可在文本框下方依次选择商品的一级类目、二级类目、三级类目等信息。

图 2-15 设置商品类目

STEP 03 此时将打开发布页面，在"基础信息"栏中填写所发布商品的宝贝类型、宝贝标题，如图2-16所示。其中，宝贝标题的长度不能超过30个汉字。

图2-16　填写宝贝类型和宝贝标题

STEP 04 滚动鼠标滚轮，在"类目属性"栏中输入所发布商品的详细信息，包括品牌、货号、材质、风格等，如图2-17所示。

经验之谈

不同类目的商品，其属性不同，如单鞋商品需填写鞋帮高度、流行元素、闭合方式等属性；而灯具商品则需要填写灯具形状、灯头个数、光源类型、电压等属性。

STEP 05 滚动鼠标滚轮，在"采购地"栏中选择采购地。

STEP 06 滚动鼠标滚轮，在"颜色分类"栏中设置商品的颜色，这里设置为杏色和黑色，然后单击其后的 上传图片 按钮上传图片。在"尺码"栏中设置单鞋的尺码，这里设置为34、35、36、37，效果如图2-18所示。

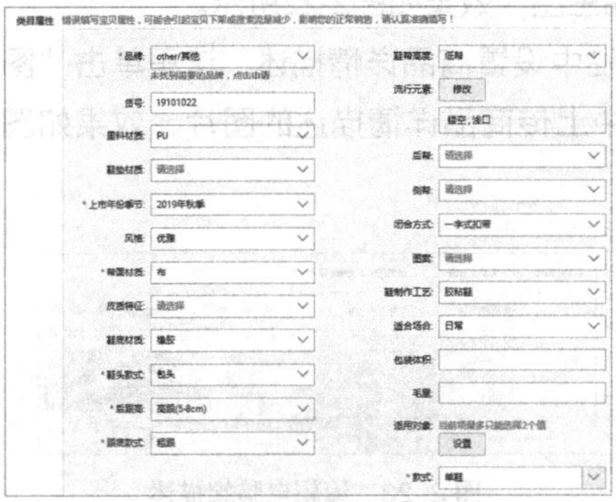

图2-17　填写类目属性

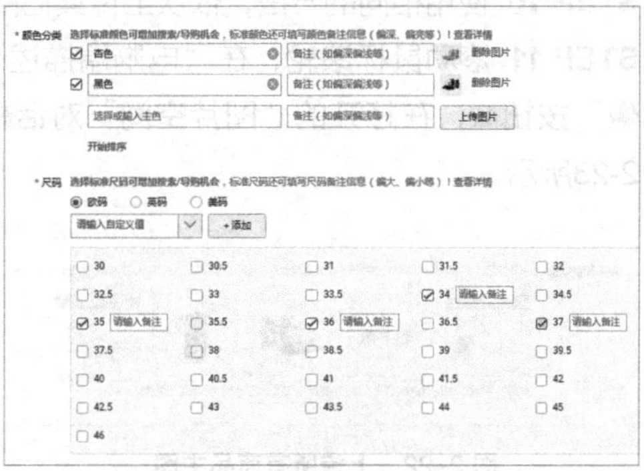

图2-18　设置颜色与尺码

STEP 07 在"宝贝销售规格"栏中设置商品的销售规格，效果如图2-19所示。

图2-19　设置销售规格

STEP 08 滚动鼠标滚轮，在"电脑端宝贝图片"栏中单击"宝贝主图"图片框，如图2-20所示。

STEP 09 打开"图片空间"对话框，在其中选择需要上传的图片即可上传成功，如图2-21所示。

图 2-20　上传商品图片

图 2-21　上传主图

经验之谈

图片空间是淘宝网提供的图片管理工具，商家后台操作的所有图片或视频素材都需要预先存放在图片空间中才能正常使用。单击"进入图片管理"超链接即可打开素材中心，在左侧单击"图片"选项卡，即可在打开的页面中上传和编辑图片。

STEP 10 使用相同的方法，依次上传其他商品主图，效果如图2-22所示。

STEP 11 滚动鼠标滚轮，在"电脑端描述"栏中设置商品详情描述，这里单击"图像"按钮，在打开的"图片空间"对话框中上传商品详情描述的图片，效果如图2-23所示。

图 2-22　上传所有商品主图

图 2-23　编辑电脑端描述

STEP 12 滚动鼠标滚轮，设置付款方式和库存计数，如图2-24所示。

STEP 13 滚动鼠标滚轮，在"提取方式"栏中设置物流方式。这里单击选中"使用物流配送"复选框，在"运费模板"下拉列表中选择所需模板，效果如图2-25所示。

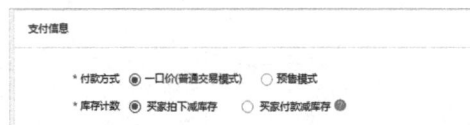

图 2-24　设置支付信息

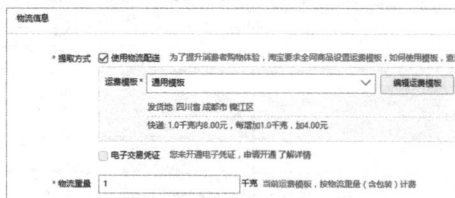

图 2-25　设置物流信息

💬 **经验之谈**

如果已经提前设置了物流方式，可直接在"运费模板"下拉列表中进行选择；如果未设置物流模板，可单击 新增运费模板 按钮新建物流模板，其新建方法将在9.2.2节进行详细讲解。

STEP 14 滚动鼠标滚轮，在"售后服务"栏中设置售后服务、上架时间，效果如图2-26所示。

STEP 15 单击页面底部的 提交宝贝信息 按钮，即可发布商品，效果如图2-27所示。

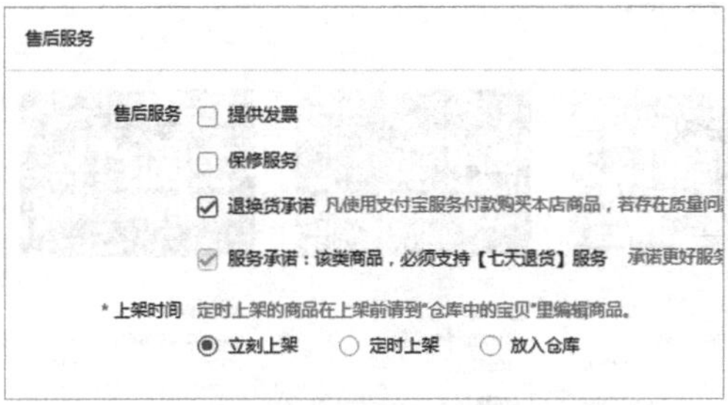

图 2-26　设置售后服务

图 2-27　发布商品

↘ 2.3.2　批量发布商品

千牛卖家工作台发布一口价商品时只能一件一件地发布，当商家需要上架大量商品且商品信息类似时，一件件发布就会产生大量重复的工作，降低商品发布的效率。此时就可以通过批量发布工具来批量发布商品。登录千牛卖家工作台，在服务市场中搜索"批量发布"或"批量上传"等关键词，单击 搜索 按钮即可得到搜索结果，如图2-28所示。商家可根据实际需要选择一款工具并使用，如"甩手上传"。甩手上传是一款提供淘宝网店商品一键上架、整店发布和商品搬家等功能的工具，可以方便商家对店铺商品进行批量发布、修改等操作，但该工具不能在天猫店铺中使用。甩手上传的功能主要有以下几点。

- **导入上传。**支持导入淘宝数据包，并将数据包的内容一键上传到淘宝店铺。
- **完整上传。**完整上传商品详情、颜色尺码SKU等信息，且能智能转换类目。
- **智能过滤。**智能过滤违规商品、图盾商品、危险品牌、危险类目等。
- **批量处理。**可以高效便捷地批量编辑商品信息。

↘ 2.3.3　修改商品信息

商品发布上架之后，如果发现商品信息不完善或者有误，还可以对商品信息进行修改，如对商品名称、价格、描述等进行重新编辑。下面介绍在千牛卖家工作台中修改商品信息的方法，其具体操作如下。

微课视频

扫一扫 实例演示

图 2-28　搜索批量发布工具

STEP 01 进入千牛卖家工作台，在"宝贝管理"栏中单击"出售中的宝贝"超链接，打开出售中的宝贝页面，如图2-29所示。

STEP 02 此时将打开"出售中的宝贝"页面，在该页面中可查看店铺所出售商品的信息，如商品名称、价格、库存、销量、创建时间、发布时间等。将鼠标指针移动到商品上，商品名称、价格和库存信息后会出现一个"编辑"按钮，单击该按钮即可修改对应的信息。这里单击"库存"栏后的"编辑"按钮，如图2-30所示。

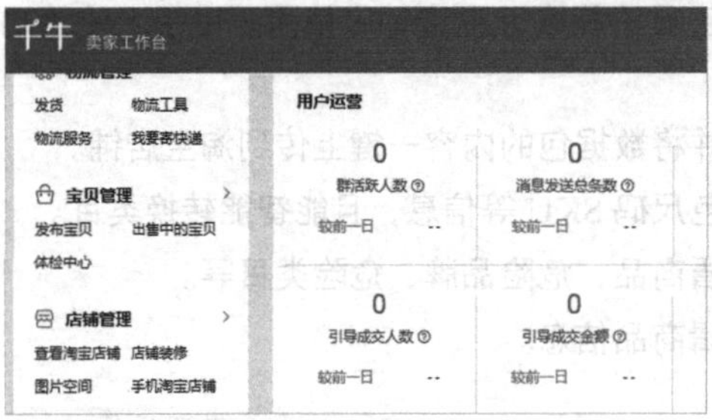

图 2-29　千牛卖家工作台

图 2-30　单击"编辑"按钮

STEP 03 打开"编辑库存"对话框，在其中进行修改，如将"杏色/34""黑色/34"的库存修改为"500"，然后单击 提交 按钮，如图2-31所示。

STEP 04 返回"出售中的宝贝"页面即可看到修改后的效果。若想修改商品的详细信息，则可单击"操作"栏下的"编辑商品"超链接，如图2-32所示。

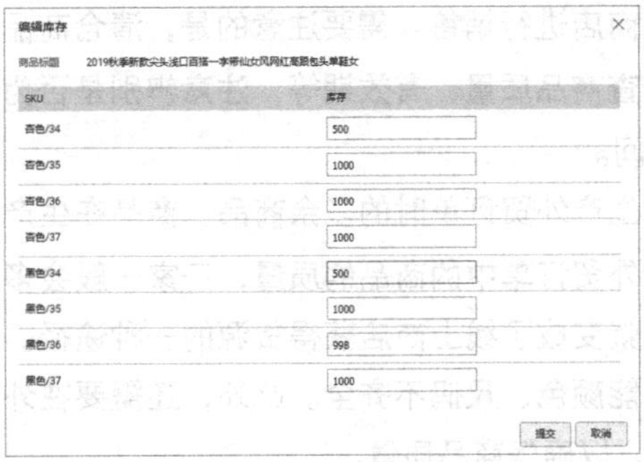

图 2-31　修改商品信息

STEP 05 打开"商品发布"页面，在该页面中按照发布商品的操作进行商品信息的修改，完成后单击 [提交宝贝信息] 按钮即可，如图2-33所示。

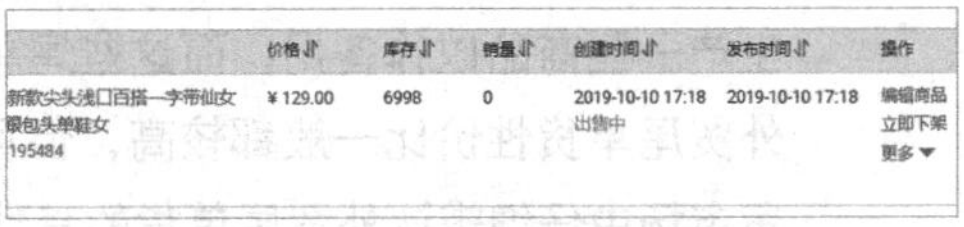

图 2-32　单击"编辑商品"超链接

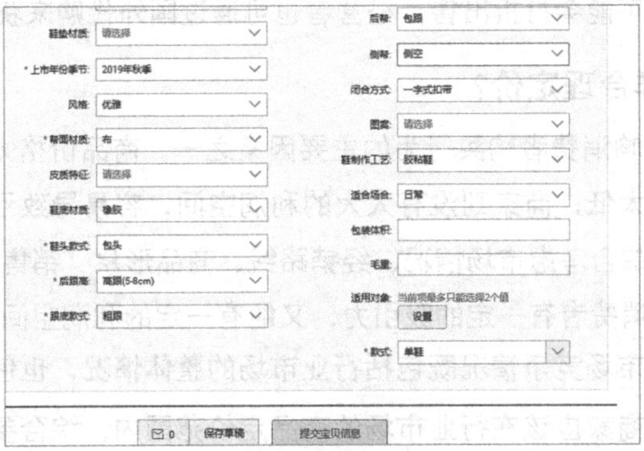

图 2-33　编辑商品信息

2.4　疑难解答

选择适合的商品是网上开店的重要环节之一，而商品质量、商品价格、商品信息描述是否符合目标消费者的期望，则是店铺能否盈利的关键。因此在开店之初，商家一定要做好商品的选择和发布，妥善处理好各种细节问题。下面介绍商品进货和发布过程中的相关注意事项。

1. 还有其他的进货渠道吗？

除了通过线下批发市场、阿里巴巴、分销网站等渠道进货外，还可通过品牌积压库存，换季、拆迁与转让的清仓商品，外贸尾单货、国外打折商品等途径获得商品。

- **品牌积压库存**。品牌积压库存一般是指当季未售完的品牌商品，对于很多消费者而言，品牌商品更具有吸引力，也更容易得到信任。品牌商在当季商品未售完时，为了清理积压库存，可能会选择将商品低价出售或选择代销商进行代销。如果经营者有途径，可寻找可靠的品牌积压商品，然后再通过网上商店进行销售。
- **换季、拆迁与转让的清仓商品**。线下很多商店在换季、节后、拆迁或者清仓的时候，都会低价出售大量库存商品，通常价格较低，品种也较为丰富。经营者亦可买进这些低价商品，再通过网上商店进行销售。需要注意的是，清仓商品在质量上大多参差不齐，需要仔细检查商品质量、有效期等，注意辨别是否为促销手段，以获得尽可能大的价格空间。

- **外贸尾单货**。外贸尾单货是指厂家在生产外贸订单时的多余商品。商品在生产过程中难免会出现次品，而为了保证外贸订单中的商品的质量，厂家一般会多生产一些商品以作备用，而这些尾单就变成了线上商店获得货源的一种途径。外贸尾单货性价比一般都较高，但可能颜色、尺码不齐全。此外，还需要在外贸市场中仔细辨认外贸尾单货的真伪，以确保商品质量。
- **国外打折商品**。寻找货源并非仅仅局限于国内，很多国外一线品牌在换季、节日期间，也可能会打折出售，经营者也可通过国外代购来获得货源。

2. 商品怎样合理定价？

商品价格是影响消费者购买行为的主要因素之一，商品价格太高容易让消费者望而却步；商品价格太低，商家则没有太大的利润空间，容易导致亏损。因此，商家在进行商品定价时要综合考虑市场情况、经销路线、商品形象、销售策略等多方面因素，使商品价格既能对消费者有一定的吸引力，又能有一定的利润空间。

- **市场情况**。市场竞争情况既包括行业市场的整体情况，也包括竞争对手的商品定价情况。商家应该在行业市场的商品定价范围内，综合参考和分析竞争对手的定价，特别是对于同样质量、同样品牌的商品而言，消费者在进行选择时一般都会选择价格更便宜的商品。此外，商品本身的好坏也是消费者优先考虑的因素之一，不能一味采用低价策略，还需考虑成本因素。
- **经销路线**。商品从生产到销售可能会经过多条经销路线，如中间商、零售商等。不同经销路线所产生的成本不同，商家应在综合考虑经销路线成本的基础上，采取公平定价制度，保证不同经销路线的价格差异不至于太大。
- **商品形象**。商品价格与商品形象息息相关，口碑好、影响力大、历史悠久、形象好的商品，其定价自然比一般的商品略高。
- **销售策略**。不同的营销目标和销售时期，商品的销售策略会有所差别，商家应根据具体情况制订不同的销售策略，并根据销售策略确定商品价格。一般来说，新品上新时，价格会稍高一些，经过一段时间的销售后，商品进入衰退期，则会降低商品价格，以增加销量。另外，商家开展促销活动时，一般也会调低商品价格。

在综合考虑以上因素的前提下确定商品的价格区间，然后再通过一些基本的心理定价策略确定商品的具体价格。例如，尾数定价法常用 7、8、9 作为价格的尾数，将原价 100 元的商品定价为 99.8 元或 98.9 元等。

2.5　课后习题

（1）某商家计划在淘宝网上销售海外进口护肤品，应该如何选择进货渠道？请简述选择该进货渠道的原因以及操作过程。

（2）图 2-34 所示为一款情侣帆布鞋的信息，请根据提供的素材文件（配套资源：\素材\第 2 章\运动鞋\）发布商品。在发布的过程中要注意以下几点。

- 帆布鞋的类目要设置准确，如女鞋、男鞋、运动鞋、户外旅行用品等类目所面对的目标消费者不同，商家设置对应的类目后，当消费者通过类目搜索商品时即会推荐对应类目下的商品。
- 商品名称不能超过 30 个汉字，可包含目标消费者、商品用途和风格等关键词，如女鞋、帆布鞋、男鞋、情侣鞋、运动鞋等。
- 商品价格应适中，可参考同类竞争商品的价格进行设置。
- 商品描述要尽量详细、美观。

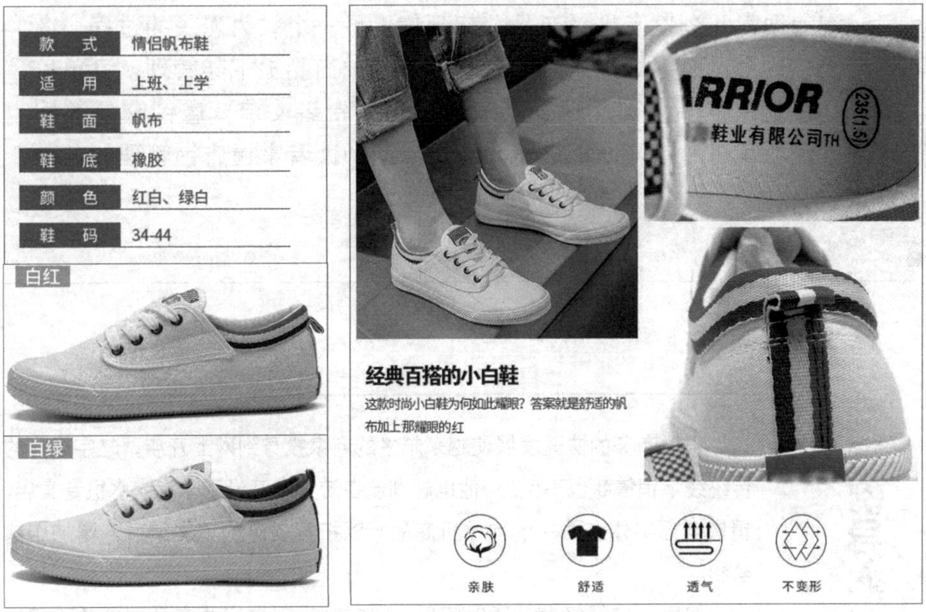

图 2-34　情侣帆布鞋的信息

（3）在淘宝服务市场中挑选一款批量发布商品工具，了解该工具，并使用其发布图 2-34 中的情侣帆布鞋。

（4）在千牛卖家工作台的"出售中的宝贝"页面中修改商品信息，主要包括商品名称、价格、库存和类目属性等。

CHAPTER

03

店铺管理

在网店中发布商品后，店铺才会展示所上架的商品，消费者也才能通过淘宝搜索并浏览商品。商品上架到售出是一个较为漫长的过程，商家需要在这个过程中做好店铺的管理工作，如商品上下架管理、订单价格修改、订单发货、商品退换货管理、与消费者交流、店铺交易数据管理等，本章将对这些知识进行介绍，以帮助读者掌握店铺管理的各种操作。

案例导入

电子商务的快速发展使越来越多的商家投身到网上开店，赵宇这样的传统线下销售商也不例外，他也赶潮流在淘宝上开设了一家饮水机专卖店，销售自己实体店面中的饮水机商品，以拓宽自己的销售渠道，增加店铺盈利。

但网上店铺经营一段时间后，赵宇就发现自家的商品评价并不好，店铺评分和点击率越来越低，甚至有消费者收到饮水机后就直接申请退款退货。这让赵宇非常疑惑，自己的商品在实体店中售卖完全没有这个问题，怎么一到网上商店就不断出现差评和退货现象，这大大超出了赵宇的预期。

为了弄清楚这个问题，赵宇打电话联系了消费者，消费者告诉他，自己收到的饮水机中有残留的水渍，怀疑是用过的残次品。这让赵宇哭笑不得，原来为了保证饮水机的质量，赵宇在发货前都会进行饮水机的质量测试，查看是否有出水口堵塞等问题，确认没问题之后才会联系快递发货。但令赵宇没想到的是，饮水机质量测试时会留下水渍，这些原本为了保障商品质量的水渍最后却变成了消费者质疑的因素，甚至很多消费者直接给了差评。

为了解决这个问题，赵宇不仅在商品的详情页中对残留水渍做了说明，还通过千牛卖家工作台主动联系消费者，告知消费者产生水渍的原因，让消费者放心使用，并且在饮水机上贴上贴心的小便签进行说明，果然，关于饮水机水渍的差评再也没有出现过。消费者觉得这家店的店主非常负责任，且商品质量有保证，店铺评价逐渐变好。

赵宇后来总结，之所以产生这种"冤枉"的差评，主要是自己的商品和交易管理做得不到位。并且，现在网上商店的管理比实体店面更加简单，以往需要花费较多时间、材料和精力来进行店铺的商品更换、资料更新、补货、发货或退换货等操作，在网上商店中则可以快速通过后台管理工具来实现。要想经营好店铺，就不能忽略店铺管理的任何问题，商品从上架到售出的每一个环节的管理操作都是商家必须要掌握的知识。

3.1 了解千牛卖家工作台

千牛卖家工作台是淘宝专为淘宝网和天猫商城商家提供的后台管理工具，商家可通过千牛卖家工作台进行商品、交易和店铺的各种管理操作。因此，商家有必要了解千牛卖家工作台的相关知识，为后续的店铺管理工作打好基础。该工作台根据使用的端口不同，分为淘宝网后台和千牛卖家工作台客户端，下面分别对其进行介绍。

↘ 3.1.1 淘宝网后台

为了方便商家直接通过淘宝网后台进行店铺管理，在淘宝首页右上角单击"千牛卖家中心"即可打开淘宝网后台——千牛卖家工作台，如图3-1所示。

在千牛卖家工作台中可以直观地看到目前店铺的经营现状，如待付款、待发货、待退款售后、待评价、物流异常、违规提醒等，以及商家已订购的应用、生意参谋、店铺数据等。此外，在千牛卖家工作台左侧还集成了交易管理、自运营中心、物流管理、宝贝管理、店铺管理、营销中心、数据中心等板块，这些板块中包含了店铺管理的各项内容，单击各板块下的超链接即可打开对应页面进行管理操作。

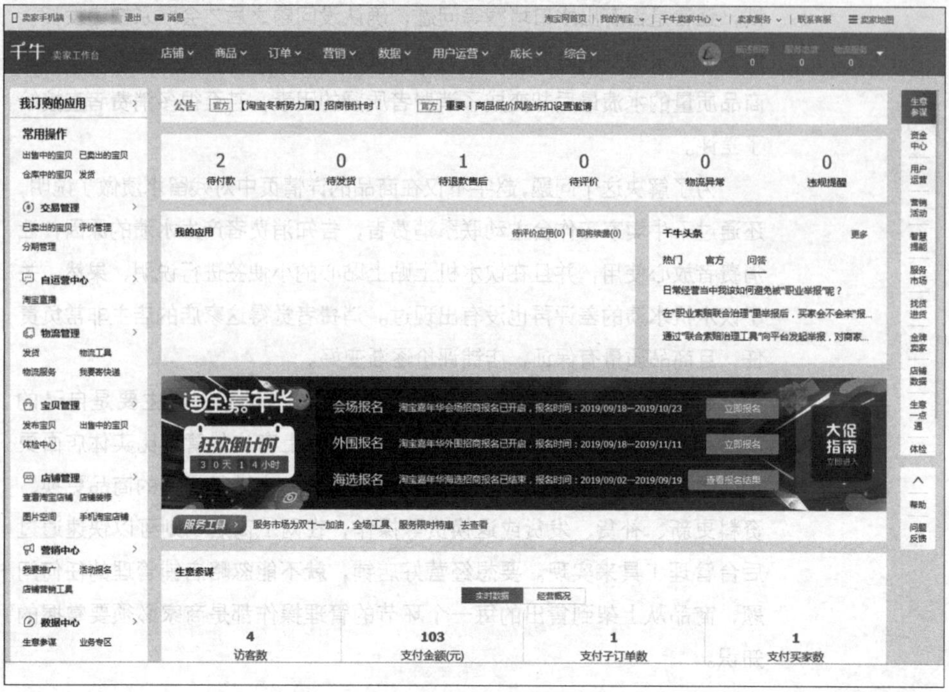

图 3-1　千牛卖家工作台

经验之谈

千牛卖家工作台顶部的店铺、商品、订单、营销、数据、用户运营、成长、综合等板块与左侧板块的功能类似，将鼠标指针放在板块名称上，在打开的下拉列表中单击对应的超链接也可在打开的页面中进行管理操作。

↘ 3.1.2　千牛卖家工作台客户端

千牛卖家工作台客户端包括 PC 端和移动端，这两个端口的功能和操作都是相同的，区别在于 PC 端通过计算机进行操作，移动端则通过移动设备进行操作。下面以PC 端为例进行介绍。

千牛卖家工作台客户端为商家提供了更加方便的商品管理、订单管理和与消费者交流沟通等功能，要使用千牛卖家工作台客户端，需要先下载和安装。安装完成后，通过淘宝账号和密码或二维码扫描即可登录，如图 3-2 所示。登录千牛卖家工作台时将默认打开工作台首页，该首页与淘宝网后台的操作界面基本一致，不同的是页面右上角多了接待中心☺、消息中心✉、服务市场🛒、千牛头条📰 4 个图标，单击图标可打开对应的功能模块，如图 3-3 所示。

图 3-2 登录千牛工作台

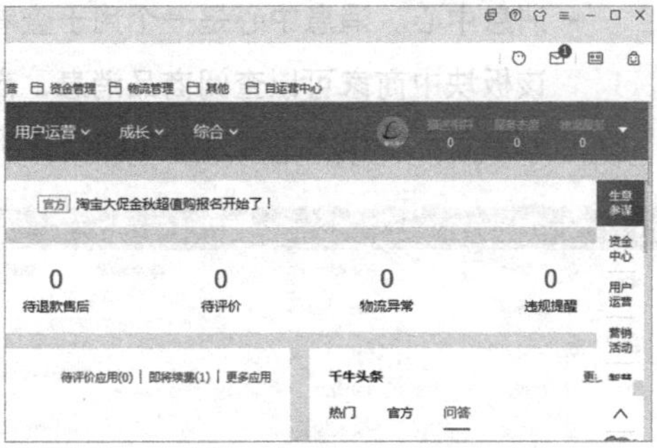

图 3-3 千牛工作台客户端首页

当不需要使用工作台时，还可将工作台最小化，最小化后的工作台将只显示主要工作模块，分别是接待中心、消息中心、工作台和搜索，如图 3-4 所示。

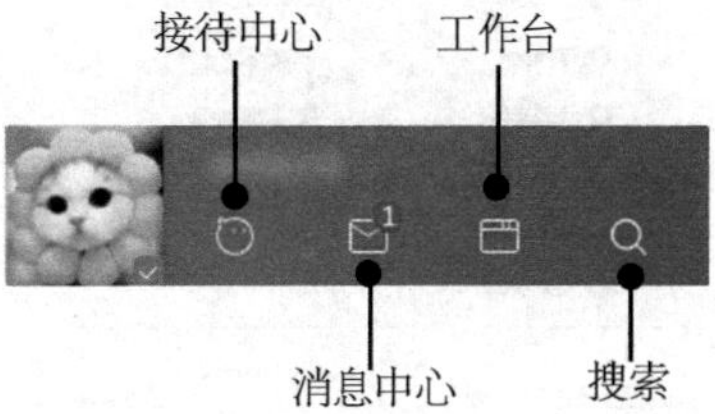

图 3-4 千牛工作台的主要工作模块

- **接待中心**。接待中心是一个用于与消费者交流和进行订单管理的板块，如图 3-5 所示。通过这个板块，商家可以接收和查看消费者的消息，与消费者进行沟通交流。此外，还可以查看订单信息、查看商品信息、查看橱窗推荐以及管理交易中的商品等。

图 3-5 接待中心

- **消息中心**。消息中心是一个用于查看和阅读系统消息和服务号消息的板块，在该板块中商家可以查阅商品消息、商家成长攻略、营销活动通知等信息，还可以查看千牛和淘宝官方发布的一些新闻资讯，如图 3-6 所示。

图 3-6　消息中心

- **工作台**。工作台即千牛卖家工作台，用于查看店铺的访客、订单数、交易数、待付款、待发货等重要信息，也可以对商品发布、员工、物流等进行管理。
- **搜索**。搜索主要用于插件的搜索，在文本框中输入相关插件的关键词，在打开的下拉列表中即可显示相关插件的名称。

3.2　客户交流管理

千牛工作台中的接待中心是商家与客户进行沟通的主要平台，提供了同时与多个客户聊天的功能。在千牛工作台上还可以实时查看当前聊天对象的信息，包括客户信息、商品信息和订单信息等，下面主要介绍通过千牛工作台的接待中心与客户交流的相关知识。

3.2.1　主动向客户发送信息

网店运营过程中，商家不能被动地等待客户发送信息，应该主动向有购物意向的客户发送信息，增加彼此之间的交流。商家在与客户交流的过程中，可以发送文字消息、表情或图片等，以更加详细地向客户介绍商品，提升客户的购物意愿。

1. 发送文字消息

打开千牛工作台的接待中心，在接待中心中会显示今日接待、未下单、未付款和已付款等信息，商家可重点查看未下单、未付款。未下单指客户浏览了商品详情页，但没有提交订单；未付款指客户提交订单后没有付款。这两个板块中会显示对应的客户，商家可双击客户头像，打开聊天界面，单击聊天框上方的 T 按钮，在打开的字体下拉列表中设置聊天字体，在"字号"下拉列表中设置字号，也可根据需要单击 **B**、*I*、Aa 按钮，分别为文字添加加粗、倾斜、下画线效果，或者单击"颜色"按钮 █，在打开的下拉列表中选择文字的颜色，设置完成后再次单击 T 按钮，隐藏字体格式设置栏。此时，在下方的文本框中输入文本信息，输入完成后单击 发送 按钮或按"Enter"键即可发送消息。发送成功后，在上方的聊天内容显示框中可以查看发送的消息，如图 3-7 所示。

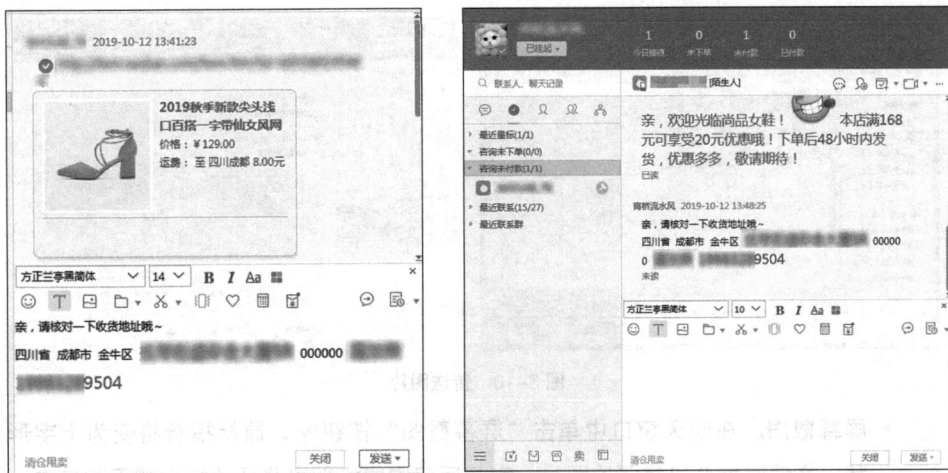

图 3-7 发送消息并查看发送的消息

2. 发送表情

商家适当地发送表情，可以使客户感觉更加亲切，拉近与客户的距离，促进交流顺利完成。发送表情的方法是：单击聊天窗口中的"表情"按钮 ☺，在打开的列表框中可选择"基本表情""我的表情""千牛""天猫""智能新千牛"等选项卡中不同的表情，完成选择后单击 发送 按钮或按"Enter"键进行发送即可。图 3-8 所示为基本表情，图 3-9 所示为天猫表情。

图 3-8 基本表情

图 3-9 天猫表情

3. 发送图片

在交易的过程中，很容易遇到客户主动咨询的情况，当遇到文字不方便表述的情况时，可直接发送相应图片给客户。在千牛工作台中图片的发送模式主要分为传送图片和屏幕截图两种。

- **传送图片**。在聊天窗口中单击 按钮，打开"打开"对话框，在其中选择需要的图片后单击 打开(0) 按钮，此时图片被插入聊天窗口中，单击 发送 · 按钮发送即可，如图 3-10 所示。

图 3-10　传送图片

- **屏幕截图**。在聊天窗口中单击"屏幕截图"按钮 ，鼠标指针将变为十字形状，拖动鼠标截取需要的图片，完成后双击鼠标即可将图片插入聊天窗口中，按"Enter"键进行发送即可，如图 3-11 所示。

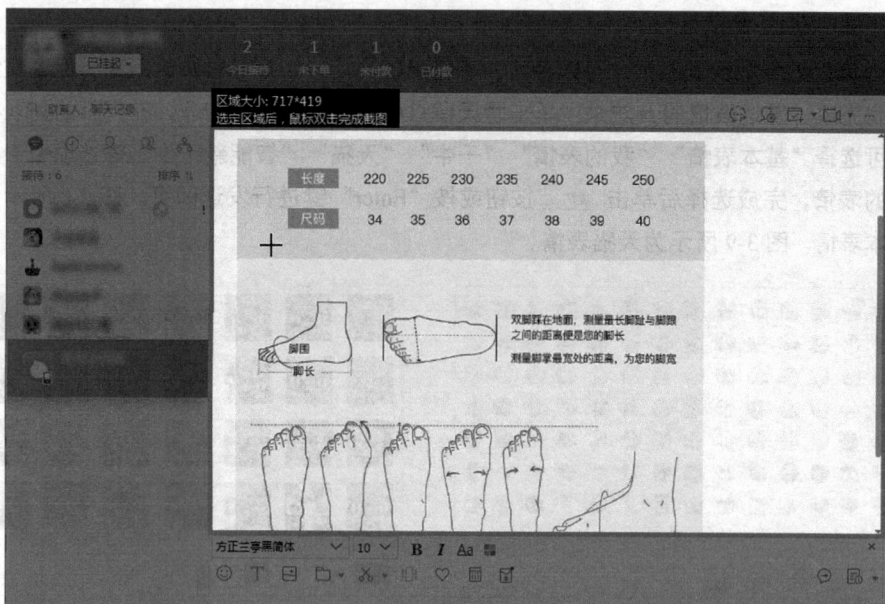

图 3-11　屏幕截图

　　使用千牛工作台可以同时对多个客户发送消息，其方法是：在需要进行群发消息的组上单击鼠标右键，在弹出的快捷菜单中选择"向组员群发消息"命令，打开"群发即时消息"对话框，在其中输入需要的内容后，单击 发送 按钮即可。

↘ 3.2.2　回复客户信息

　　当客户主动向商家发送消息时，千牛工作台会发出声音提醒，同时在接待页面中显示消息提示。此时，单击发出消息的联系人的名称即可查看消息，在文本框中输入回复信息，输入完成后单击 发送 按钮即可发送消息，如图3-12所示。

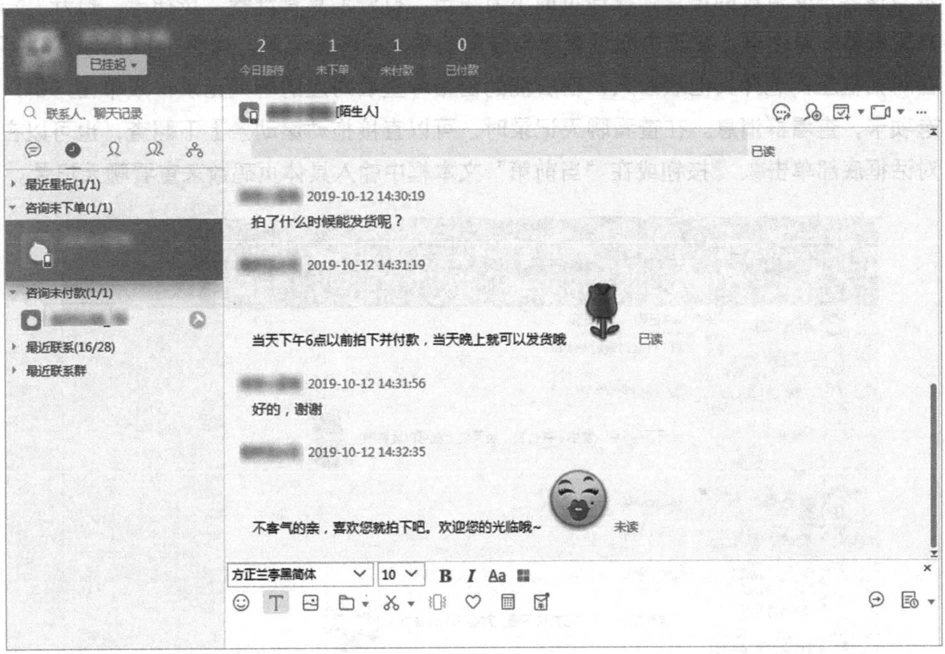

图3-12　回复客户信息

　　在与客户交流沟通的过程中，商家还要注意以下事项，以给客户带来专业的、贴心的感受。

- **诚恳的服务态度**。商家首先要保证自己的服务态度诚恳，多用"请""您"来表示对客户的尊重与诚意，如"请问有什么能帮助您的吗？"等。其次，当客户提出有建设性的意见、表达自己会在店铺购买商品或交流结束时，商家还应表达谢意。这样不仅能体现自己的专业素质，还能让客户感受到重视，给客户留下良好的印象，如"谢谢您的光临！""谢谢，慢走，欢迎您的下次光临！"等。
- **亲切的礼貌用语**。亲切的礼貌用语可以快速拉近与客户之间的关系，让客户感受到服务的热情与真挚，如"我们""咱们""您""欢迎光临""认识您很高兴""希望在这里能找到您满意的产品"等。

- **拒绝负面用语。** 负面语言绝对不能出现在交流的过程中，这不仅会显得很没素质，还会引起客户的反感，严重的甚至会让客户直接向淘宝投诉。

↘3.2.3 管理聊天信息

在千牛工作台中，商家可以管理与客户交流的信息，如查看聊天记录、导入与导出消息等。

1. 查看聊天记录

在聊天界面的工具栏中单击"查看消息记录"按钮 ，在右侧打开的页面中将显示与该客户交流过的信息，在该页面下方单击"打开消息管理器"按钮 ，打开"消息管理器"对话框，在其中即可查看与当前联系人的聊天记录，如图 3-13 所示。也可在对话框左侧选择其他联系人，在右侧的窗格中查看对应的聊天记录；或单击"群"选项卡，查看群消息。在查看聊天记录时，可以直接拖动滚动条上下翻查，也可以在对话框底部单击 、 按钮或在"当前第"文本框中输入具体页码数来查看聊天记录。

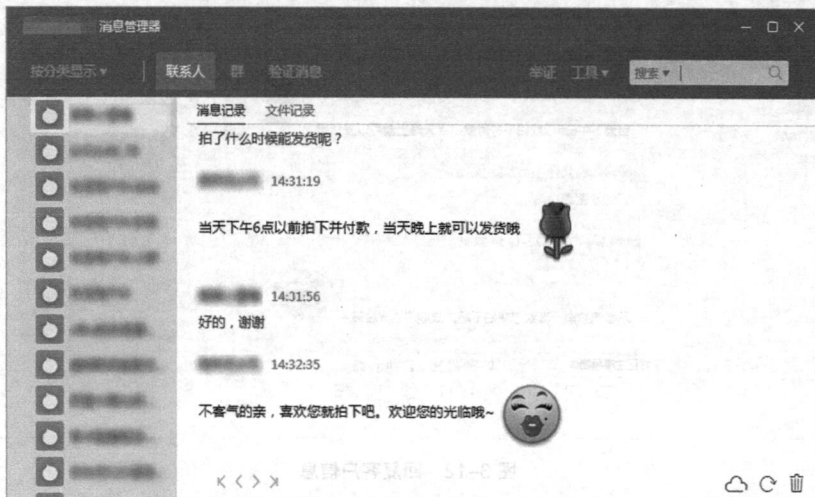

图 3-13 消息管理器

2. 导出消息

若要对消息进行备份，可在"消息管理器"对话框中导出消息，以备不时之需。导出消息的方法是：打开"消息管理器"对话框，单击对话框右上角顶部的 工具▾ 按钮，在打开的下拉列表中选择"导出"选项，在打开的对话框中进行导出设置，如消息类型、时间范围等，然后单击 确定 按钮，如图 3-14 所示。打开"导出"对话框，在其中设置导出的路径和名称后，单击 保存(S) 按钮即可。

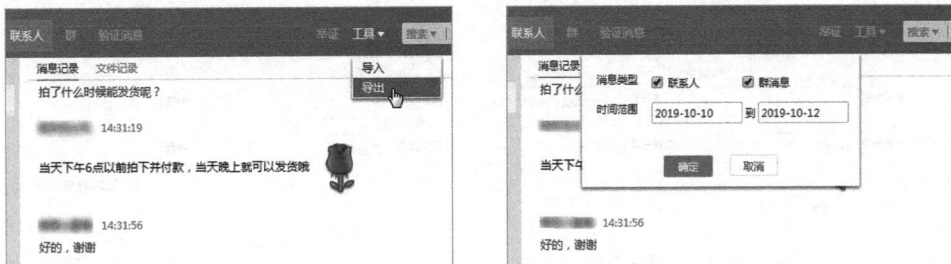

图 3-14 导出消息

3. 导入消息

当需要查看导出的消息时，需要执行导入操作。其方法是：打开"消息管理器"对话框，单击对话框右上角顶部的 工具▼ 按钮，在打开的下拉列表中选择"导入"选项，在打开的对话框中选择需要导入的消息，单击 打开(O) 按钮即可，如图 3-15 所示。千牛工作台支持导入 .wmd、.bak、.atb、.db 等后缀名文件类型的消息。

图 3-15 导入消息

3.3 商品交易管理

网店中的商品也需要像实体店一样进行上下架管理。此外，当消费者购买商品后会形成订单，订单是对消费者信息与商品购买信息的集中展示，商家需要根据实际情况对订单进行管理，如修改订单价格、订单发货、退款管理、关闭交易等。下面分别对这些内容进行介绍。

↘ 3.3.1 商品上下架

商品上下架是店铺管理中的基础操作，可在"出售中的宝贝"页面中进行设置，下面分别介绍其方法。

1. 商品下架

在千牛卖家工作台的"宝贝管理"栏中单击"出售中的宝贝"超链接，打开"出售中的宝贝"页面，在该页面中单击需要下架的商品的"操作"栏中的"立即下架"超链接即可下架商品，如图 3-16 所示。若需要同时下架多个商品，可选中所需下架的多个商品前的复选框，然后单击 批量下架 按钮。

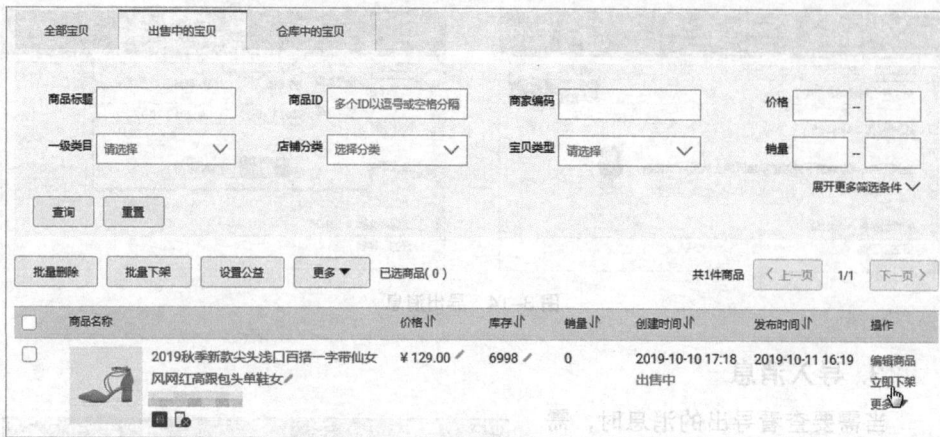

图 3-16　商品下架

💬　经验之谈

一般不建议删除淘宝店铺中的商品，可将商品下架放入仓库中，等到需要时再重新上架。如果不再售卖该商品，确实需要将其删除时，可在"出售中的宝贝"页面或"仓库中的宝贝"页面中单击 删除 按钮进行删除。

2. 商品上架

下架后的商品会在千牛卖家工作台中的"仓库中的宝贝"页面自动显示，只需在千牛卖家工作台中将鼠标指针放在"宝贝管理"栏右侧的 > 图标上，在打开的下拉列表中单击"仓库中的宝贝"超链接，打开"仓库中的宝贝"页面，在该页面中单击需要上架的商品的"操作"栏中的"立即上架"超链接即可，如图 3-17 所示。若需要同时上架多个商品，可选中所需上架的多个商品前的复选框，然后单击 批量上架 按钮。

图 3-17　商品上架

↘ 3.3.2 修改订单价格

消费者在店铺中浏览商品并提交订单，且处于未付款状态时，商家可对订单价格进行修改，其具体操作如下。

STEP 01 登录千牛卖家工作台，在"交易管理"栏中单击"已卖出的宝贝"超链接，如图3-18所示。

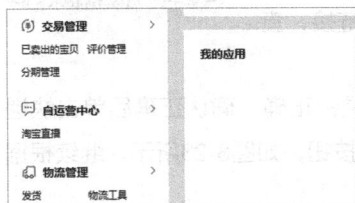

图 3-18 查看订单

STEP 02 打开"已卖出的宝贝"页面，在该页面中将展示店铺所有的订单。单击"等待买家付款"超链接，在打开的页面中可看到未付款的订单。在需要修改的订单中单击"修改价格"超链接，如图3-19所示。

经验之谈

单击"交易状态"栏中的"详情"超链接，在打开的"交易详情"页面中单击 修改价格 按钮，也可打开修改价格的对话框，在其中进行订单价格的修改。

STEP 03 打开修改订单价格的对话框，在"涨价或折扣"栏中输入涨价或折扣的额度，在"邮费"栏的"快递"文本框中设置邮费，单击 确定 按钮完成设置，如图3-20所示。

图 3-19 修改商品价格

图 3-20 修改订单价格

经验之谈

单击"免运费"超链接，可快速设置快递费为0元。

STEP 04 返回"等待买家付款"页面即可看到修改后的效果，如图3-21所示。

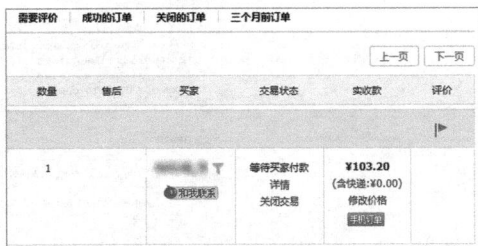

图 3-21 查看修改后的效果

↘ 3.3.3　订单发货

微课视频

扫一扫 实例演示

　　消费者完成付款后，如果商品需要邮寄，则需商家联系快递公司，填写快递单号并完成发货。下面介绍在千牛卖家工作台中发货的方法，其具体操作如下。

STEP 01 确认订单信息无误后，即可发货。打开千牛卖家工作台，在"交易管理"栏中单击"已卖出的宝贝"超链接，查看已卖出的宝贝，然后单击 发货 按钮，如图3-22所示。

STEP 02 打开发货页面，在该页面中查看物流信息是否正确，确认正确后单击快递公司后的 选择 按钮，并输入运单号码，再单击 确认 按钮，如图3-23所示。继续根据提示完成发货操作。

图 3-22　发货

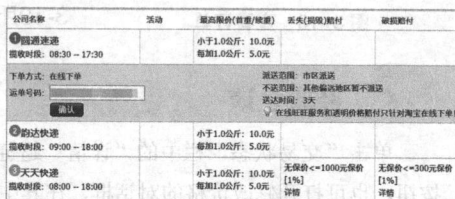

图 3-23　输入运单号码

经验之谈

　　除了选择快递公司进行发货之外，商家也可直接输入订单号完成发货。

STEP 03 若是无须发货的商品或同城交易的商品，也可以在发货页面选择"无须物流"选项直接发货，如图3-24所示。

STEP 04 选择后无须填写快递单号即可完成发货，如图3-25所示。

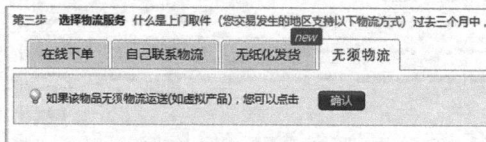

图 3-24　无须物流

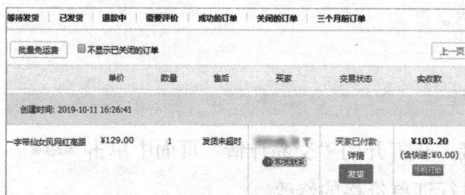

图 3-25　完成发货

3.3.4 退款处理

在商品交易的过程中,当消费者不需要已购买的商品,或由于某种原因需申请退货或者退款时,一般会向商家提出退款申请,买卖双方协商一致即可进行退款操作。下面介绍通过千牛卖家工作台进入"退款管理"页面进行退款的方法,其具体操作如下。

微课视频
扫一扫 实例演示

STEP 01 打开千牛卖家工作台,在首页的"待退款售后"中将显示目前店铺需要处理的退款或售后信息,如图3-26所示。

STEP 02 在打开的页面中即可查看到目前店铺中还未处理的退款或售后订单信息,然后单击"售后"栏中的"请卖家处理"超链接,如图3-27所示。

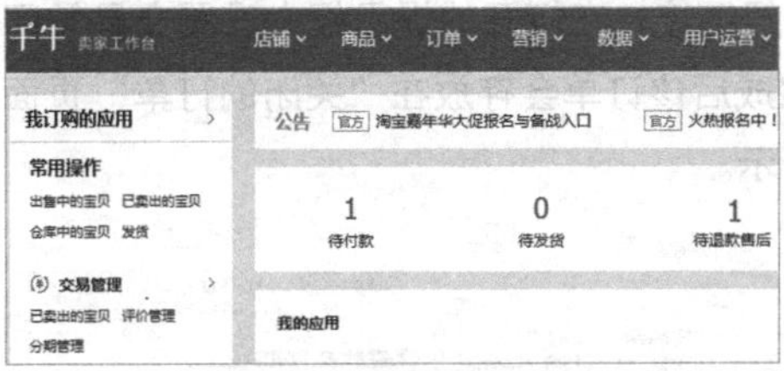

图 3-26 查看待处理的退款售后信息

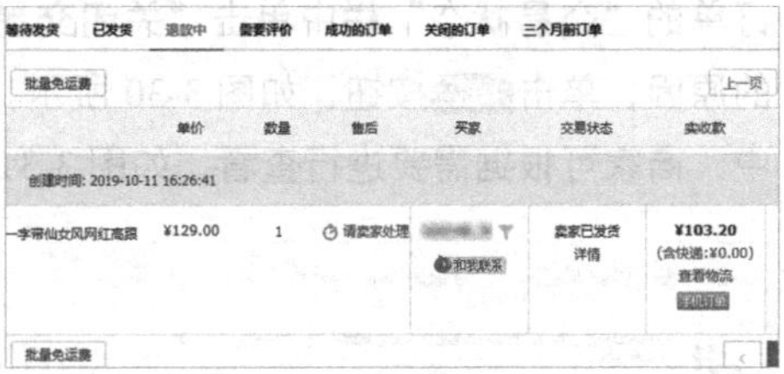

图 3-27 查看退款信息

经验之谈

在千牛卖家工作台左侧的"客户管理"栏中单击"退款管理"超链接,打开"退款管理"页面,在该页面中也可进行退款处理。

STEP 03 在打开的页面中可查看具体的退款售后信息。如果商家同意退款,则单击 同意退款 按钮同意退款申请,如图3-28所示。

STEP 04 同意退款后,在打开的页面中输入支付宝密码即可完成退款,如图3-29所示。

经验之谈

若商家拒绝退款申请,则需单击 拒绝申请 按钮,在打开的页面中填写拒绝退款申请的理由。

图 3-28 同意退款

图 3-29 输入支付宝支付密码

经验之谈

一般来说，退款申请最好由买卖双方协商解决。淘宝介入后，若判定是商家的责任，则会提高店铺的退款纠纷率。

3.3.5 关闭交易

当商品订单出现消费者取消购买、消费者重新下单等情况时，商家可以在"已卖出的宝贝"页面中取消该订单，关闭交易。其方法为：在千牛卖家工作台的"交易管理"栏中单击"已卖出的宝贝"超链接，打开"已卖出的宝贝"页面，在需要关闭交易的订单的"交易状态"栏中单击"关闭交易"超链接，在打开的提示框中设置交易关闭的原因，单击 确定 按钮，如图 3-30 所示。完成后该订单会存放在"关闭的订单"页面中，商家可根据需要进行查看，如图 3-31 所示。

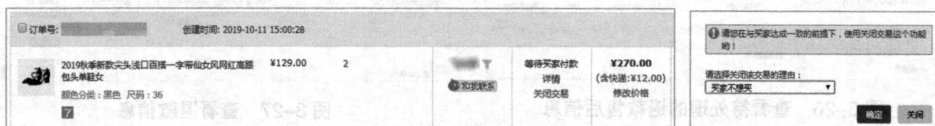

图 3-30　关闭交易

图 3-31　关闭的订单

3.3.6 评价消费者

订单完成之后，消费者可以对商家做出评价，同时商家也可以对消费者进行评价。其方法为：在"已卖出的宝贝"页面中需评价的商品的"评价"栏中单击"评价"超链接，打开评价页面，在其中设置"好评""中评""差评"，并输入评价内容，然后单击 发表评论 按钮，如图 3-32 所示。

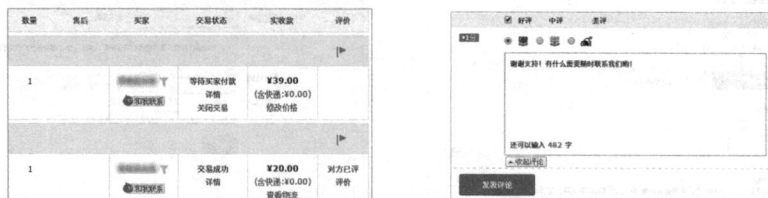

图 3-32　评价消费者

3.4　支付账目管理

消费者购买商品所支付的资金最终都会存放在支付宝中，随着店铺的经营发展，店铺商品的销量会越来越多，相应的支付宝账目资金也会越来越多。商家应该对自己的支付宝账目进行管理，如查看账户余额、提取现金、查询账户明细等，以确保资金安全且获得实际收益。

微课视频

扫一扫 实例演示

↘ 3.4.1　查询账户余额

店铺的商品在交易成功后，销售金额将直接转至商家绑定的支付宝账户中，并显示账目的具体明细。下面介绍在支付宝中查询账户余额的方法，其具体操作如下。

STEP 01 在千牛卖家工作台主界面中单击"资金中心"栏中的"查看当前余额"超链接，如图3-33所示。

STEP 02 打开支付宝登录页面，扫码登录或输入账户账号密码登录，图3-34所示为扫码登录。

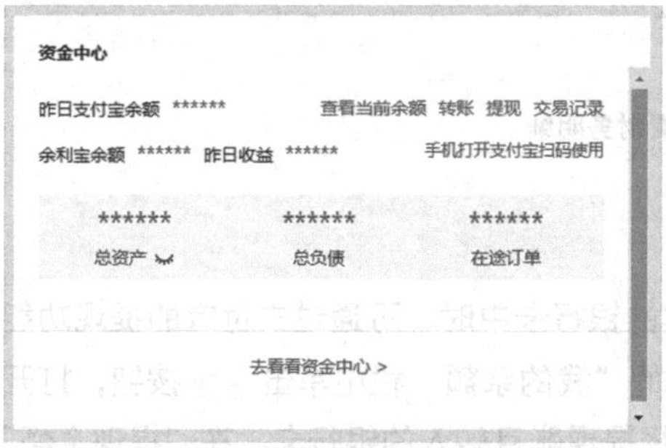

图3-33　单击"查看当前余额"超链接

图3-34　登录支付宝账户

STEP 03 打开支付宝商家中心页面，在"我的余额"栏中即可看到当前登录的支付宝账户的余额，如图3-35所示。支付宝账户余额包括可用余额和不可用余额两部分，不可用余额是指商家支付宝账户中暂时不能使用的部分资金，如消费者保障金、订单交易安全处罚保障金、违规冻结资金等。

图3-35　查看支付宝账户的余额

💬 **经验之谈**

单击"我的余额"栏中的"资金管理"超链接，或在支付宝商家中心页面中单击"资金管理"选项卡，在打开的页面中也可查看支付宝余额，且还能对资金进行其他操作，如充值、转账、提现、账目明细查询等。

↘ 3.4.2　查看财务明细

支付宝会详细记录每一笔交易的情况，包括交易时间、交易原因、交易金额、交易状态等。在支付宝商家中心页面中单击"对账中心"选项卡，打开"对账中心"页面，单击左侧的"财务明细"选项，在右侧的界面中即可看到支付宝账户当天的所有财务明细，如图3-36所示。商家也可根据需要，查看昨日、最近7天、最近30天的账目，或单击"更多搜索条件"下拉按钮，设置搜索条件精确查询某个财务明细数据。

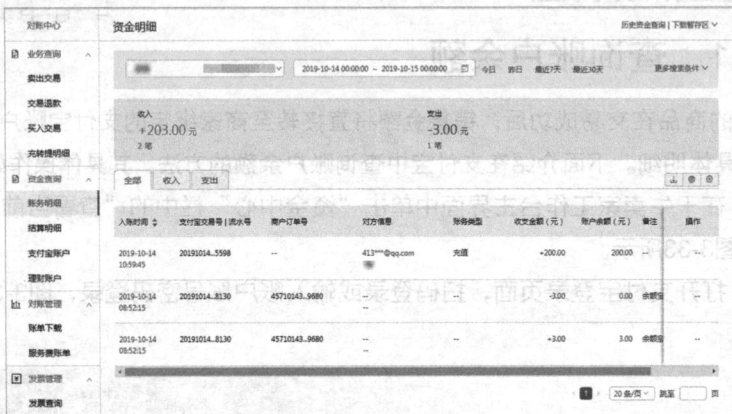

图 3-36　查看财务明细

↘ 3.4.3　申请提现

当商家想将支付宝中的金额提取至绑定的银行卡中时，可通过支付宝的提现功能来实现。其方法为：在支付宝商家中心页面的"我的余额"栏中单击 提现 按钮，打开支付宝提现页面，在"选择银行卡"栏中选择提现账目转入的银行卡，在"提现金额"文本框中输入提现金额，单击 下一步 按钮，如图3-37所示，然后在打开的页面中输入支付宝密码并单击 确认提现 按钮即可。

图 3-37　支付宝余额提现

3.5　店铺数据管理

店铺经营过程中商家还需要对店铺的流量、商品、订单等数据进行分析，以实时掌握店铺的情况，为后期的运营策略提供依据。在千牛卖家工作台中订购"生意参谋"，即可通过生意参谋分析店铺数据。下面分别对店铺管理中较为重要的流量数据管理、品类数据管理、交易数据管理进行介绍。

↘ 3.5.1　流量数据管理

流量是影响店铺销售业绩的主要因素，商家应该定期关注店铺的流量数据，了解店铺的整体运营情况。对于新手商家来说，开店初期店铺的流量可能较少，可以以周或月为时间单位进行查看。下面对店铺流量数据的相关知识进行介绍。

1. 查看流量概况

在生意参谋中单击"流量"选项卡，在打开的页面中即可看到店铺访客数、商品访客数、支付买家数、浏览量、关注店铺人数等数据。这些数据是对店铺流量的一个基本概括，可以帮助商家快速了解店铺当前的情况，如图 3-38 所示。

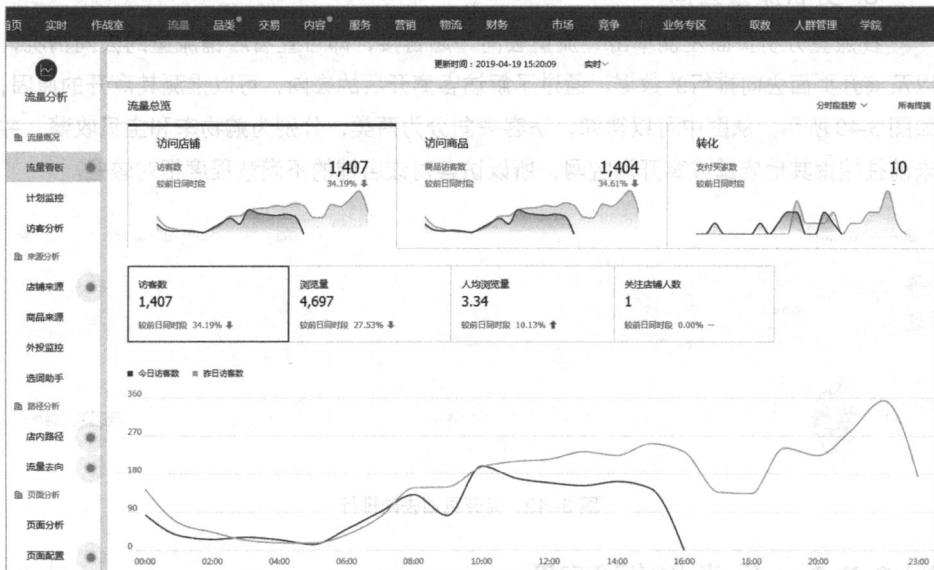

图 3-38　流量概况

2. 分析店内流量来源

查看并分析店内流量来源，可以帮助商家了解店铺流量的来源构成，对店铺流量进行更加精准的控制，进而指导商家进一步调整引流策略。在生意参谋的流量页面左侧单击"店内路径"超链接，在打开的页面中可查看店内各页面的流量分布情况，如

图 3-39 所示。由于此部分流量与入店的其他流量相比更接近实际下单和支付环节，因此商品详情页的流量占比越高越好。

图 3-39 店内流量来源

💬 经验之谈

在该页面底部还可查看同行流量来源，以帮助商家发现行业中的高流量、高转化渠道以及尚未被覆盖的空白渠道，从而进一步拓展流量渠道。

3. 分析流量去向

在流量分析页面左侧单击"流量去向"超链接，即可查看店铺流量的去向情况，以及离开页面去向排行的数据。通过了解访客离开后的去向，可以推测其离开的原因，如图 3-40 所示。从图中可以得知，访客去向分为两类，分别为购物车和宝贝收藏，并未前往搜索其他店铺或离开淘宝网，所以访客对该店铺的不满意程度相对较轻。

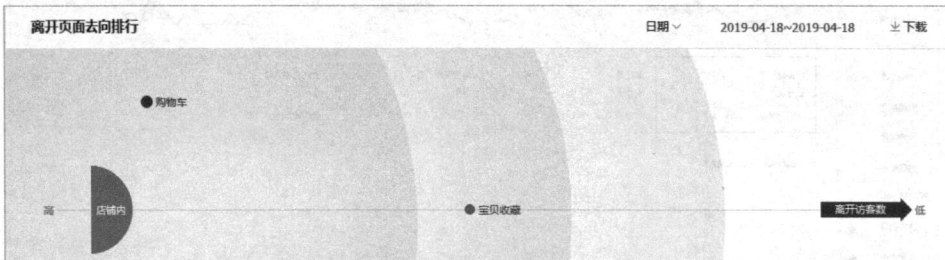

图 3-40 离开页面去向排行

↘ 3.5.2 品类数据管理

品类数据管理是淘宝为商家提供的商品数据实时监控管理工具，可以实现商品人群的精准营销、异常商品问题诊断等，最终帮助商家制订商品和品类的精细化运营策略。

1. 商品核心指标监控

在生意参谋首页单击"品类"选项卡，在打开的页面中将默认显示店铺商品的核心指标，如图3-41所示。从图中可知，最近30天内，该店铺的商品访客数、商品浏览量、有访问商品数、商品平均停留时长、商品详情页跳出率、商品收藏人数等数据都不理想，应该进行商品的引流，优化商品详情页，以增加商品访问量和成交量。此外，单击核心指标，在其下方还能看到该指标的趋势图。

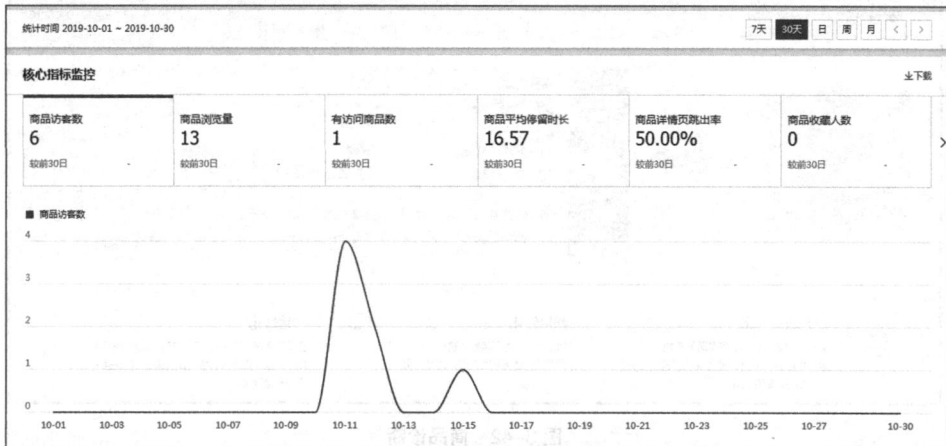

图 3-41　商品核心指标监控

💬 **经验之谈**

在核心指标监控板块下方的全量商品排行中可以查看店铺某个品类下的商品访客数、商品浏览量、商品平均停留时长等数据，在全品类排行中可以查看店铺所属品类的排行。

2. 商品诊断

在"品类"选项卡页面左侧选择"商品诊断"选项，打开"商品温度计"页面，在该页面中输入需要诊断的商品关键词，选择所需诊断的商品后，可在打开的页面中查看当前所诊断商品的数据，如图 3-42 所示，可以查看当前商品是否存在流量异常、支付转化率异常、跳出率异常、支付异常、库存异常等。从图中可以看出，该商品访客中离开店铺的访客数远高于同类商品平均值，生意参谋给出的建议是优化详情页页面性能、描述以留住访客。

↘ 3.5.3　交易数据管理

在生意参谋首页单击"交易"选项卡，打开"交易分析"页面，在该页面中可查看店铺的交易概况，如图 3-43 所示。从图中可以得知，该店铺的整体交易状况比前 1 天表现好，流量、下单金额和客单价等数据都有所上升。但需要注意的是，下单 - 支付转化率（统计时间内，下单且支付的消费者数 / 下单消费者数）仅有 78.95%，这意味着有许多消费者下单后没有支付，商家应重点分析其原因并进行优化。

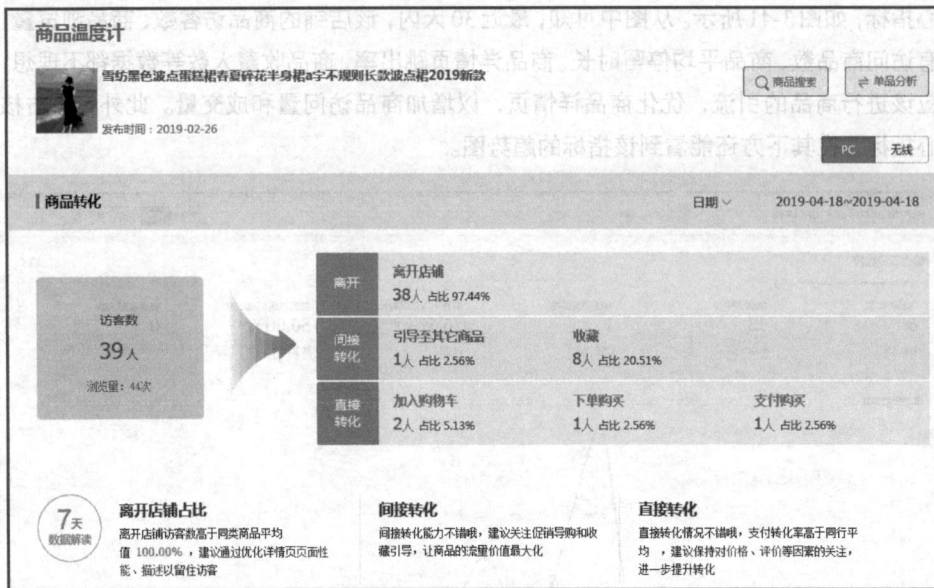

图 3-42　商品诊断

图 3-43　交易概况分析

在"交易分析"页面左侧选择"交易构成"选项，在打开的页面中即可查看交易构成数据，如图 3-44 所示。生意参谋主要从终端构成、类目构成、品牌构成、价格带构成、资金回流构成 5 个方面对交易构成数据进行分析，可帮助商家了解终端、类目、品牌等各方面的交易构成数据，以便有针对性地进行完善和优化。从图中可以得知，该店铺的交易基本上来自无线端。半身裙和 T 恤的销售额分别占店铺交易总额的89.13% 和 10.06%。根据该数据得出，商家应重点关注无线端的运营，以及半身裙和T 恤类目的销售情况。

图 3-44 交易的终端、类目构成

3.6 疑难解答

店铺管理是网店运营最基本的工作，商家只有掌握了店铺的管理方法才能游刃有余地开展其他运营工作。但对于新手商家来说，不可避免地会有一些问题或操作误区。下面针对店铺管理中的疑难问题进行解答。

1. 有什么快速管理店铺的方法吗?

很多新手商家对千牛卖家工作台不熟悉，导致管理店铺时耗时耗力，此时，可以通过商家地图快速导航到店铺管理模块。其方法是：进入千牛卖家工作台，将鼠标指针放在页面右上角的"商家地图"选项上，在打开的下拉列表中汇集了商家运营网店的常用操作，如开店和入驻、交易和物流管理、自运营中心、寻找货源、店铺管理、综合服务、宝贝管理、营销和数据管理、卖家资讯等。商家可根据需要直接单击各栏目中的超链接进行管理操作，如图 3-45 所示。

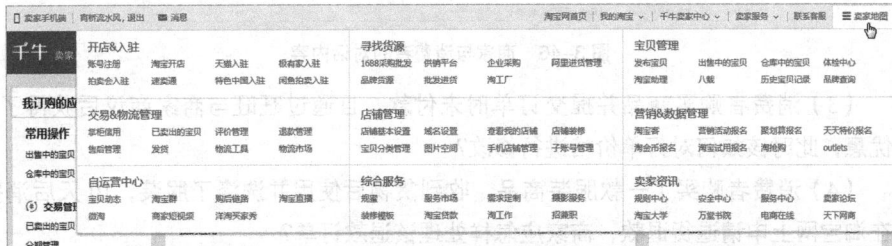

图 3-45 商家地图

2. 怎么实时查看库存?

库存是商家需要时刻关注的一个问题。一般来说，在"出售中的宝贝"和"仓库中的宝贝"页面中可查看商品库存。通过千牛卖家工作台的"宝贝管理"栏进入"出售中的宝贝"页面或"仓库中的宝贝"页面，在其中的商品"库存"栏和"销量"栏中即可查看当前商品的库存和销量。

3. 有可以供商家互相学习交流的地方吗?

淘宝网为广大商家提供了非常丰富的学习平台，如淘宝论坛、淘宝大学、阿里智库等网站。除此之外，商家也可以选择加入旺旺交流群，与其他商家进行交流。加入旺旺交流群的方法是：在接待中心页面的搜索框中搜索群号并进行添加。

3.7 课后习题

（1）简述你对千牛卖家工作台的了解，并说明其有什么功能。

（2）图3-46所示为商家通过千牛工作台的接待中心与消费者对话的内容，观察图中的内容并分析其交流技巧。

图3-46　商家与消费者的对话内容

（3）消费者购买商品并提交订单时未付款，且通过旺旺与商家商议后获得了8折优惠，此时该如何对订单价格进行修改?

（4）消费者购买了一款服装商品，收到货物后使用并洗涤了服装，10天后消费者在淘宝网上申请退货退款，商家应怎样处理该退款订单?

（5）通过支付宝商家中心查看余额、账务明细，并将余额提现到银行卡中。

CHAPTER
04

拍摄并美化商品素材

商家在运营网店的过程中会使用到很多商品素材，如商品图片、商品视频等，这些素材都来自商品实拍，需要商家掌握基本的拍摄方法与拍摄技巧。此外，拍摄的商品素材还需要进行处理和美化，以符合网店的尺寸要求，并以更具有吸引力的视觉效果吸引消费者，增加店铺的浏览量与销售量。本章将主要介绍如何使用相机拍摄商品、室内外商品的拍摄技法、认识图像处理软件、处理图片、拍摄和制作主图视频等相关知识。

案例导入

黄莉的店铺是专门卖灯饰的，她深知灯饰店铺的消费者非常看重商品的实用价值，因此在创建店铺之初，黄莉就将商品品质放在了第一位。于是，她在主图和详情页中都详细描述了每一款灯饰的参数、性能、功能等。她相信消费者在看过了商品的信息后，一定会信任自己的商品，并产生购买行为。

经营一段时候后，黄莉发现自己店铺的商品销量并不高，但进店浏览商品的消费者并不少，这说明消费者还是对商品有需求的，那为什么商品卖不出去呢？经过仔细调查研究，黄莉发现自家店铺的商品图片效果与同行的差距很大，因此商品详情页的跳出率太高。这让黄莉非常不解，灯饰不像服装这样"以貌取胜"，消费者应该更注重商品的实用性和功能性，自己的主图和商品详情页都很好地展示了商品的信息，为什么反而不受消费者欢迎呢？

不得已，黄莉决定从同行的优秀店铺中"取取经"。经过一番对比，黄莉终于找到了原因。做得好的同行店铺，不管是主图还是详情页图片的效果都非常好，不仅商品突出，页面排版也清晰、大气，简明的文案恰到好处地点明了优惠信息和商品卖点，一下就吸引了消费者的目光。反观自己的商品，图片清晰度不高，美化程度不够，而且参数太多，非常影响消费者的阅读体验。吸取了经验教训，黄莉立马对主图和详情页图片进行了优化，不仅重新拍摄了灯饰商品图片，还针对灯饰的卖点进行微距拍摄，以在商品详情页中进行展示。另外，还通过灯饰的场景布置图来吸引消费者，然后搭配简洁的灯饰商品参数和性能介绍，让消费者充分了解商品信息。为了让消费者更直观地感受到商品的实装效果，黄莉还拍摄了视频，这大大吸引了消费者的目光，增加了店铺商品的浏览量和销售量。

"爱美之心，人皆有之"，不管是什么商品，首先都应该做到图片清晰、色调饱满。部分商品虽然以质量、实用等特点取胜，但这并不代表它不需要美化。只要是用于网店销售的，都要以给消费者带来舒适的视觉体验为第一要求，这样才能吸引消费者进一步了解商品，从而产生购买行为。

4.1 使用相机拍摄商品

与实体店可以直接触摸商品不同，在网店购物只能通过商家展示在店铺中的商品图片、商品视频等了解商品信息，如商品外观、颜色、规格等，因此商品拍摄是非常重要的。商家需要掌握使用相机拍摄商品的基本知识，如相机需具备的功能、相机的设置和拍摄方法等，下面分别进行介绍。

↘ 4.1.1 相机需具备的功能

相机的种类十分丰富，对应的功能也各不相同。用于拍摄商品的相机，最好具备以下功能。

- **合适的感光元件**。感光元件又叫图像传感器，是相机的成像感光器件，也是相机最核心的部分。感光元件的大小是直接影响相机成像质量的因素，感光元件的尺寸越大，成像越大，感光性能就越好。在其他条件相同的情况下，感光元件越大，能记录的图像细节越多，各像素间的干扰越少，成像质量也就越高。
- **具备手动设置功能（手动曝光模式）**。数码相机通常具备很多种拍摄模式，包括手动曝光（M）模式、快门优先自动曝光（S或Tv）模式、光圈优先自动曝光（A或Av）模式、全自动曝光、程序自动曝光（P）模式，以及多种场景模式等，如图4-1所示。在拍摄网上商品时，为了可以任意设置光圈大小、快门速度与感光度等拍摄参数，灵活控制光线，使所拍摄照片更清晰和真实，最好选择具有手动设置功能的相机。

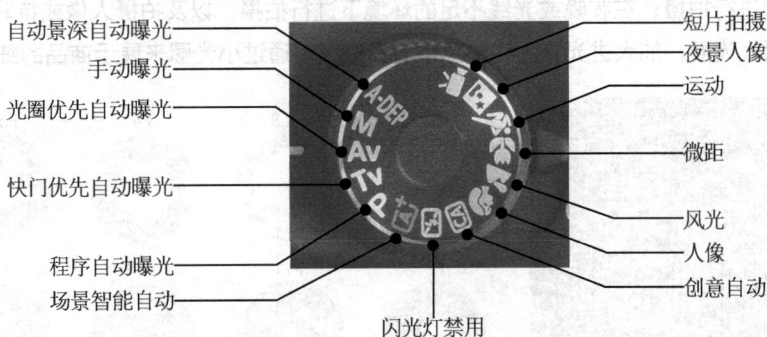

图4-1　数码相机的拍摄模式

- **微距功能**。微距功能的主要作用是将商品主体的细节部分巨细无遗地呈现在消费者眼前。使用微距功能拍摄出来的图像一般比实物原始尺寸比例更大，因此在拍摄体积较小的商品时，可以使商品的细节放大呈现。微距功能在拍摄拉链、针脚、标签和质感等商品细节时有较大的优势。
- **具备外接闪光灯的热靴插槽**。热靴插槽是数码相机连接各种外置附件的一个固定接口槽，主要用于与闪光灯等配件进行连接，用于拍摄补光。热靴插槽一般位于照相机机身的顶部，附设两个或数个触点。借助热靴插槽来外接闪光灯比数码单反相机内置闪光灯的闪光指数更高，且使用起来更灵活。
- **可更换镜头**。一般相机的镜头因为拍摄的范围较小，无法将所有的景物拍下来。使用一般的镜头在微距模式下进行拍摄时，会出现图像变形或在商品的光面上留下相机阴影的情况，此时就需要更换广角镜头。数码单反相机和微单都具有通过更换镜头来满足拍摄需求的功能。

↘ 4.1.2　相机的设置

对商品拍摄而言，光圈、快门、感光度（ISO）是非常重要的3个参数，这3个参数都与光线有关，直接关系着商品拍摄的好坏，在商品拍摄的过程中设置得非常频繁。

1. 光圈

光圈是照相机上用来控制镜头孔径大小的部件，它通常位于镜头的中央，呈环形，拍摄者可以根据需要控制圆孔的开口大小，如图4-2所示。光圈的作用在于控制镜头的进光量。光圈大小常用F值表示。当需要大量的光线进行曝光时，就开大光圈的圆孔，让大量光线进入。而当仅需少量的光线来进行曝光时，就缩小圆孔，让少量的光线进入。常见的光圈值有F1.0、F1.4、F2、F2.8、F4、F5.6、F8、F11、F16、F22、F32、F44、F64，图4-3所示为不同数值的光圈与孔径大小的关系。

在快门不变的情况下，F 的数值越大，光圈越小，进光量越少，曝光越低；F 的数值越小，光圈越大，进光量越多，曝光越高。白天在户外或光线充足的环境下，可尽量使用小光圈进行拍摄；在夜晚或光线不足的环境下进行拍摄，以及拍摄人像或特写时，应尽量使用大光圈，加大进光量。在拍摄小商品时，需通过小光圈来展示商品的细节。

图 4-2　光圈

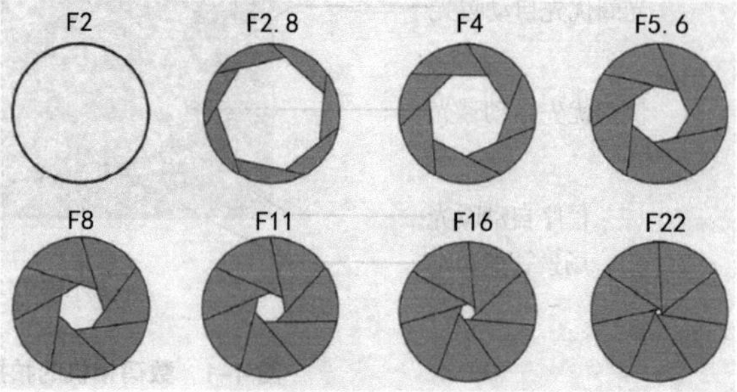

图 4-3　不同数值的光圈与孔径大小的关系

2. 快门

快门是相机用来控制感光片曝光时间的装置，快门速度的单位是"秒"，一般用"s"表示。数码单反相机常见的快门速度范围是 30s~1/8000s，即 30s、15s、8s、4s、2s、1s、1/2s、1/4s、1/8s、1/15s、1/30s、1/60s、1/125s、1/250s、1/500s、1/1000s、1/2000s、1/4000s、1/8000s。相邻两级快门速度的曝光量相差一倍。

快门的主要功能是控制相机的曝光时间，数值越小，曝光时间越短，相机的进光量就越少，反之则越多。在光线较差的环境下进行拍摄时，使用低速快门，可增加曝光量。最好使用三脚架进行固定，防止快门速度较低时引起相机抖动。在拍摄移动速度快的对象时，使用较快的快门速度可对移动瞬间进行抓拍，而使用较低的快门速度则会拍出具有动感的画面。

3. 感光度（ISO）

感光度是指感光元件对光线反应的灵敏程度，常用 ISO 表示。ISO 数值越小，感光度就越低；ISO 数值越大，感光度就越高。感光度可以根据拍摄环境的光线情况进行设置。

在光源充足的情况下，如阳光明媚的户外，可将感光度数值设置为 100 左右；在户外阴天的环境下，最好将感光度数值设置为 200~400；在室内有辅助灯的环境下，建议使用 100~200 的感光度。

经验之谈

在拍摄主体物时，被摄对象前后有一段清晰的范围，该范围叫景深。景深越浅表示可看到的清晰范围越小，景深越深则可看到的景物的清晰范围越大。调节景深最简单的方法是调节光圈的大小，光圈越小，景深越深，背景越清晰；光圈越大，景深越浅，背景越模糊。

↘4.1.3　拍摄方法

在拍摄照片时，正确的持机姿势能够保证相机的平稳，防止出现手抖的现象，有助于拍摄出更加清晰的画面。一般来说，可以通过横向或纵向的方式进行拍摄，其具体操作如下。

STEP 01 右手抓握相机机身的右侧部分，右手食指轻放于快门上。左手托住镜头下部，左手手肘靠近身体做稳固支撑。将相机贴紧面部，双臂和双肘轻贴身体，两脚略微分开站立，保持稳定的姿势。图4-4所示为相机的横向握法。

STEP 02 右手将相机竖起，食指轻放于快门上。左手从底部托住相机镜头，让相机的重心落于左手上。拍摄时，注意不要挡住镜头。图4-5所示为相机的竖向握法。

图 4-4　相机的横向握法

图 4-5　相机的竖向握法

STEP 03 把相机背带挂在脖子上，或将背带缠在右手臂上，再通过横向或竖向持机的方法握住相机进行拍摄，可以起到一定的防摔和稳定作用。图4-6所示为相机背带的使用。

💬 **经验之谈**

倚靠墙壁、柱子、树木等物体协助摄影可保持身体平衡。当拍摄低矮的物体时，拍摄者还可通过蹲、坐等方式来协调身体的重心，例如下蹲时，可用膝点地，用腿支撑手臂，以获得稳定的支撑。

图 4-6　相机背带的使用

STEP 04 在相机底部的螺丝孔安装一个快装板，将三脚架稳定地放在地面上，调节到适当的高度，然后将相机固定在三脚架上，这样拍摄时更加平稳。图4-7所示为相机固定在三脚架上的效果。

图 4-7　相机固定在三脚架上的效果

4.2　室内外商品拍摄技法

商品拍摄可以根据拍摄环境分为室内拍摄和室外拍摄，不同的拍摄环境中商品拍摄的方法不同。商家应该在选择好相机后，了解室内和室外拍摄的基本技法，拍摄出美观的、突出商品功能和卖点的图片。

↘ 4.2.1　室内商品拍摄技法

室内摄影是拍摄网上商品十分常用的一种摄影方式，为了在室内拍摄出清晰美观的商品图片，需要同时考虑光影、色彩、角度、摆放、搭配等多个因素。

1. 了解室内摄影的基本要求

室内由于空间限制，拍摄者通常需使用广角镜头进行拍摄，对摄影师的要求较高。在进行室内摄影时，为了布置出适合拍摄的环境，一般需要借助遮光罩、三脚架、静物台、柔光箱、闪光灯、无线引闪器、照明灯、反光板、反光伞、背景纸等辅助工具对光影进行控制。下面主要对室内摄影的一些基本要求进行介绍。

- **补光和布光**。补光是室内摄影的主要工作之一。室内补光的手段比较多，如闪光灯、照明灯、反光板、反光伞等都可以用于补光。反光板是室内和室外摄影必备的摄影配件之一，主要用于对被摄物外部光源难以涉及的部分进行光线补偿，使被摄物整体受光均衡。室内摄影主要有顺光、逆光、侧光、顶光和底光之分，摄影者需根据不同的光线变化进行补光。闪光灯能在短时间内发出很强的光线，可用于在光线较暗的场合下进行瞬间照明，也可用于在光线较亮的场合下给拍摄对象进行局部补光。布光是指通过主光线和辅助光有效地配合应用，营造出有质感的光影效果，完美呈现商品的材质和细节。

- **室内摄影背景**。室内摄影背景主要是指对背景色进行选择，不同的背景色呈现出的拍摄效果会存在很大的差异。一般来说，室内摄影背景主要可分为单色背景和题材背景。对于单色背景而言，背景色要与被摄物有颜色上的对比，增强被摄物的光感。为了达到良好的拍摄效果，也可通过灯光辅助拍摄出明暗、虚实对比明显的图片。此外，选择的背景色最好能与被摄物的风格接近。

- **相机设置**。室内摄影的快门速度一般是 1/125s；感光度一般设置为低感光度，或者统一 ISO 值为 100；曝光方式设置为 M 模式；光圈则根据摄影灯的闪光系数，以及与被摄物的距离来进行调整，大概的光圈范围一般为 F7 ~ F13。
- **镜头**。进行室内摄影时，如果没有广角镜头，则难以拍摄出全身角度的照片，因此采用标准广角变焦镜头比较合适。

2. 了解不同角度的光线变化

光线在立体空间中的变化非常丰富，是室内景物造型的主要条件。要拍摄出光影充分、清晰真实的照片，一定要对光线有一个基本的了解。

（1）**光位**。光位即光线的方向，指光源位置与拍摄方向之间形成的光线照射角度，光线的照射方向不同，所产生的画面效果也不同。根据照射的方向不同，光线大致可分为顺光、逆光、侧光、顶光和底光。

- **顺光**。顺光是指从被摄物体的正前方打光。顺光是最常用的照明光线，光线直线投射，光线均匀，阴影面少，可将商品的色彩和表面细节非常充分、细腻地表现出来。但顺光拍摄不易表现出商品的层次与线条结构，缺乏立体感，如图4-8所示。
- **逆光**。逆光是指从被摄物体后面打光，被摄物体与背景存在着极大的明暗反差，光源会在被摄物体的边缘勾画出一条明亮的轮廓线。在逆光的条件下，被摄物体大部分处在阴影之中，物体表面的细节与纹理不够清晰，如图4-9所示。

图 4-8 顺光　　　　　　　　　　　　　　图 4-9 逆光

- **侧光**。侧光是指在被摄物体的左侧或右侧打光。侧光会在被摄物上形成明显的受光面、阴影面和投影。画面有强烈的明暗对比，有利于展现被摄物体的空间深度感和立体感，如图4-10所示。在侧光下拍摄人像时，会产生半明半暗的效果，此时可考虑使用反光板对暗部进行补光，来减小明暗反差。

- **顶光**。顶光是指从被摄物体的上方打光，与被摄物体垂直的光线。顶光会在被摄物体的下方产生较重的阴影，且阴影很短，如图 4-11 所示。顶光一般多用于做修饰光。

图 4-10 侧光

图 4-11 顶光

- **底光**。底光是指从被摄物体下方打光。这种光线形成自下而上的投影，产生非正常的造型和营造强烈的气氛，一般用于表现透明物体或营造气氛，如图 4-12 所示。

图 4-12 底光

（2）**光型**。光型是指各种光线在拍摄时对被摄物体所起的作用。光型主要分为主光、辅光、轮廓光、装饰光和背景光 5 种。

- **主光**。主光是被摄物体的主要照明光线，对物体的形态、轮廓和质感的表现起主导作用。拍摄时，一旦确定了主光，则确定了画面的基础照明和基调。被摄物体只能有一个主光，若同时将多个光源作为主光，那么被摄物体受光均匀，画面就会显得平淡。多个主光同时在被摄物体上产生阴影，还会使画面杂乱无章。
- **辅光**。辅光的主要作用是提高因主光而产生的阴影部位的亮度，使阴影部位也能呈现出一定的质感与层次，同时减小被摄物体与阴影之间的反差。辅光的强度要比主光小，否则容易在被摄物体上呈现明显的辅光投影，造成"夹光"现象。

- **轮廓光**。轮廓光主要是用来勾画被摄物体轮廓的光线。轮廓光能体现被摄物体的立体感与空间感。逆光与侧逆光常用作轮廓光，轮廓光的强度往往比主光的强度高。使用深暗的背景有助于突出轮廓光。
- **装饰光**。装饰光主要用来对被摄物体的局部进行装饰或显示被摄物体细节部分的层次感。装饰光大多是窄光，人像摄影中的眼神光以及商品摄影中首饰的耀斑等都属于典型的装饰光。
- **背景光**。背景光是照射背景的光线，主要用于突出被摄物体、营造环境气氛以及丰富画面的影调对比效果。背景光的运用要考虑到背景的色彩、距离与光感的角度，因此需对背景光进行反复调整才能得到不错的效果。

> **经验之谈**
>
> 在室内摄影的光线布置上，为了突出被摄物的细节、质感等，最好采用主光与辅光相结合的方式，即在被摄物前上方45°角处放置主光，再在正前方放置光线弱一些的辅光，用于淡化主光的阴影，还可以在被摄物背面放一个辅光，用于照亮背景。

3. 商品的摆放和搭配

为了展现出更好的拍摄效果，在拍摄商品之前，需对商品进行合理的摆放和搭配，寻找最佳的拍摄角度，从而刺激消费者的视觉感受和购买欲。

（1）**商品摆放**。对于网上商品而言，拍摄时商品摆放的方式就是该商品照片的基本构图方式，也是商品表现的陈列效果。商品摆放的角度不同，呈现的商品重点就不同。为了让消费者更多地了解商品细节，拍摄者应该多角度摆放商品，为拍摄的构图和取景做好准备。

- 多角度摆放商品，完整拍摄商品的正面、背面、45°角、内部结构、细节局部、标识、说明书、防伪标签等。
- 多角度摆放商品包装，完整拍摄包装正面、背面、45°角以及商品和包装的组合。
- 多件商品的组合摆放。

商品的摆放符合逻辑、搭配效果好，则拍摄出的照片的美观度也会相应提升。原则上来讲，在拍摄时应尽量做到完善，以减少后期处理工作。此外，在摆放商品的过程中，还要注重对商品摆放造型的设计。

商品摆放造型设计即在商品原有形态的基础上，美化商品的外形、线条、组合等，使商品更具有美感，如图4-13所示。造型设计需要充分发挥拍摄者的创造力和想象力，尽可能展现出商品的特点。

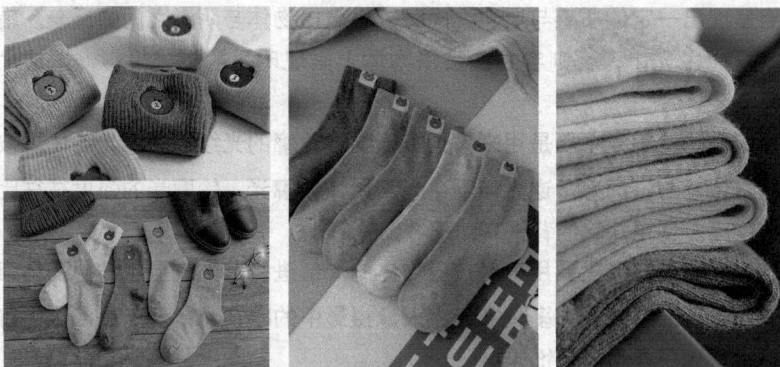

图 4-13　商品的造型设计

💬　经验之谈

　　在进行商品摆放造型设计时，还要注意与商品搭配拍摄的其他小物件的摆放，要同时考虑商品图片构图的合理性和摆放的美观度，这样不仅可以使画面显得饱满丰富，具有节奏感与韵律感，还能避免画面内容无序导致的杂乱。

　　（2）**商品搭配**。为了提高商品图片的美观度，在拍摄商品时，摄影师可以添加一些饰品对商品进行装饰，以点缀画面并渲染拍摄氛围，增强视觉感染力。图 4-14 所示为一件女式针织毛衣搭配皮包、凉鞋的拍摄效果，不仅突出了毛衣的主体地位，还渲染了一种时尚、随和的氛围，比单调的只有女式毛衣的拍摄效果更能吸引消费者。在为商品搭配物品时，还要考虑所搭配物品的使用场合以及物品是否与主体商品体现的价值一致，特别是家装、家具等实用性商品，在拍摄时往往会搭配完整的场景。图 4-15 所示为沙发商品的搭配，可以看出其构建了一幅富有生活气息的沙发实景展示图，画面中一对母女坐在沙发上交谈，沙发前方的茶几、水果，沙发背后的墙壁、壁画和台灯等都营造了温馨的家庭氛围，符合沙发商品的特点。

图 4-14　毛衣的搭配

图 4-15　沙发实景搭配

↘ 4.2.2　室外商品拍摄技法

为了使商品更贴近实际的使用状态，显得更真实，很多时候拍摄者都会选择室外拍摄。相对于室内拍摄的人造光而言，室外拍摄都是自然光。一般来说，对颜色要求不苛刻的商品都可以在室外进行拍摄。

1. 了解室外拍摄的光影处理

由于室外的自然光线十分多变，且不易把握，因此室外拍摄也需要借助其他道具进行布光，如反光板、反光伞等都可以用于布光。在进行室外拍摄时，光线会随着时间的变化而发生变化，根据光线性质可将其分为直射光、散射光和反射光 3 种类型。

- **直射光**。光线照射到被摄物体上，能产生清晰投影的光线，叫作直射光。直射光线下，受光面和阴影面之间有一定的明暗反差，很容易表现出被摄物体的立体感与质感，自然光中的太阳、人造光中的聚光灯等均属于直射光。
- **散射光**。阴天的时候，阳光被云彩遮挡，不能直接射向被摄物体，被摄物体依靠天空反射的散射光线照明，这种光叫作散射光。散射光下，不会形成明显的光面、阴影面和投影，光线效果较平淡、柔和，因此也叫作柔光。
- **反射光**。反射光的光线并不是由光源直接发出照射到被摄物体上，而是先照射到具有一定反光能力的辅助道具上，然后由反射体的反射光对被摄物体进行照明，如反光板或反光伞。反射后的光线与散射光一样，比较柔和。

拍摄物品最重要的一点就是对光线的把握，室外自然光总是在不停地发生变化，因此在不同的时段，通常需要使用不同的拍摄方向和方式。下面对室外自然光拍摄时的一些要求进行介绍。

- **拍摄时间**。在室外自然光条件下进行拍摄时，应尽量避免阳光直射的情况。阳光直射时不仅受光面和阴影面会存在明暗反差，还可能在被摄物体上形成不均匀光斑，影响商品图片的整体效果。一般来说，上午 9~11 点和下午 3~5 点这些时间段比较适合室外拍摄。
- **拍摄用光**。室外拍摄多依靠散射光和反射光，通过自然光加反光板补光的方式拍摄出来的照片效果更好。另外，室外拍摄需要对光圈、快门、感光度进行恰当设置，可以通过不断调整来拍出最好的光影效果。
- **背景选择**。商品是拍摄的主体，背景主要起到烘托装饰的作用。一般来说，室外背景的选择主要以不喧宾夺主、不杂乱无章为原则，可以选择反差相对大一些的背景，使主体更突出，也可以通过改变拍摄角度和方式来淡化背景的效果，还可以选择一些趣味背景，以增加照片的亮点和特点。
- **拍摄角度**。由于室外自然光的不可控，所以选择角度就更加重要。角度不同，拍摄出来的商品效果就不同。例如在清晨或傍晚时分进行拍摄时，逆光拍摄的照片可以呈现出一种日式的写真风格，而顺光的方位拍摄出来的照片光影感则更加真实。

2. 室外拍摄场景布置

通过外景拍摄大件商品时，一般主要选择风景优美的环境作为背景，合理利用自然光和反光板对光线进行调节，拍摄出来的照片风格将更加明显，能形成独有的特色并营造出商业化的购物氛围。此外，室外大件商品拍摄可根据商品特性选择相应的场景，如夏威夷风格的衣服可在海边拍摄，时尚潮流的服装可在临街的商场、街道等地方拍摄，运动用品可在运动过程中拍摄等，如图 4-16 所示。

图 4-16　大件商品拍摄的室外场景选择

小件商品适合在单纯的环境里进行拍摄，因此网店的小件商品多以室内拍摄为主。如果要通过外景拍摄小件商品，可以为商品选择一个好看的参照物和装饰物，对商品环境进行设计，例如将商品的环境塑造成文艺风等具有特色的风格。为了凸显商品主体，背景应该尽量干净简单，此外也可为商品选择一些使用环境作为背景，例如拍摄足球时，可以选择草地作为外景背景。

4.3　认识图像处理软件

图像处理软件是对图片进行各种处理操作的一种工具软件，在网店运营的过程中主要用于对商品图片的尺寸大小、效果等进行调整，使图片更美观、更有吸引力。商家需了解目前常用的图像处理软件，以选择适合自己的图像处理软件，提高图像处理的效率和最终效果。下面将主要对常用的图像处理软件和常用的图像处理操作进行介绍。

↘ 4.3.1　选择合适的图像处理软件

提供图像处理功能的软件很多，一般比较常用的软件是 Photoshop、光影魔术手、美图秀秀等。其中 Photoshop 的功能比较强大，操作也稍复杂一些，光影魔术手和美图秀秀的操作较简单，商家可根据实际情况来进行选择。下面对这些图像处理软件进行简单的介绍。

- **Photoshop**。Photoshop 是一款功能强大、使用范围广泛的图像处理软件。Photoshop 提供了非常多样化的图片处理功能，如修改图片大小、裁剪图片和修改图片色彩等，也可用于设计图片海报，制作店铺个性 Logo、分类按钮、宣传广告、商品详情页等，充分满足商家的不同需求。Photoshop 的版本很多，本书以 Photoshop CC 2019 为例展开介绍。
- **光影魔术手**。光影魔术手是一款操作比较简单的图像处理软件，其功能也非常丰富，如图片的基本处理和后期调色、美化等都能通过它实现。光影魔术手的操作界面十分简洁、一目了然，直接选择相应的功能按钮，即可进行相应的操作，是进行图片辅助处理较好的选择。
- **美图秀秀**。美图秀秀与光影魔术手较为类似，也是一款简单易上手的图片辅助处理软件。它除了能对图片进行各种处理外，还提供了很多的设计元素和美化元素，可以帮助用户快速制作出各种具有美化效果的图片。

↘ 4.3.2　了解常用图片处理操作

在拍摄照片时，由于天气、环境、相机等客观因素的影响，图片可能会在色彩、质感、清晰度上存在一些瑕疵。这些瑕疵可以通过图像处理软件进行修复。

- **还原物体真实属性**。如果因为一些客观原因导致图片质量不佳，出现光照不合理、颜色不均匀等情况时，可以通过图像处理软件对颜色、光影等进行修复，使图片色泽更加饱满。图 4-17 所示为修复图片光影前后的效果。

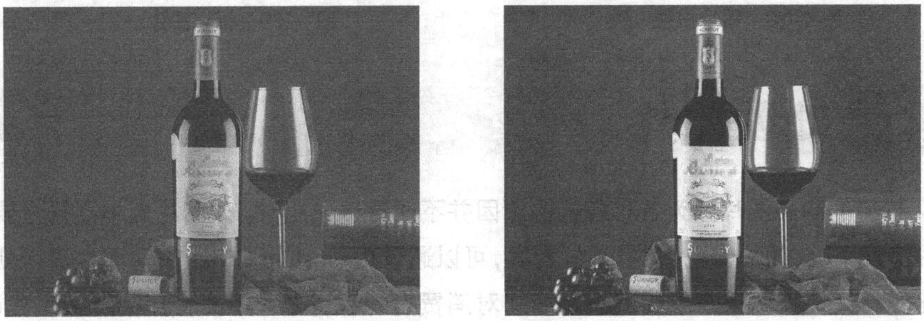

图 4-17　修复光影

- **装饰图片**。如果直接拍摄的图片过于单调，可以使用图像处理软件为图片添加合适的元素，如背景、边框、拼图等元素，使商品更为美观，以吸引顾客的注意力。图 4-18 所示为对图片进行拼接的组图效果。
- **突出商品属性**。可对部分商品的图片进行处理，提升图片质感，让图片中的商品主体变得更夺目。例如拍摄珠宝类商品时，珠宝的光泽度如果不能完全依靠拍摄展示出来，就可以利用图像处理软件添加高光和闪光效果，更加突出珠宝的特点。图 4-19 所示为突出珠宝高光后的效果。

- **打造自身品牌**。为了强调图片的独家性，可为图片添加标记，如添加店标和网址等，不但可以防止图片盗用，还能起到宣传店铺的作用。需要注意的是，图片标记应力求美观，最好不要影响图片整体效果。图 4-20 所示为图片添加标记后的效果。

图 4-18　图片拼接

图 4-19　图片高光处理

图 4-20　标记图片

4.4　处理图片

拍摄的商品图片因为各种各样的原因并不能直接使用时，如图片大小不符合要求、图片亮度不够、图片偏色、背景不好看等，可以通过 Photoshop CC 2019 对图片进行处理，美化图片，使其视觉效果更美观，增加对消费者的吸引力。下面将介绍网店运营过程中常见的商品图片处理方法。

↘ 4.4.1　调整图片大小

使用数码相机拍摄的图片所占用的存储空间一般都较大，而网店商品图片由于上传要求和空间存储量的限制，需要对图片的大小进行适当的调整，使其符合需要。Photoshop CC 2019 中调整图片大小的方法为：打开 Photoshop CC 2019，并在其中打开需要调整大小的图片，然后选择【图像】/【图像大小】菜单命令；打开"图像大小"

对话框,在"像素大小"栏中的"宽度"文本框后的下拉列表中选择"像素"选项,在"宽度"文本框中输入具体数值,如"600",单击 ⊂ 确定 ⊃ 按钮完成设置,如图 4-21 所示;返回 Photoshop 即可看到图片变小了,选择【文件】/【存储为】菜单命令,在打开的对话框中存储图片即可。

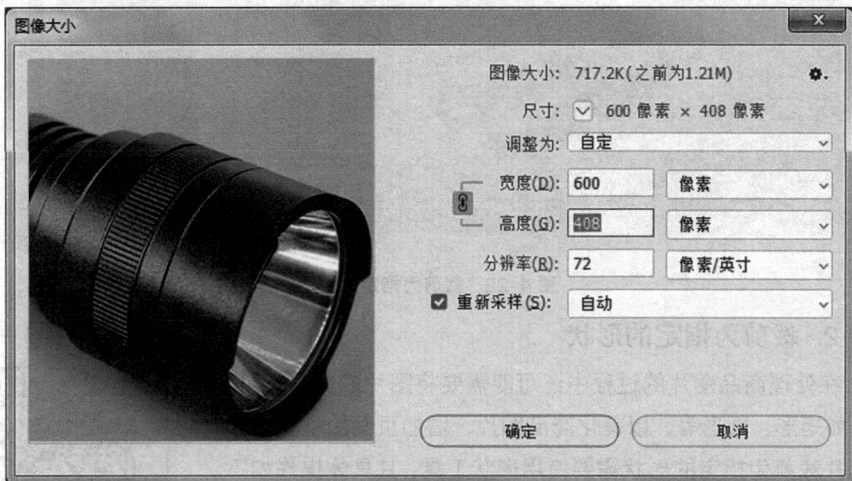

图 4-21　调整图片大小

经验之谈

调整图片大小时,为了保证图片的比例不发生变化,需保持"限制长宽比"按钮▧的选中状态,在该状态下调整宽度时,高度将根据原图片的比例自动缩放。

4.4.2　裁剪图片

在处理网店商品图片时,经常会根据需要对图片进行裁剪,如裁剪为指定的大小、指定的形状或裁剪细节等。下面分别进行介绍。

1. 裁剪为指定的大小

数码相机拍摄的商品图片尺寸与网店对图片的尺寸要求通常不一致,对商品图片进行大小的调整后,图片的宽度或高度可能仍然不能符合需要。因此,商家需要将图片裁剪为指定的大小,如主图 800 像素 ×800 像素、海报宽度 950 像素、全屏海报宽度 1920 像素等。将商品裁剪为指定的大小的方法是:选择裁剪工具▣,在裁剪工具属性栏的下拉列表中选择"宽 × 高 × 分辨率"选项,在右侧的"分辨率:"下拉列表中选择图片的分辨率,然后在"设置裁剪图像的高度"和"设置裁剪图像的宽度"文本框中输入指定的大小,使用鼠标指针移动图像窗口中的裁剪框,框选需要保留的图片区域,完成后双击图片区域或单击工具属性栏中的"提交当前裁剪操作"按钮✓即可完成裁剪，如图 4-22 所示。

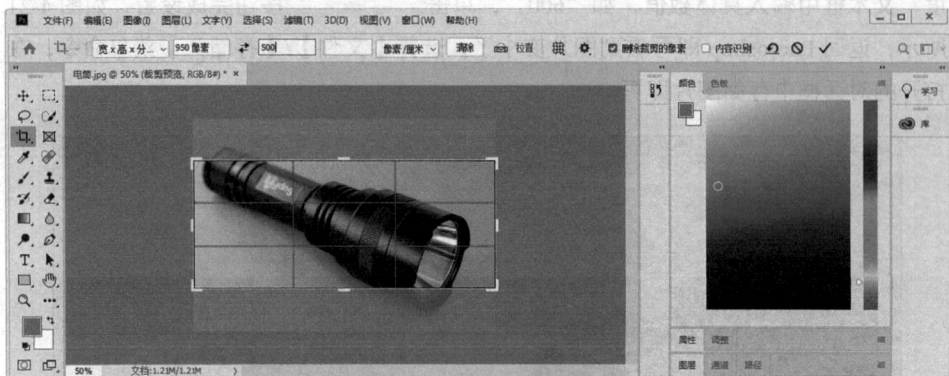

图 4-22　裁剪为指定的大小

2. 裁剪为指定的形状

在处理商品图片的过程中还可能需要将图片裁剪为某种形状，如矩形、圆形等，以美化商品图片，增加页面的视觉效果。将图片裁剪为指定的形状需要使用形状工具，其具体操作如下。

STEP 01 打开需要裁剪的商品图片，选择需要裁剪的形状工具，如椭圆工具 ◯，在图像编辑区中拖动鼠标绘制一个椭圆，或按住"Shift"键绘制正圆，效果如图4-23所示。

STEP 02 打开"图层"面板，双击商品图片所在图层，在打开的对话框中直接单击 确定 按钮，将商品图片背景图层转化为普通图层。将绘制的形状图层拖动到商品图片图层的下方，效果如图4-24所示。

> 微课视频
>
> 扫一扫 实例演示

💬 **经验之谈**

若需要调整商品图片的显示效果，移动形状的位置即可。

图 4-23　绘制形状

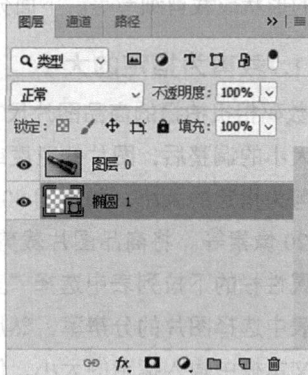

图 4-24　调整图层顺序

STEP 03 在商品图片图层上单击鼠标右键，在弹出的快捷菜单中选择"创建剪贴蒙版"命令，商品图片将自动被裁剪为所绘制的形状样式，效果如图4-25所示。

图4-25　裁剪为指定的形状

3. 裁剪细节

细节图在网店中十分常见，主图、详情页等都可以放置细节图。细节图可以体现商品的细节和质量，从不同方面表现商品的外观和性能，增加商品的可信度。细节图的好坏是影响商品成交的最主要因素之一，因此，精美的商品细节图是网店商品图片展示的必备内容。细节图的来源一般有两种方式，一种是直接使用微距拍摄出细节特写照片，另一种是对拍摄后的高清原图的细节部分进行裁剪和放大。裁剪细节图的方法为：打开商品图片，选择裁剪工具 ，在工具属性栏中选择"比例"裁剪模式，在图片中拖动鼠标绘制一个矩形裁剪框，对原图的细节部分进行裁剪，然后将其放大，效果如图4-26所示。

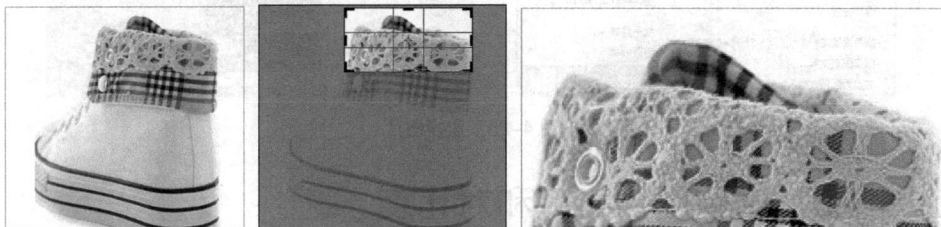

图4-26　裁剪细节

↘4.4.3　旋转图片

在处理商品图片时可根据需要进行旋转操作，改变图片的角度，使其更适应实际要求。在 Photoshop CC 2019 中旋转图片的方法很简单，只需打开图片，选择【图像】/【图像旋转】菜单命令，在打开的子菜单中选择任意一个菜单命令即可旋转图片。图4-27所示为水平翻转图片后的效果。Photoshop 为用户提供了多种旋转选项，在选择"任意角度"菜单命令后，可对图片进行任意角度的旋转。

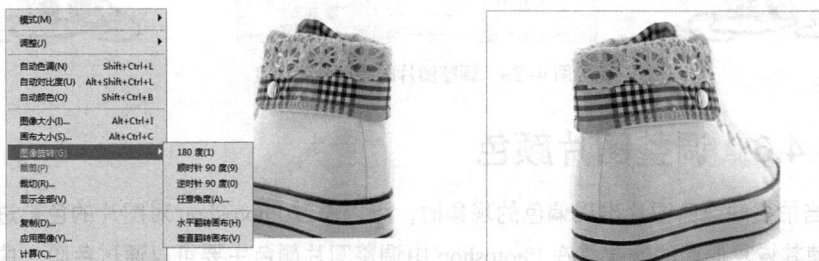

图4-27　水平翻转图片后的效果

4.4.4　变换图片

变换图片是指对图片的形状进行调整，使图片效果更多样化，在制作详情页时可能会使用。变换图片的方法是：在 Photoshop CC 2019 中打开图片后，在"图层"面板中的背景图层上双击鼠标左键，在打开的对话框中单击 确定 按钮，将图片默认的背景图层转换为普通图层，然后选择【编辑】/【变换】菜单命令或按"Ctrl+T"组合键，使图片处于自由编辑状态，此时可以通过图片四周的控制点对图片进行调整，包括调整大小、旋转图片、变形或扭曲图片等操作，如图 4-28 所示。

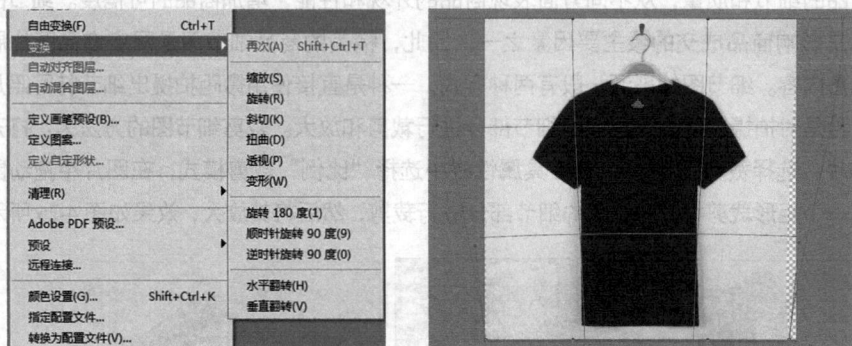

图 4-28　变换图片

4.4.5　调整图片亮度和对比度

如果拍摄的商品图片偏暗或偏亮，可以通过 Photoshop 对图片的亮度和对比度进行调整，使其恢复正常。其方法为：选择【图像】/【调整】/【亮度/对比度】菜单命令，打开"亮度/对比度"对话框，在"亮度"和"对比度"文本框中分别输入参数，完成后单击 确定 按钮，如图 4-29 所示。

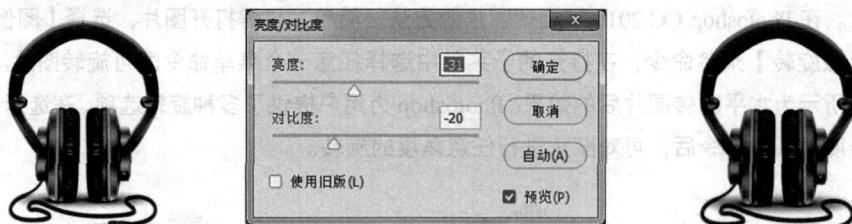

图 4-29　调整图片的亮度和对比度

4.4.6　调整图片颜色

当拍摄的商品图片出现偏色的现象时，可以通过 Photoshop 对图片的色彩进行调整，使其恢复原始的效果。在 Photoshop 中调整图片颜色主要可以通过色阶、曲线等命令实现。

1. 色阶

当商品图片颜色不够饱满，或颜色存在偏差时，可通过"色阶"命令对颜色进行调整和矫正。下面介绍在 Photoshop CC 2019 中通过"色阶"命令调整图片颜色的方法，其具体操作如下。

STEP 01 在 Photoshop 中打开素材文件（配套资源:\素材文件\第4章\茶叶罐.jpg），如图4-30所示。

STEP 02 打开"图层"面板，单击面板底部的"创建新的填充或调整图层"按钮，在打开的列表框中选择"色阶"选项，新建色阶调整图层，如图4-31所示。

图 4-30　图片素材

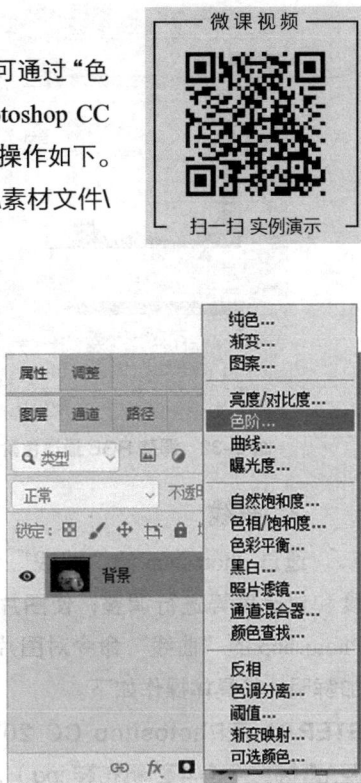

图 4-31　新建色阶调整图层

STEP 03 打开"色阶"属性面板，在"输入色阶"栏中可分别对阴影、中间调和高光的分布情况进行调整，如图4-32所示。

> **经验之谈**
>
> "通道"下拉列表中包括"RGB""红""绿""蓝"4个选项。"RGB"是图片的色彩模式，选择该选项可调整图片的整体效果；选择"红"选项可调整红色调效果；选择"绿"选项可调整绿色调效果；选择"蓝"选项可调整蓝色调效果。可根据需要进行选择。

STEP 04 在图像窗口中可同步看到调整后的效果，如图4-33所示。此时可发现，图片整体颜色已恢复正常（配套资源:\效果文件\第4章\茶叶罐.psd）。

> **经验之谈**
>
> 选择【图像】/【调整】/【色阶】菜单命令，或按"Ctrl+L"组合键，可以打开"色阶"对话框，在该对话框中也可进行色阶的设置，其方法与通过"色阶"属性面板设置的方法与效果是一样的。不同之处在于，"色阶"属性面板不会修改商品原图片的效果，因此可以保留原图片。Photoshop CC 2019 中的其他调整命令也可以通过这两种方法执行，读者可观察并总结两者的异同。

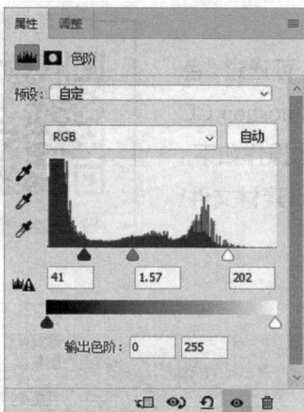

图 4-32　调整 RGB 通道色阶

图 4-33　调整色阶后的效果

2. 曲线

通过 Photoshop 的"曲线"命令可以对图片的色彩、亮度和对比度等进行调整，使图片颜色更具有质感。下面使用 Photoshop 的"曲线"命令对图片进行调整，使其色彩变得更加鲜明，其具体操作如下。

微课视频

扫一扫 实例演示

STEP 01 在Photoshop CC 2019中打开素材文件（配套资源:\素材文件\第4章\帆布鞋.jpg），如图4-34所示。

STEP 02 打开"图层"面板，单击面板底部的"创建新的填充或调整图层"按钮，在打开的列表框中选择"曲线"选项，新建曲线调整图层，如图4-35所示。

图 4-34　打开素材文件

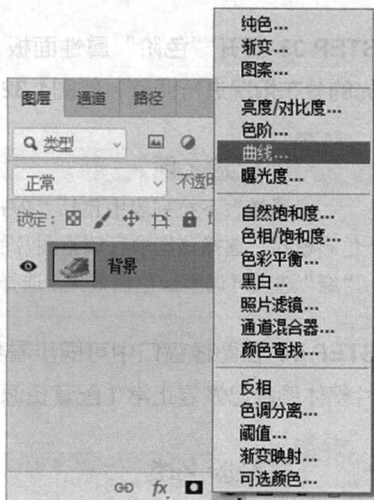

图 4-35　新建曲线调整图层

STEP 03 打开"曲线"属性面板，在"通道"下拉列表中选择"RGB"选项，将鼠标指针移动到曲线图右上角，单击鼠标添加调整锚点，并向上拖动以调整图片的亮度，如图4-36所示。

STEP 04 将鼠标指针移动到曲线左下角，单击鼠标添加调整锚点，并向下拖动以调整图片的亮度，效果如图4-37所示（配套资源:\效果文件\第4章\帆布鞋.psd）。

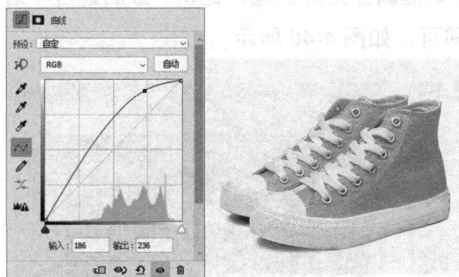

图 4-36　调整 RGB 通道曲线　　　　　　　图 4-37　调整 RGB 通道曲线

经验之谈

也可选择【图像】/【调整】/【曲线】命令，打开"曲线"对话框进行调整。

↘ 4.4.7　为图片添加水印

如果担心自己的商品图片被盗用，可以为图片添加水印，水印主要分为文字水印和图片水印两种模式，下面分别进行介绍。

- **文字水印**。在 Photoshop CC 2019 的工具箱中选择文字工具，在商品图片中输入水印内容，然后选择文字图层，在"图形样式"对话框中设置文字的样式和不透明度，设置完成后调整水印的位置即可，如图 4-38 所示。
- **图片水印**。在 Photoshop 中打开商品图片和水印图片，将水印图片拖动到商品图片中，并调整水印图片的大小、位置和不透明度即可，如图 4-39 所示。

图 4-38　设置文字水印　　　　　　　图 4-39　设置图片水印

↘ 4.4.8　为图片添加边框

为商品图片添加边框的方法为：双击"图层"面板中的商品图层缩略图，打开"图层样式"对话框，单击选中"描边"复选框，在"填充类型"下拉列表中选择描边类型，如"颜色""渐变""图案"等，再进行相应设置即可，如选择"图案"选项，再在"图案"下拉列表中选择所需图案，并通过"缩放"文本框调整图片的缩放比例，最后通过"结构"栏调整描边的大小、位置和不透明度等即可，如图 4-40 所示。

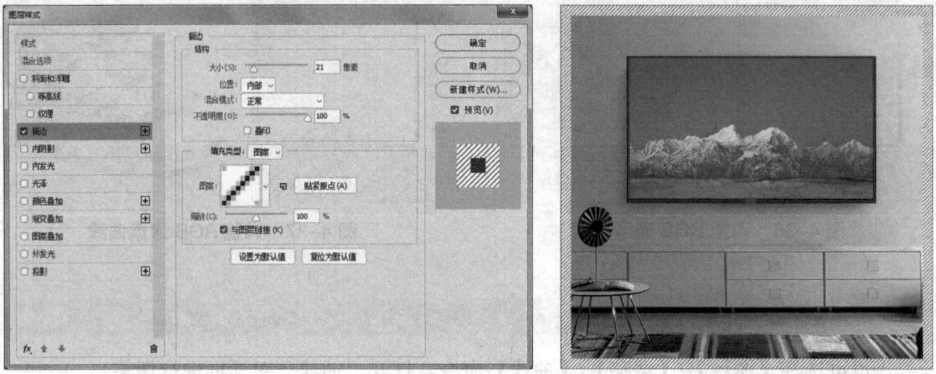

图 4-40　添加边框

↘ 4.4.9　使图片更加清晰

微课视频
扫一扫 实例演示

　　由于各种客观拍摄原因使商品图片不够清晰时，可以通过 Photoshop 对图片进行处理，使图片更加清晰。下面介绍使用 Photoshop 处理图片清晰度问题的方法，其具体操作如下。

STEP 01 在 Photoshop 中打开素材文件（配套资源\素材文件\第4章\品茗杯.jpg），如图 4-41 所示。

STEP 02 按"Ctrl+J"组合键复制背景图层，设置图层的混合模式为"柔光"，不透明度为"60%"，如图 4-42 所示。

图 4-41　打开素材文件

图 4-42　复制图层并进行设置

STEP 03 按"Ctrl+Alt+Shift+E"组合键快速盖印图层，选择【滤镜】/【其他】/【高反差保留】命令，打开"高反差保留"对话框，在"半径"文本框中输入"2.0"，单击 确定 按钮，如图 4-43 所示。

STEP 04 在"图层"面板中选择该图层，设置其混合模式为"强光"，再次按
"Ctrl+Alt+Shift+E"组合键盖印图层，如图4-44所示。

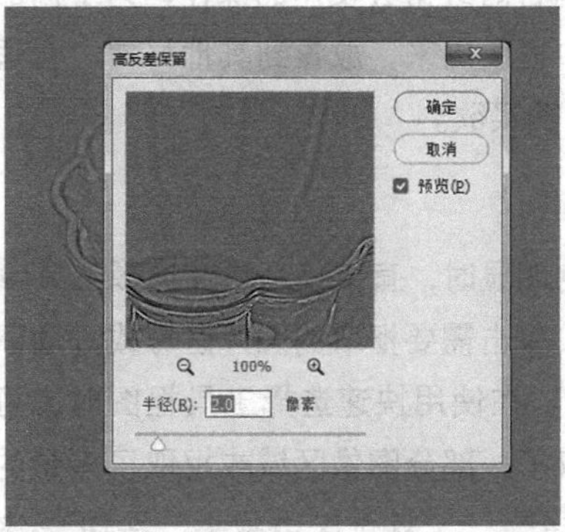

图4-43　设置高反差保留

图4-44　设置图层的混合模式

STEP 05 若边缘效果依然不够清晰，还可以选择【滤镜】/【锐化】/【USM锐化】
命令，打开"USM锐化"对话框，在其中设置锐化数值，单击 确定 按钮，如图4-45
所示。

STEP 06 完成后即可查看图片效果，如图4-46所示（配套资源:\效果文件\第4章\品茗
杯.jpg）。

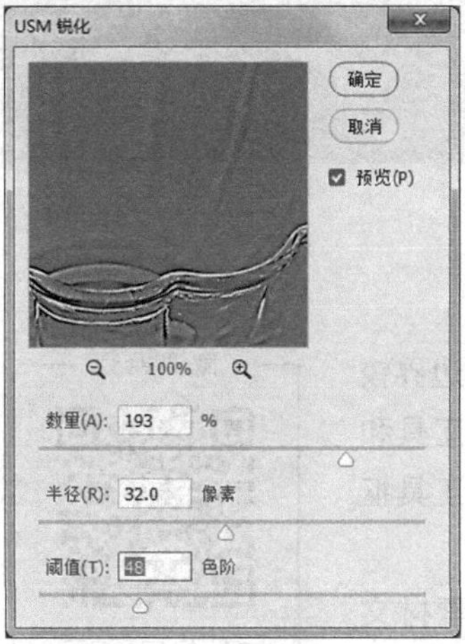

图4-45　设置 USM 锐化

图4-46　完成后的效果

💬　**经验之谈**

　　部分图片不清晰的原因是图片放大的比例过大，此时可适当将图片缩小，保证其清晰
度。此外，在通过 Photoshop CC 2019 对图片的清晰度进行调整后，还应该观察图片调整
后的效果，对图片中的不妥之处进行优化。

↘ 4.4.10 抠图

抠图是在制作网店商品主图、海报或详情页内容时经常会使用的操作，为了商品图片的美观，通常需要将商品主体从单调的背景中抠取出来，放置到其他好看、合适的背景中，从而提高商品的美观度和刺激消费者的购买欲。

1. 使用快速选择工具抠图

当需要抠取的商品主体颜色单一且和背景差别明显时，直接使用快速选择工具 ▨ 即可完成抠图。其方法为：选择快速选择工具 ▨，单击需要抠取的图片区域或拖动鼠标选择需要抠取的图片区域即可，如图 4-47 所示。在使用快速选择工具抠图时，可通过其属性栏设置取样大小、容差等，如果少抠取了一部分图像区域或抠取了多余的选区，可以在其属性栏中单击"添加到选区"按钮 ▨、"从选区中减去"按钮 ▨ 来增加或减少选区。也可以按住"Shift"键绘制加选选区，或按住"Alt"键绘制减选选区。

图 4-47 快速抠取图像

2. 使用套索工具抠图

磁性工具和套索工具是非常便捷的抠图工具，对于边界较明显、呈基本的几何形状等的图片区域，可以通过磁性工具和套索工具进行抠取。下面介绍在 Photoshop 中使用套索工具抠图的方法，其具体操作如下。

STEP 01 在 Photoshop 中打开素材文件（配套资源:\素材文件\第4章\笔记本.jpg、笔记本背景.jpg）。选择磁性套索工具 ▨，在笔记本左侧边缘处单击，然后沿着笔记本的边拖动鼠标，此时磁性套索工具将自动吸附笔记本边缘位置，如图4-48所示。

STEP 02 在使用磁性套索工具的过程中，可以单击鼠标左键确定锚点。如果图像区域的边缘是直线，可以按住"Alt"键并单击，将磁性套索工具切换为多边形套索工具，用于创建直线选区。在创建直线选区时，移动鼠标到下一个锚点的位置并单击即可，如图4-49所示。

图 4-48　使用磁性套索工具抠取笔记本

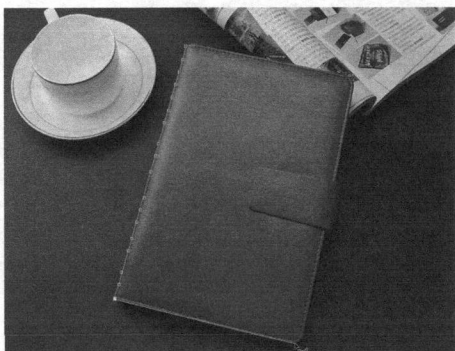

图 4-49　使用多边形套索工具抠取笔记本

STEP 03 按照相同的方法选择合适的套索工具继续完成选区的创建，然后单击起始锚点，将选区闭合，如图4-50所示。

STEP 04 创建完成后，选择笔记本选区并将其拖动到"笔记本背景.jpg"文件中，调整笔记本的大小、位置，还可以根据实际情况对图片进行细微变形。为了使图片与背景更融洽，建议为图片添加倒影、投影或阴影等效果，如图4-51所示（配套资源:\效果文件\第4章\笔记本.psd）。

图 4-50　完成选区的创建

图 4-51　更换背景

3. 使用"色彩范围"命令和魔棒工具抠图

对于背景颜色单一的图片，可以选择很多种抠取方式，例如通过"色彩范围"命令抠取、使用魔棒工具抠取，或者使用魔术橡皮擦工具抠取等。下面介绍在 Photoshop 中使用"色彩范围"命令和魔棒工具抠图的方法，其具体操作如下。

微课视频

扫一扫 实例演示

STEP 01 在Photoshop中打开素材文件（配套资源:\素材文件\第4章\吹风机.jpg、吹风机背景.jpg），在工具箱中选择魔棒工具，在图片背景中单击鼠标左键，即可选择整个背景区域，如图4-52所示。

STEP 02 选择【选择】/【反选】命令，将选区转换为商品主体，如果发现有漏选或多选的部分，可在其工具属性栏中单击"添加到选区"按钮、"从选区中减去"按钮对选区进行增加或减少操作，如图4-53所示。

图 4-52　打开素材文件　　　　　　　　　图 4-53　调整选区

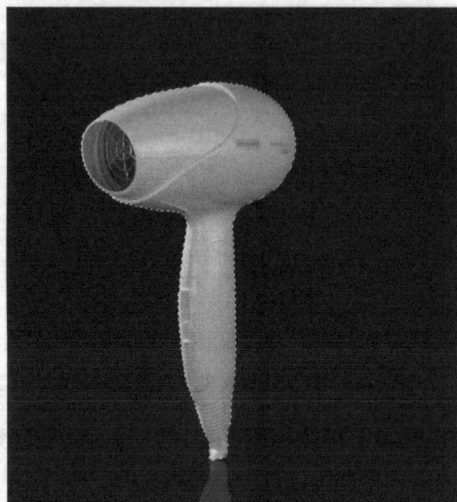

STEP 03 在Photoshop中继续打开素材文件（配套资源:\素材文件\第4章\吹风机2.jpg），选择【选择】/【色彩范围】命令，打开"色彩范围"对话框，在其中单击"吸管工具"按钮 ，然后再单击图片的背景区域进行取样，并拖动"颜色容差"栏的滑块来调整颜色容差，如图4-54所示。

STEP 04 设置完成后单击 确定 按钮，返回Photoshop中对选区进行增加和减少操作，并使用"反向"命令将选区转换为商品主体部分，如图4-55所示。

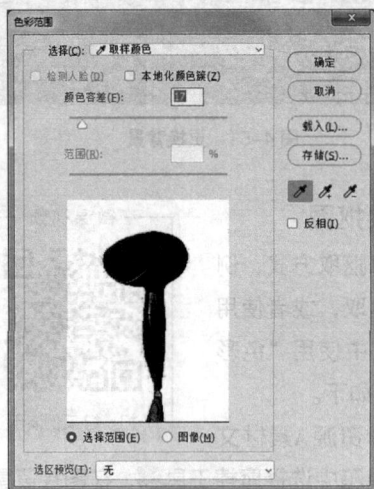

图 4-54　调整颜色范围　　　　　　　　　图 4-55　调整选区

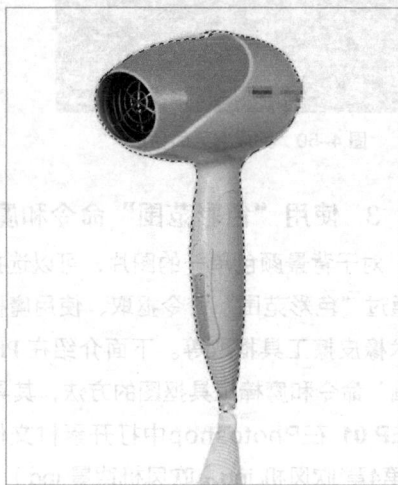

STEP 05 处理完成后，将两个吹风机的选区拖动到"吹风机背景.jpg"文件中，调整图片的大小、位置，并添加投影效果，如图4-56所示（配套资源:\效果文件\第4章\

吹风机.psd）。

図 4-56　更换背景

💬 **经验之谈**

在抠取图像时，注意对图片进行分析，不同形状、不同背景、不同性质的图像，所使用的抠取方式也不相同。在完成图片的抠取后，为了保持边缘的真实感，还可适当设置一下羽化效果。

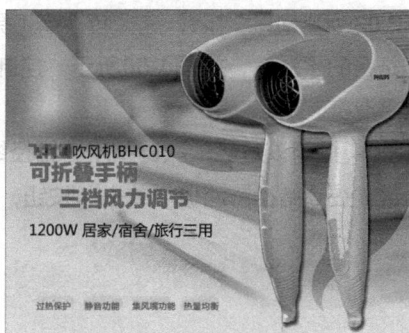

4. 使用钢笔工具抠图

钢笔工具是一种十分精确的抠图工具，非常适合抠取边缘清晰平滑的对象，适用范围比较广，是常用的图像抠取工具之一。下面介绍在 Photoshop 中使用钢笔工具抠图的方法，其具体操作如下。

微课视频

扫一扫 实例演示

STEP 01 在Photoshop中打开素材文件（配套资源:\素材文件\第4章\唇膏.jpg、唇膏背景.jpg），在工具箱中选择钢笔工具 ✒️，在其工具属性栏的下拉列表中选择"路径"选项，然后在图片中选取一个边缘点单击，确定所绘路径的起点位置，如图4-57所示。

💬 **经验之谈**

绘制路径时按"Ctrl+ 加号"组合键或"Ctrl+ 减号"组合键即可快速放大或缩小图片。

STEP 02 沿着唇膏图片的边缘依次单击，为图片添加锚点，添加到起始点时，再次单击起始点锚点，即可闭合路径，如图4-58所示。在添加锚点时，尽量在放大图片的情况下进行添加，并尽量将锚点添加在边缘靠内的位置。

図 4-57　确定路径的起点位置

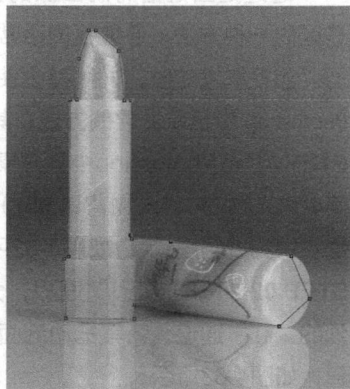

図 4-58　闭合路径

STEP 03 闭合路径之后，选择转换点工具 ⊾，单击锚点为其添加控制柄，拖动控制柄调整路径的平滑度，如图4-59所示。控制柄两端的锚点分别用于调整当前路径两侧线段的平滑度。

STEP 04 按照该方法依次调整所有路径线段的平滑度，绘制完成后按"Ctrl+Enter"组合键或在"路径"面板中单击 ⊞ 按钮，将路径转换为选区，如图4-60所示。

图 4-59　调整路径的平滑度

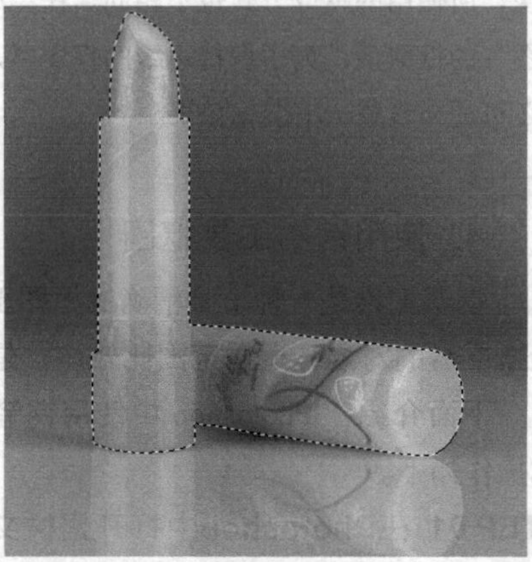

图 4-60　将路径转化为选区

STEP 05 使用移动工具 ▶ 将唇膏选区拖动到"唇膏背景.jpg"文件中，调整其大小、位置，并为其添加投影效果，如图4-61所示（配套资源:\效果文件\第4章\唇膏.psd）。

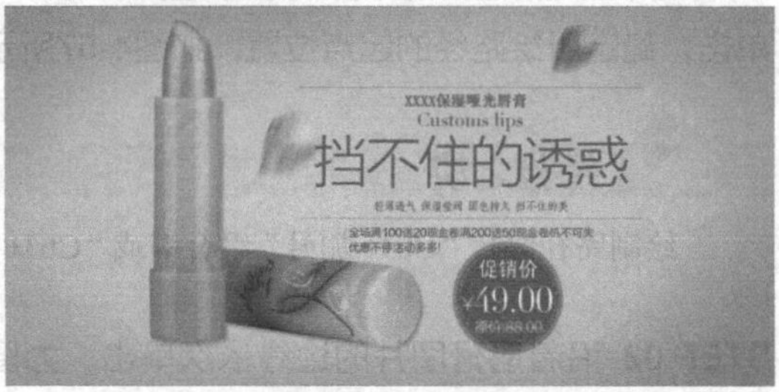

图 4-61　更换背景

5. 使用通道进行抠图

通道抠图是指利用图像的色相差别或者明度差别来建立选区的一种方法，通道抠图通常比较精细，但会花费更多的时间。如抠取发丝时，一般都会使用通道进行抠取。下面介绍在Photoshop 中抠取发丝的方法，其具体操作如下。

微课视频

扫一扫 实例演示

STEP 01 在Photoshop中打开素材文件（配套资源:\素材文件\第4章\人物.jpg、人物背景.jpg），按"Ctrl+J"组合键复制图层，得到"图层1"，如图4-62所示。

STEP 02 打开"通道"面板，分别查看各通道下的图像效果，选择图像对比度最强烈的"红"通道，将其拖动到面板下方的"创建新通道"按钮 ⊟，得到"红 拷贝"通道，如图4-63所示。

图4-62 打开素材文件并复制图层

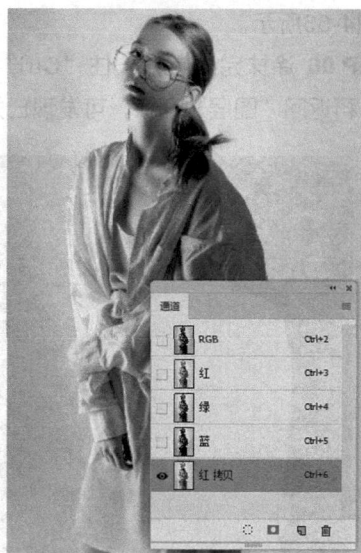

图4-63 复制红通道

STEP 03 选择复制的红通道，选择【图像】/【调整】/【反相】命令，反相显示图像，如图4-64所示。

STEP 04 选择【图像】/【调整】/【色阶】命令，或按"Ctrl+L"组合键打开"色阶"对话框，在其中对相关参数进行调整，加强人物与背景之间的黑白对比，如图4-65所示。

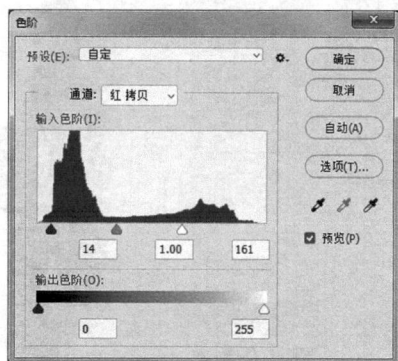

图4-64 反相显示图像

图4-65 调整色阶

STEP 05 在工具箱中选择画笔工具![画笔图标]，设置画笔样式为"硬边圆"，将不透明度和流量都设置为"100%"，然后将前景色设置为白色，拖动鼠标将要抠取的人物部分涂抹为白色，设置画笔颜色为黑色，在人物周围不需要的部分进行涂抹，效果如图4-66所示。

STEP 06 涂抹完成后，按住"Ctrl"键并单击该通道，载入选区。选择"RGB"通道，再返回"图层"面板，可发现已为人物部分建立了选区，如图4-67所示。

图 4-66 使用画笔工具涂抹

图 4-67 建立选区

STEP 07 按"Ctrl+J"组合键复制选区到新图层中，新建"亮度/对比度"调整图层，设置图像的亮度和对比度，如图4-68所示。

STEP 08 新建"色阶"调整图层，调整图像的色阶，如图4-69所示。

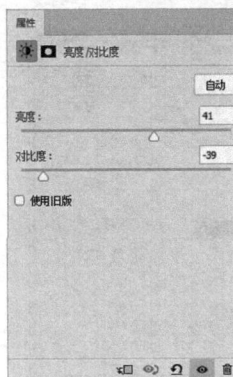

图 4-68 调整亮度 / 对比度

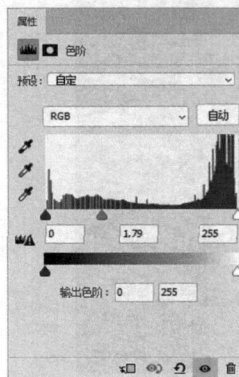

图 4-69 调整色阶

STEP 09 选择调整图层与人物图层，按"Ctrl+E"组合键合并，然后使用移动工具 ✛ 将合并后的图层拖动到"人物背景.jpg"文件中，调整其大小、位置，如图4-70所示（配套资源:\效果文件\第4章\人物.psd、人物背景.psd）。

在选择通道时，可分别查看三个通道的对比效果，选择对比效果最明显的通道，这样更方便涂抹和抠取。在涂抹人物部分时，如果想抠取得更精确一些，可以将画笔缩小再进行涂抹，特别是在涂抹细节和头发丝部分时，可以边涂抹边与RGB通道的图层进行对比，使涂抹部分更加精确。

图4-70　更换背景

↘ 4.4.11　批处理图片

由于网店的商品非常多，单独处理每张特别浪费时间。如果需要对多张图片进行相同的操作，可以通过 Photoshop 的图片批处理功能来实现。下面介绍在 Photoshop 中创建动作并批处理图片的方法，其具体操作如下。

微课视频

扫一扫 实例演示

STEP 01 使用Photoshop打开任意一张素材图片（配套资源:\素材文件\第4章\耳机\），选择【窗口】/【动作】命令，打开"动作"面板，单击"创建新动作"按钮，打开"新建动作"对话框，在"名称"文本框中输入该动作的名称，如"调整图片色调"，在"功能键"下拉列表中可以设置动作的快捷键，然后单击 记录 按钮，如图4-71所示。

Photoshop CC 2019 提供了很多批处理的动作，为了便于区分，在新建动作时，动作名称可以以当前操作命名。

STEP 02 记录动作之后，在"动作"面板中将显示正在录制的红色按钮，此时即可开始进行相应操作，如选择【图像】/【自动色调】命令，如图4-72所示。

STEP 03 操作结束后，在"动作"面板中单击"停止播放/记录"按钮，停止动作的录制，在"动作"面板中可查看该动作。

图4-71　新建动作

STEP 04 选择【文件】/【自动】/【批处理】命令，打开"批处理"对话框，在"动作"下拉列表中选择动作，在"源"下拉列表中选择需要处理的图片类型，如"文件夹"，如图4-73所示。然后单击 选择(C)... 按钮，打开"选择批处理文件夹"对话框，在其中选择需要处理的图片来源。

经验之谈

在批处理图片时，建议将图片单独保存在另外的文件夹中，不要覆盖原文件夹中的图片，以免误操作丢失源图片文件。

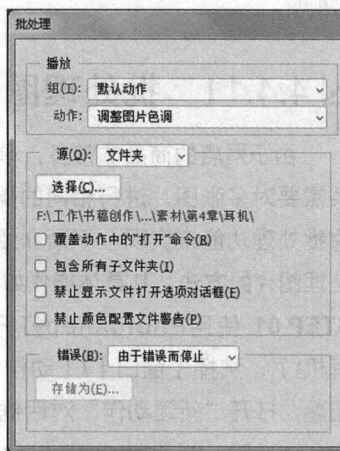

图 4-72 开始进行相应操作

图 4-73 "批处理"对话框

STEP 05 在"目标"栏中设置图片处理后保存的方式和位置，单击 确定 按钮，如图4-74所示。

STEP 06 Photoshop将自动对源文件夹中的图片进行批处理，处理完成后，打开目标文件夹查看处理后的图片，如图4-75所示（配套资源:\效果文件\第4章\耳机\）。

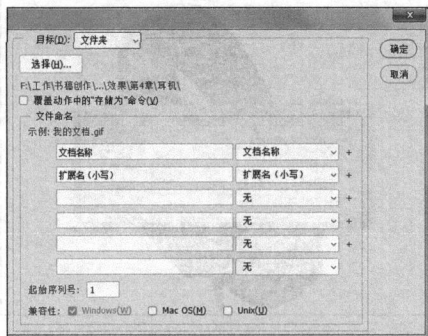

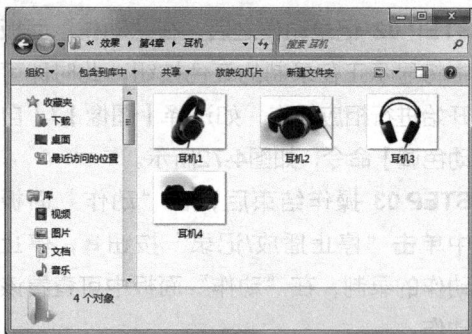

图 4-74 设置图片保存位置

图 4-75 查看处理后的图片

4.5　拍摄和制作主图视频

视频比图文的展示效果更直观，能帮助消费者更快了解商品信息，消除消费者对商品的疑虑。视频在网店中主要出现在主图和详情页中，消费者在浏览主图时可以通过主图视频了解商品的主要卖点，从而继续浏览详情页，并通过详情页中的商品展示视频了解商品的其他信息。短视频一般由声音、图像、文字组成，在电商中的表现十分凸出，在增加消费者停留时长、提升商品转化率等方面都发挥着积极的作用，特别是服装、美妆、玩具、厨具、家居等可以充分展示使用场景和使用效果，短视频比图片更易提高用户的消费热情。此外，短视频在移动端上的应用也十分普遍，添加短视频的商品在排序权重上比直接使用图片的商品更有优势。主图视频与详情页视频的制作方法较为类似，下面以主图视频为例进行介绍，读者通过本节的学习可以举一反三，掌握详情页视频的拍摄和制作方法。

↘ 4.5.1　主图视频内容设计

在设计商品主图效果时，相比于单纯的图片，短视频的展示效果更直接、真实，可以很大程度地降低消费者的消费顾虑，增加成交概率。为了进一步提升转化率，商家还可以对短视频的内容进行优化，从更多细节上提高消费者的购买热情。下面介绍几种常见的主图视频设计技巧。

- 竖屏。随着消费者移动端消费习惯的养成，竖屏视频更适合消费者的网购设备，可以全面清晰地展示商品，并给消费者带来沉浸式的观看感受。图 4-76 所示为一款护肤品的竖屏展示效果。
- **场景化与片段化**。场景化是指将商品置于某种实际的使用场景，以此刺激消费者的购买欲。片段化是指将商品的功能和卖点在有效的时间内尽可能的展示，给消费者提供最有价值的信息。图 4-77 所示为电饭煲使用场景与片段的展示。

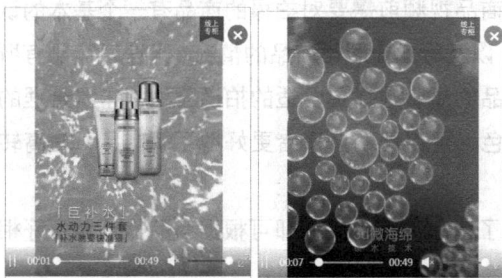

图 4-76　竖屏展示　　　　　　　　图 4-77　电饭煲使用场景与片段的展示

- **讲述真实的故事。** 网友推荐、消费者评论是影响消费者购买决策的重要因素，如果能够直接在视频中展示买过该商品的消费者的真实想法和正面评价，更容易打动其他消费者进行购买。一般来说，选择真实的人物、讲述真实的故事、反映真实的情感都有利于提高消费者对商品的信任度。图 4-78 所示为某面膜视频，主要通过真实节目中的现场试验来推销面膜，直接展现了面膜的功效。

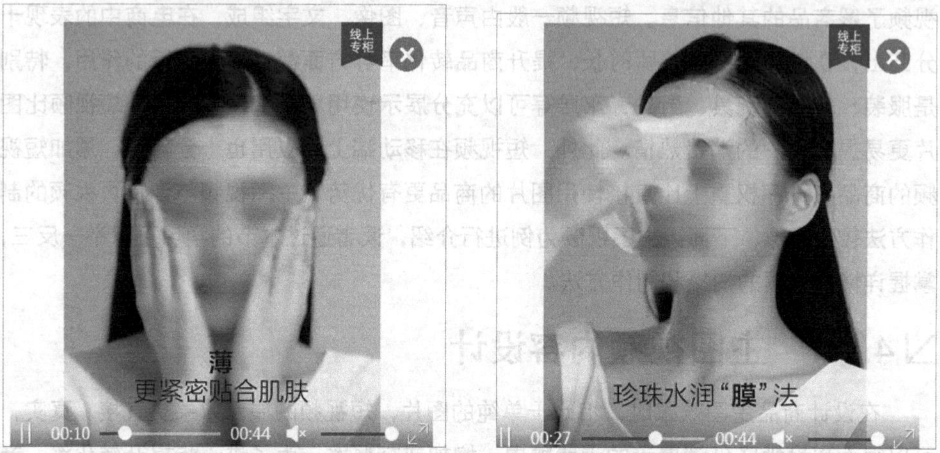

图 4-78　面膜视频

↘ 4.5.2　主图视频的拍摄

主图视频的质量会直接影响商品的转化率，因此对于商家而言，拍摄好主图视频非常重要，下面对主图视频拍摄的前期准备与拍摄方法进行介绍。

1. 主图视频拍摄的前期准备

拍摄主图视频前，商家需要做好相关的准备工作，包括了解商品的特点和道具、模特与场景的准备。

①了解商品的特点。为了更准确地抓住商品的卖点，展现出商品最吸引消费者的部分，有效提升商品的转化率，在拍摄商品视频前需要对拍摄的商品有一个基本的认识，包括商品特点、使用方法、功效等，以及行业内同类商品的情况。只有对商品有所了解后，才能选择合适的模特，根据商品的质感选择更合适的拍摄器材，布置合理的拍摄环境。拍摄时，重点表现商品的特色，可以帮助消费者更好地了解商品，提高转化率。

②道具、模特与场景的准备。了解了商品的特点后，即可根据商品特性准备好相应的道具、模特、场景等。

- **道具。** 视频拍摄道具的选择比较灵活，一般根据实际需要选择即可。室内拍摄通常需要选择适合的摄影灯，也可以准备好录音设备对视频进行录音。

- **模特**。不同的商品对模特的要求不同，一般选择与品牌文化、商品特点比较搭配的模特。对于电器、日常用品等不需要模特的商品，或美妆、珠宝等只需要拍摄模特局部的商品，可根据商品的推广要求进行具体选择。模特的作用是展示商品，商品才是拍摄的主体。
- **场景**。场景包括室内场景和室外场景。室内场景需要考虑灯光、背景和布局等；室外拍摄一般要选择一个与商品匹配的环境。无论是室内场景还是室外场景，建议每款商品都拍摄多组各个方位的视频，以便后期的剪辑。

2. 主图视频的拍摄方法

前期准备就绪后，便可进行视频拍摄，在拍摄过程中为了保持画面的平衡，可以使用三脚架。同时，建议根据产品需要表达的特点依次进行拍摄，注意展示商品的全貌，从商品的各个角度进行展示，如图4-79所示。对于需要重点展示质量的商品，还可以拍摄商品的主要制作过程，增强视频的说服力。主图视频的拍摄与商品图片的拍摄比较类似，但要注意其他问题，如摄影机过分移动、拍摄进程不稳定、拍摄的整体画面出现倾斜等。还要注意在逆光的情况下进行拍摄，画面主体不清晰，固定画面太少，后期编辑没有过渡的镜头，声音不清楚等情况。为了避免出现这些情况，需要掌握一些拍摄技巧。拍摄的总体要求包括平、准、稳、匀。

- **平**。保持摄像机处于水平状态，尽量让画面在取景器内保持平衡，拍摄出来的影像才不会倾斜。
- **准**。在移动镜头时，起幅和落幅要一次到位，不能晃来晃去。
- **稳**。画面稳定,拍摄时尽量使用三脚架,不要因变焦而出现画面模糊不清的情况。
- **匀**。镜头运动的速度要均匀，除特殊情况外，不能出现时快时慢的现象。

图4-79　商品主图视频的拍摄

↘ 4.5.3 主图视频的制作

视频拍摄完成后，需要剪去多余的部分，进行多场景的组合。另外，根据推广需求，可以使用视频编辑软件为视频添加字幕、音频、转场等，补充视频内容并美化视频。常用的视频编辑软件有会声会影、Premiere 等。下面以会声会影为例介绍主图视频的制作方法，其具体操作如下。

STEP 01 启动会声会影，单击"媒体"按钮，在右侧面板的空白位置单击鼠标右键，在弹出的快捷菜单中选择"插入媒体文件"命令，打开"浏览媒体文件"对话框，如图4-80所示。在"浏览媒体文件"对话框中选择需要编辑的素材"背包.MP4"（配套资源:\素材文件\第4章\背包.MP4），单击 打开(O) 按钮，将视频素材添加到素材库中。

STEP 02 将视频素材拖动至视频轨上。拖动滑轨至需要裁剪的起始位置，单击"根据滑轨位置分割素材"按钮，将视频素材裁剪为两段，如图4-81所示。

图 4-80 插入媒体文件

图 4-81 裁剪视频

STEP 03 继续拖动滑轨至需要裁剪的结束位置，单击"根据滑轨位置分割素材"按钮，再次裁剪视频。单击鼠标左键选择中间裁剪的视频片段，按"Delete"键将其删除，如图4-82所示。删除多余的视频片段后，两段视频将自动衔接在一起。

STEP 04 单击"转场"按钮，在转场面板的下拉列表中选择"推动"选项，在打开的面板中选择"单向"选项，如图4-83所示。

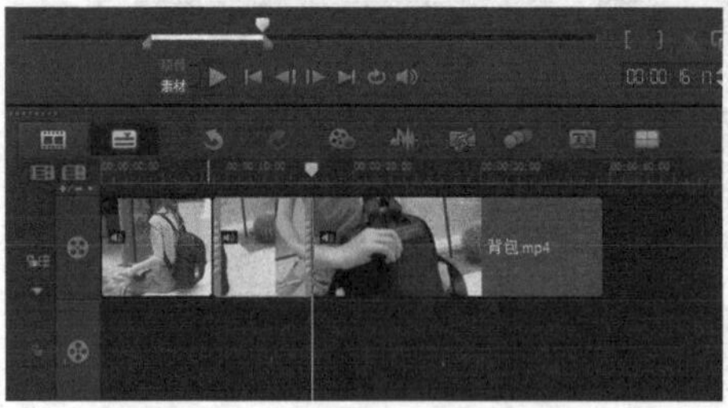

图 4-82 删除多余视频片段

图 4-83 选择转场

STEP 05 按住鼠标左键将该转场效果拖动至视频轨中两段视频的衔接位置，如图4-84所示。

STEP 06 单击"播放修整后的素材"按钮▶，查看转场的动画效果，如图4-85所示。

图 4-84 添加转场效果

图 4-85 预览转场效果

STEP 07 单击"标题"按钮**T**，在打开的"标题"素材库中选择第2行第3个标题样式，将其拖动到标题轨上，如图4-86所示。

STEP 08 在项目时间轴中双击标题，或在预览面板中双击标题，进入字幕修改的编辑状态，输入"轻松时尚 优雅出行"。打开"选项"面板，设置其字体为"方正综艺简体"，设置字体大小为"50"，设置色彩为"白色"，如图4-87所示。

图 4-86 选择预设标题

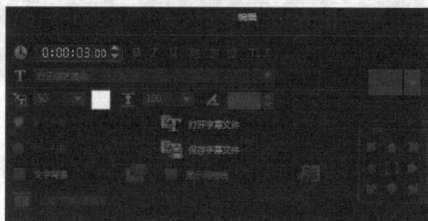

图 4-87 设置字体格式

STEP 09 选择标题轨中的字幕，将鼠标指针移动至字幕右侧的边线上，当其变为向右的箭头时，按住鼠标左键并进行拖动，调整字幕的播放时长，如图4-88所示。

STEP 10 单击"播放修整后的素材"按钮▶，查看字幕的动画效果。单击"标题"按钮**T**，视频预览面板中出现"双击这里可以添加标题。"字样，双击并输入"质感拉头 拉合顺畅"，设置字体大小为"30"，单击"粗体"按钮**B**取消文字加粗效果，然后拖动字幕至视频右下方，如图4-89所示。

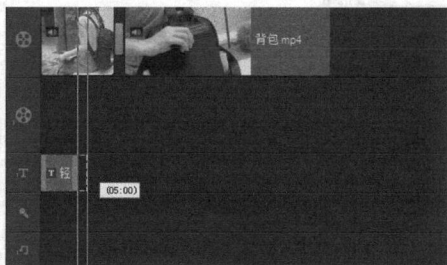

图 4-88 调整字幕的播放时长

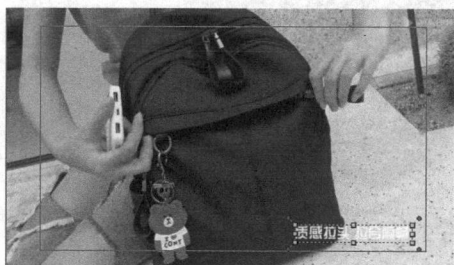

图 4-89 输入标题并设置格式

STEP 11 单击选中"文字背景"复选框，单击"自定义文字背景的属性"按钮，打开"文字背景"对话框。在"背景类型"栏中单击选中"与文本相符"单选项，在下方的下拉列表中选择"矩形"。在"色彩设置"栏中单击选中"单色"单选项，设置色彩为"浅灰"，单击 确定 按钮，如图4-90所示。

STEP 12 在"选项"面板中单击"属性"选项卡，单击选中"应用"复选框，在右侧的下拉列表中选择"淡化"选项，在下方的列表框中选择第1行第2个选项，如图4-91所示。

图 4-90 设置文字背景

STEP 13 调整字幕的播放时长，如图4-92所示。预览播放效果，并在视频中添加其他字幕。

图 4-91 设置字幕动画效果

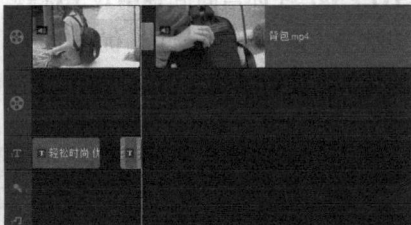

图 4-92 调整字幕时长

STEP 14 选择【文件】/【将媒体文件插入到时间轴】/【插入音频】/【到音乐轨】命令，如图4-93所示。

经验之谈

也可将声音素材添加到素材库之后，从素材库面板中直接拖动到音乐轨中。

STEP 15 在打开的对话框中选择音频素材"背景音乐.wma"（配套资源:\素材文件\第4章\背景音乐.wma），单击 打开(O) 按钮，音频素材将被导入音乐轨中，如图4-94所示。

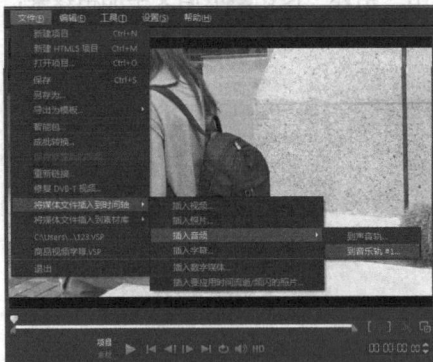

图 4-93 选择导入命令

图 4-94 插入音乐素材

STEP 16 在音乐轨的背景音乐素材上单击鼠标右键，在弹出的快捷菜单中选择"复制"命令，将鼠标指针移动到音乐素材后方并单击鼠标左键，粘贴素材，如图4-95所示。

STEP 17 拖动滑轨至视频轨素材结束的位置，单击"根据滑轨位置分割素材"按钮█，音频素材将被裁剪为两段。选择第2段音频素材，按"Delete"键删除，如图4-96所示。

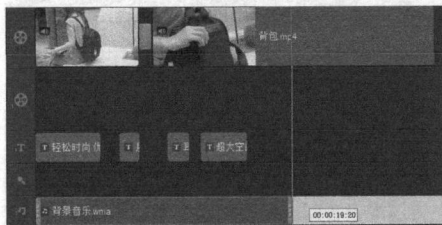

图 4-95　复制音乐素材

图 4-96　删除多余音乐轨素材

STEP 18 选择第1段音频素材，单击 选项 ∧ 按钮，打开"选项"面板，单击"淡入"按钮█。选择第2段音频素材，单击"淡出"按钮█，如图4-97所示。

STEP 19 在"选项"面板中单击"音频滤镜"按钮█，打开"音频滤镜"对话框，在"可用滤镜"列表框中选择"音量级别"选项，单击 添加(A)>> 按钮。单击 选项(O)... 按钮，打开"音量级别"对话框，拖动滑块设置音量级别为"7"，依次单击 确定 按钮，如图4-98所示。

图 4-97　设置音频的淡入淡出效果

图 4-98　设置音量级别

STEP 20 为另一段音频设置相同的音频滤镜。将滑轨拖动到视频起始处，单击"播放修整后的素材"按钮▶，查看整个视频的效果，如图4-99所示。

图 4-99　查看效果

STEP 21 按"Ctrl+S"组合键保存文件（配套资源:\效果文件\第4章\背包主图视频.vsp）。在会声会影操作界面顶部单击"共享"选项卡，在右侧面板中的"文件名"文本框中输入"背包主图视频"，单击 开始 按钮，将其保存为MPEG-4格式的视频文件，如图4-100所示。

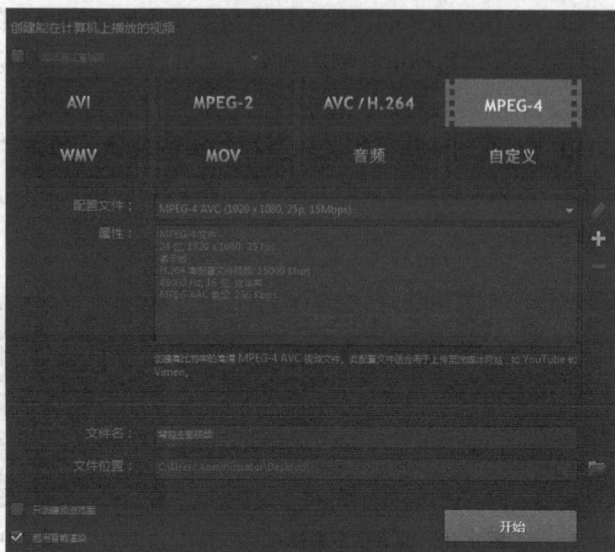

图 4-100 保存文件

💬 **经验之谈**

除了直接拍摄商品的主图视频之外，还可以将质量较好的商品图片组合成主图视频。选择一款视频编辑软件，依次导入商品图片，并添加合适的转场效果、特效、文字、声音等，然后保存为视频文件。

4.6 疑难解答

网店商品图片的拍摄和美化是开店过程中非常重要的环节，直接关系到商品的点击率和转化率。美化商品图片的目的是吸引消费者进行查看和了解，在美化商品图片的同时，还应该保证图片的清晰度和真实性。下面主要针对一些常见的商品图片拍摄和美化问题给出相应的解答和建议。

1. 商品图片有哪些拍摄技巧？

要拍出好看的商品图片，拍摄者首先应该具备基本的拍摄知识，除此之外，还可依靠一些小技巧使商品图片更美观。

- **保持相机稳定。** 为了能够拍出清晰的照片，拍摄者在进行拍摄时不仅可以通过正确的拍摄姿势来稳定相机，还可以借助三脚架等设备来保持相机的稳定和平衡。
- **调整角度感受光影效果。** 光影是摄影必须考虑的因素，在拍摄商品时，必须保证有足够的光线照射在商品上，同时为了使商品更有质感，也可以通过调整角度来呈现不同的阴影效果。

- **调整拍摄距离**。在拍摄商品时，需要根据实际情况来调整拍摄距离，有时候距离近一些，可以拍摄出更好的效果。在拍摄商品细节时，也可以拉近拍摄距离。一般来说，远景拍摄主要用于表现气势、强调整体；而近景拍摄和特写拍摄，更注重商品的细节刻画。
- **合理利用景深**。景深效果可以让主体商品更具有立体感，特别是当背景比较复杂时，景深效果可以使商品更突出。
- **构图**。商品的拍摄构图应该遵循画面简洁、排列平衡、主题突出的原则，可适当保留合理的留白空间，避免出现画面太复杂、重心不稳定、主题不明显等情况。

2. 商品详情页中经常会有拼图的情况，怎样进行拼图？

在商品详情页中，为了多角度展示商品，同时提升详情页整体的丰富性和美观度，可以对商品图片进行拼图。商品拼图效果可直接在 Photoshop 中制作，也可使用一些图像处理软件中的拼图功能来制作。以光影魔术手为例，通过光影魔术手系统提供的拼图模板即可快速制作商品拼图效果，将多张图片合并为一张图片进行显示。在制作详情页拼图效果时，也可适当保留一些空间用来添加商品文案，这样不仅可以丰富图片的内容，还可以起到对商品进行引导说明的作用。

3. 淘宝网店中不同用途的图片，其大小分别是多少？

淘宝网对上传的图片的大小有一定的要求，因此在制作和上传图片之前，首先需对图片的大小进行了解。表 4-1 所示为淘宝网中常见的图片尺寸及具体要求。

表 4-1　淘宝网中常见的尺寸及具体要求

图片名称	尺寸要求	文件大小	支持图片格式
店标	建议：80 像素 ×80 像素	建议：80KB	GIF、JPG、PNG
宝贝主图	建议：800 像素 ×800 像素	小于 3MB	GIF、JPG、PNG
店招图片	默认：950 像素 ×120 像素 全屏：1920 像素 ×150 像素	建议：不超过 100KB	GIF、JPG、PNG
全屏海报	建议：1920 像素 ×400~600 像素	建议：小于 50KB	GIF、JPG、PNG
轮播图片	默认：950 像素 ×460~650 像素	建议：小于 50KB	GIF、JPG、PNG
分类图片	宽度小于 160 像素，高度无明确规定	建议：小于 50KB	GIF、JPG、PNG
导航背景	950 像素 ×150 像素	不限	GIF、JPG、PNG
页头背景	不限	小于 200KB	GIF、JPG、PNG
页面背景	不限	小于 1MB	GIF、JPG、PNG

4.7 课后习题

（1）了解室内拍摄的相关知识，选择合理的拍摄角度和拍摄场景，拍摄清晰、美观的器皿商品图片，参考效果如图 4-101 所示。

图 4-101 拍摄器皿商品图片

（2）使用 Photoshop CC 2019 对素材图片（配套资源:\素材文件\第 4 章\玉镯 .jpg）的亮度、对比度、色调进行调整，使图片颜色更鲜明、色调更饱满，调整前后的对比效果如图 4-102 所示（配套资源:\效果文件\第 4 章\玉镯 .psd）。

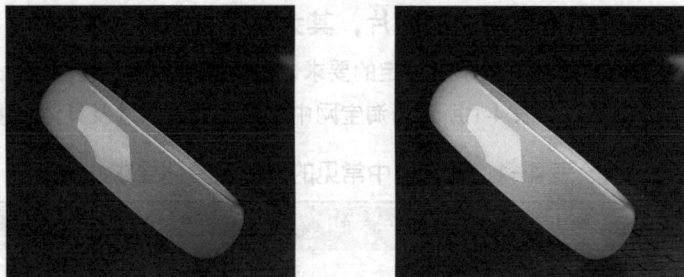

图 4-102 玉镯调整前后的对比效果

（3）为器皿商品拍摄视频，并对视频进行剪辑、制作，以及对视频添加背景音乐、字幕等，图 4-103 所示为参考效果图。该主图视频主要展现了器皿的使用场合和过程，读者可借鉴其效果。

图 4-103 主图视频参考效果

05

网店的设计与装修

网店的视觉展示效果在很大程度上决定着消费者对网店的印象。其中主图、首页和商品详情页则是展示网店视觉形象的窗口。设计并做好这些内容，然后装修好网店，不仅可以体现店铺风格，还能获得消费者的好感和认同感，是网店经营成功的重要因素之一。本章将对主图，首页中的店招和导航，以及详情页等的设计与制作进行介绍，并将制作好的内容插入网店页面中，以提升网店对消费者的吸引力。

案例导入

在淘宝网成立之初，宋妍就加入了淘宝，成为一名淘宝商家。最初，身边的朋友、亲人都很不理解她的做法，认为网上购物荒诞不经，宋妍此举是"竹篮打水"。但随着网络的发展及宋妍的成功，不少朋友逐渐转变了看法，陆续加入淘宝，只是还比不上经营已久的宋妍。

然而当淘宝网发展得越来越好时，新的功能、活动层出不穷，宋妍逐渐感觉到自己越来越力不从心了。于是她聘用了一位客服人员，帮助她处理淘宝订单，自己则作为消费者，深入体验了淘宝网新出的各种功能。

宋妍在体验了各种功能，并浏览了相关行业的其他店铺后，决定将自己的店铺重新装修，统一首页、店铺微淘页面、宝贝分类页面和商品详情页的风格。首先，宋妍找了一家口碑好和效率高的线上装修店铺，负责对首页和店铺微淘页面进行装修；然后再重新拍摄了商品照片，增加了商品视频；最后结合店铺风格，设计了商品详情页。

做完这一切后，宋妍还通过淘宝大学，学习了有关店铺装修的知识，根据商品上新、活动开展等更新了店铺首页。宋妍的店铺也因为精美的装修和商品详情页细致的描述，吸引了消费者的关注，积累了一批稳定的消费者。

5.1　店铺视觉设计

电商市场竞争激烈，商家要想获得更多消费者的关注，就需要通过具有视觉吸引力的店铺装修来吸引消费者的视线。对于网店运营来说，视觉设计不仅仅是美观的页面设计，它是融合了店铺品牌文化、品牌形象与商品价值的一种综合运营手段。好的视觉设计效果会直接影响消费者的浏览、选择和购买行为，为店铺创造直接的销售价值。

↘ 5.1.1　认识视觉营销

网上店铺的视觉营销是指利用色彩、图像、文字等元素冲击消费者的视觉，吸引消费者对店铺和商品的关注，从而达到提升店铺流量、转化率和销售额的目的。视觉营销是网店必不可少的一种营销手段。成功的视觉营销不仅可以刺激消费者的购物欲，促成交易，还能够将消费者发展成为店铺忠实的消费者，增加消费者与店铺之间的黏性。

淘宝店铺的视觉营销主要通过图片、文字、色彩来传达信息和表现商品。一般来说，图片要构图合理、精致美观，能够快速吸引消费者；文字要简洁精辟、贴合商品，同时符合目标消费者的情感需求；色彩要饱满、搭配合理，能够与品牌、商品等相契合；产品要特点突出、实用美观，能够让消费者产生查看和购买的冲动。图 5-1 所示为某店铺的首页，该首页为了突出"双 11"活动的氛围，采用了红色为主色，给消费者非常强烈的视觉冲击，能快速吸引消费者的视线。首页的结构则以全屏海报、活动说明和活动信息介绍为主，条理清晰，卖点突出，对消费者有很大的吸引力。

↘ 5.1.2　商品主图视觉设计

消费者在淘宝中搜索商品时，首先看到的就是商品主图效果，只有对主图效果比较满意，才会进一步查看价格、销量、品牌等信息。主图是吸引消费者的第一步，主图中所展示的商品款式、风格、颜色等信息直接影响着消费者对商品的喜爱程度，所以在设计商品主图时，应该格外注意素材选择、摆放构图等是影响主图视觉效果的因素。

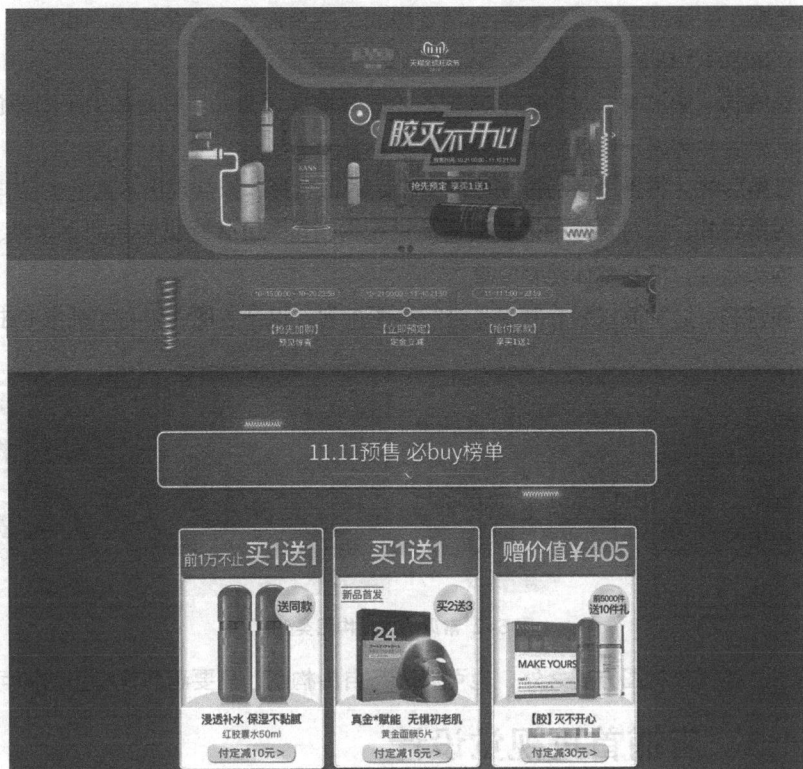

图 5-1　店铺首页

1. 素材选择

素材选择一般应该遵循清晰整洁、曝光合理、尺寸合适、商品完整的原则。

- **清晰整洁。**清晰整洁是主图设计的首要条件，模糊杂乱的图片非常影响图片整体的视觉效果，同时，还容易降低商品的整体格调，不利于表现商品的真实价值，难以让消费者产生信任。
- **曝光合理。**曝光合理的图片更能表现商品的实际颜色和实际外观；曝光不足的图片显得暗沉，影响商品的质感；曝光过度的图片则图片泛白，影响商品细节的展示。
- **尺寸合适。**在详情页中查看主图效果时，可以对 800 像素 ×800 像素以上的主图进行放大，为了便于消费者更加清晰地了解商品的外观和细节，建议主图采用合适的尺寸。
- **商品完整。**在主图中表现商品时，应该以商品为图片重点，同时保证商品的完整性。主图中也可以添加细节图，但一般不将细节图作为首张主图。

2. 摆放构图

需要同时展示很多小件商品或多种不同颜色的商品时，合理的摆放构图可以让画面更加美观。一般来说，摆放构图包括直线式、三角形式、对角线式、辐射式 4 种主要类型，如图 5-2 所示。

- **直线式。**通过直线排列的形式整齐、美观地展现商品，将商品的不同颜色、不同款式并列展示给消费者，供消费者查看和选择。
- **三角形式。**将多个商品排放成均衡稳定的三角形，以展现出丰富的商品样式。
- **对角线式。**以对角线的形式对商品进行构图排列，体现出商品的立体感、延伸感和动感，提升整体视觉效果。
- **辐射式。**以发散放射式对商品进行构图排列，提升主图的张力和视觉冲击力。

图 5-2 常见的摆放构图类型

除了上述摆放构图方式之外，也可以进行自由构图，只要画面美观整洁即可。

5.1.3 店铺首页视觉设计

淘宝店铺首页是淘宝店铺的形象展示窗口，其视觉设计效果的好坏往往会直接影响品牌推广、成交转化等。一般商家可以从色彩、布局两个方面进行店铺首页的设计。

1. 色彩

店铺首页的色彩设计通常是几种颜色的组合，包括主色、辅助色和点缀色。

- **主色。**通常用于彰显店铺的整体风格，使用范围最大，很容易给消费者留下第一印象。主色的选择一般与品牌的风格、文化、特征等相匹配。
- **辅助色。**通常用于辅助和补充主色，使用范围比较小，可以平衡主色带给消费者的视觉冲击，丰富页面的颜色层次，对整个画面起到渲染烘托的作用。辅助色可以是一种颜色，也可以是几种颜色。选择的辅助色应该与主色保持协调，可以选择对比强烈的颜色作为主色和辅助色，例如黑色为主色，白色为辅助色。也可以选择同类色作为主色和辅助色，让画面更加和谐统一。
- **点缀色。**通常用于进行整体点缀，使用范围较小，与主色的对比比较明显，可以起到画龙点睛或重点醒目的作用，例如"价格""抢购"等信息多使用点缀色。

2. 布局

店铺首页布局是指对店铺模块的组合和排列。合理的首页布局不仅能提升店铺首页的整体视觉效果，还能对消费者起到良好的引导作用，影响消费者的浏览和点击行为，因此要学会合理利用店铺的装修模块。

一般来说，淘宝店铺首页主要的装修模块包括以下几种。

- **店招**。店招即店铺招牌，位于首页最顶端，常用于展示店铺名称、最新活动、优惠促销等信息。店招的视觉效果一般与店铺整体风格保持统一，即在色彩、字体、修饰元素、风格等方面与首页其他模块保持协调。此外，店招中应该展现店铺品牌 Logo、店铺名称、品牌口号等重要信息。设计时，注意保持店招的简单美观，不要放置太多的信息。

- **页头导航**。页头导航不仅可以为消费者提供浏览跳转服务，还可以展示店铺最新的活动信息，让消费者快速了解店铺活动。其视觉设计通常与店招保持一致，也可体现反差和对比。图 5-3 所示即为店招和页头导航的设计。

图 5-3　店招和页头导航的设计

- **全屏海报／轮播海报**。精致美观的海报不仅能给消费者强烈的视觉冲击，吸引消费者进一步浏览首页，还能展示最新活动、最新商品等重要信息。海报的设计需要从色彩、构图、文字等多方面进行考虑，例如在色彩的运用上，可以选择黑白对比、原色对比、互补色对比、相邻色对比、色彩明度对比、色彩纯度对比等多种方式。在字体的运用上，通常选择与品牌风格相匹配的字体，同时还应该在颜色、大小上进行对比。在构图的运用上，可以采用主图的构图方法或裁剪构图法，例如中心构图、九宫格构图、对角线构图、三角形构图等。图 5-4 所示为某店铺的全屏海报，在色彩的运用上，采用与商品颜色"黄色"相近的色彩，并通过调低其饱和度来突出商品，营造了一种温暖的气氛。在字体上则通过红色文字来突显重点信息。该海报的构图采用了左图右文的方式，通过美观的商品摆放和造型吸引消费者，再以优惠信息刺激消费者点击。

图 5-4　全屏海报

- **优惠券**。优惠券是店铺常用的推销手段，也是首页中非常常见的模块。优惠券的设计十分简单，其颜色和字体的选择通常以首页为基准，如图5-5所示。

图5-5　优惠券

- **商品（热卖）推荐**。主要用于展示店铺主推商品，同时吸引消费者进行查看和点击，是打造爆款、店铺营销的重要模块。商品推荐模块的设计可以参考海报、主图和详情页的设计要求，如图5-6所示。

图5-6　商品（热卖）推荐

- **页尾导航和搜索**。主要用于展示店铺活动、店铺规则等信息，搜索功能可以为消费者提供搜索服务，方便消费者搜索店铺中的商品。
- **客服中心**。主要用于展示客服信息，方便消费者随时联系。此外，当首页内容较多、篇幅较长时，也可以在页头、页中、页尾添加客服信息。
- **收藏**。主要方便消费者对店铺进行收藏，增加消费者的黏性，提高复购率。

在进行店铺首页布局设计时，店铺活动、促销信息等可以放在比较醒目的位置，例如放在店招中。导航、海报、轮播图片、首页视频、优惠券等一般都放在靠前的位置，推荐、热卖、新品等推销商品的模块紧随其后。此外，客服、收藏、关注等模块也要设计合理的摆放位置，一般不直接放置在页面中心。在布局的过程中，模块排列要错落有致，结构要清晰明了，可以将列表和图文合理搭配，以减少消费者的视觉疲劳。

💬 **经验之谈**

在设计店铺首页时，最好保持首页风格与类目、品牌的风格一致。例如服装类店铺的装修风格一般都比较华丽，多以模特、商品图片为主；运动、数码、五金等类目店铺的装修风格偏于稳重，颜色运用、店铺布局多呈现金属感、科技感等。除此之外，店铺首页的布局也要合理规划每一屏的内容，例如现在主流的店铺首页设计中，首屏几乎都是全屏轮播海报或全屏图片，第二屏再依次放置商品图、商品搭配图，或者商品视频等，呈现"全屏海报（轮播图片）+产品类别（单品推广、产品参数）"的结构。

↘5.1.4　商品详情页视觉设计

商品详情页是消费者点击商品主图后打开的页面，是影响商品转化率的重要页面，如图5-7所示。从营销的角度看，详情页的主要作用为说明商品的具体信息、引起消费者的兴趣、树立店铺的形象等，因此在设计商品详情页时，需要对整体美观性、商品展示、品牌推广等因素进行综合考虑。

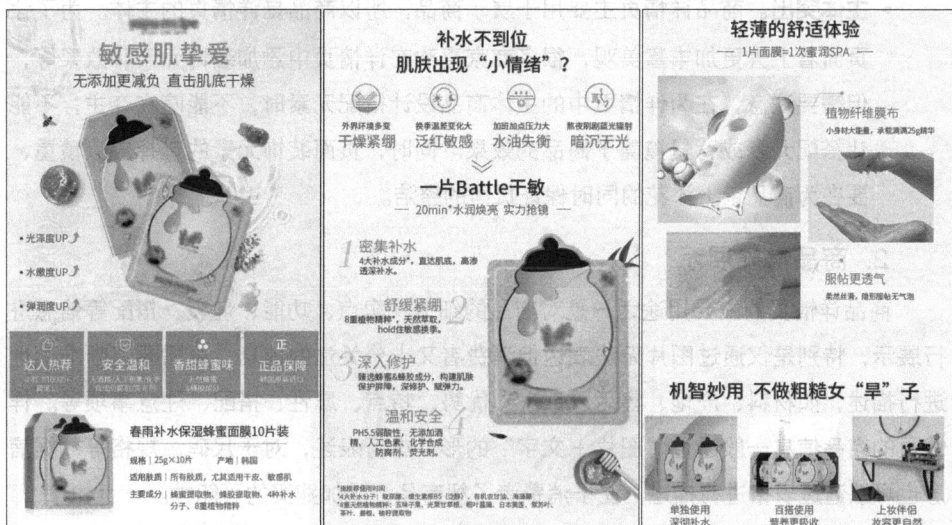

图5-7　详情页的视觉效果

1. 详情页整体页面设计

商品详情页的设计风格和设计方式一般需与商品特质契合，没有固定的模式，但无论采用何种风格与方式，美观大气、方便消费者等都是必须优先考虑的因素。此外，还可以遵循一些基本的设计技巧，提升商品详情页的整体美观性。

• **页面生动**。商品详情页的效果好坏并不取决于页面长度。长页面可以展示更多商品和品牌的相关信息，但过长的页面也会影响页面加载速度，容易使消费者产生厌倦感。为了维持消费者的耐心，吸引他们持续浏览，应该对详情页的展示逻辑和展示结构进行设计，同时不断与消费者进行"交流"，用生动的图片、亲切的文字、新颖的版式提高消费者对商品的好感度。

- **页面氛围良好。** 良好的页面氛围不仅可以进一步烘托商品的特点，充分体现商品的价值，还能将消费者带入相应的氛围中，激发消费者的购买欲。例如节日促销时，详情页的氛围通常比较火热；森女系服装，详情页的氛围就比较清新文艺。详情页氛围的营造需要构建在商品特质和特点的基础上，与商品相匹配，才能提高消费者对商品的好感度。

- **服务消费者。** 不同类型的商品有不同的目标消费者，针对目标消费者的喜好设计的页面才能更大程度地迎合消费者，例如使用目标消费者熟悉且认可的语言、使用目标消费者喜欢的颜色和版式、使用目标消费者喜爱的模特等。除了页面设计风格之外，在页面逻辑设计上也应该满足消费者的需求，将消费者关注的信息放在靠前或明显的位置，如颜色、尺码、品牌、细节、售后等。

- **主体突出。** 商品详情页主要用于展示商品，所以商品是详情页的主体。为了让页面看上去更加丰富美观，很多商家喜欢在详情页中添加装饰元素和效果等，但需要注意，在为详情页中的主体商品设计搭配元素时，不能喧宾夺主，不能让搭配元素或背景掩盖了商品的效果。同时，页面装饰元素的选择应该慎重，要在为商品锦上添花的同时保证页面的整洁。

2. 商品信息展示

商品详情页的主要用途之一是对商品的细节、卖点、功能、包装、搭配等信息进行展示，特别是仅通过图片无法表达但消费者又十分关注的信息，更需要清晰准确地进行描述，如材料、产地、售后、厂家、优势、特点、属性、搭配、注意事项等。详情页的商品信息一般通过"图片＋文字"的形式进行表述，对于尺码、规格等数据信息也可以通过表格进行描述，便于消费者了解商品，增加购买的可能性。

3. 品牌推广

详情页的内容主要包括商品展示、品牌展示、促销推广、售后和物流等信息，其中品牌展示是对品牌名称、品牌荣誉、品牌资质、品牌知名度等信息进行展示，可以有效提升消费者对品牌的认同感和信任感。在设计详情页时，可以将品牌信息自然地引入商品描述中，还可以营造专属的品牌氛围，帮助消费者形成对品牌的记忆，达到提高复购率、增强用户忠诚度的目的。

↘5.1.5　移动端店铺视觉设计

淘宝移动端作为淘宝店铺最大的流量入口和成交入口，其装修设计效果在很大程度上会直接影响整个店铺的销售额，因此在进行淘宝移动端店铺的视觉设计时，一定要抓住移动端的特点，设计出真正符合移动端消费者需求的效果。

1.移动端店铺视觉设计原则

从消费者的角度分析，移动端店铺最大的特点就是可以随时随地访问店铺，购物操作简单快捷，因此移动端的店铺视觉设计也应该符合这一特点。

- **信息简洁。**移动端店铺受页面大小限制，能展示的内容十分有限，为了达到快速传播有效信息的目的，在设计移动端店铺时，应该尽量保持内容上的精简。
- **多用图片。**移动端店铺的视觉设计应该以图片为主，手机屏幕不方便展示太多文字信息，因此必须先用图片吸引消费者的注意，再用图片展示商品和店铺信息，最后通过少量文字辅助说明重点内容。
- **结构清晰。**移动端店铺的模块必须分类清晰、少而精，方便消费者快速选择查看。
- **色彩搭配。**移动端店铺的色彩搭配、装饰风格通常可以与 PC 端保持一致，基于品牌特征、商品特征进行搭配和装饰。由于手机屏幕的浏览面积比较小，所以建议尽量采用鲜亮的颜色，有利于提高画面的清晰度、美观度，同时更便于消费者阅读。

2.移动端店铺首页设计

移动端店铺首页的模块主要包括店招、焦点图、优惠券、活动区、分类区、商品区、推荐区等。移动端店铺首页设计通常以大模块的形式从上而下进行排列，例如以店招、焦点图、优惠券、商品区的顺序进行排列，如图 5-8 所示。

- **店招。**移动端店铺的店招设计与 PC 端比较类似，色彩、文字、构图、装饰等皆以首页的整体风格为基准。但与 PC 端的店招相比，移动端店铺的店招在信息和版面上更简洁。
- **焦点图。**焦点图可以是单张海报，也可以是轮播海报。移动端店铺的焦点图在配色、构图、字体的选择上与 PC 端类似，多采用鲜亮的颜色，同时文字信息十分简洁，以突出主题为主要目的。
- **优惠券。**优惠券应设计简单、信息简洁，颜色与首页整体色调保持一致，通常多在文字、排版上下功夫，同时注意优惠信息的说明要清晰准确，方便消费者领取和使用。
- **商品区。**移动端店铺的商品展示与 PC 端类似，文字说明十分简洁，重点体现商品的外观、功能等，同时可以突出显示商品的价格、促销等信息。此外，在商品的分类展示和排列上，可以在默认模板样式中添加一些变化，以增加趣味性和视觉性。

图 5–8　移动端店铺首页布局

3. 移动端店铺详情页设计

移动端店铺的详情页和 PC 端店铺的详情页区别比较大，尺寸大小、布局结构、详情展示等方面均存在区别，不能直接套用 PC 端的详情页设计，建议单独进行设计。

移动端店铺的详情页设计在色彩、构图、文字等方面的要求与 PC 端一致，为了更好地吸引消费者的注意力，也需要在页面风格、页面氛围、主体表现等方面多下功夫。此外，移动端店铺的详情页设计更需要突出图片的表现力和浏览的便利性，所以宜将图片尺寸保持在 480 像素 ×620 像素左右，高度不超过 960 像素，保持一屏一图的标准。移动端消费者的浏览速度比较快，在详情页的前几屏就要突出产品的优势和特点，以求吸引消费者的注意力。

与 PC 端详情页相比，移动端详情页的信息更简洁，但产品信息说明必须完整、清晰、准确。在选择色彩搭配时，尽量选择鲜亮的颜色，文字字号不宜太小，保持画面清晰，展示细节和颜色，以利于消费者阅读和选择。

此外，移动端详情页要善用主图功能，丰富主图图片内容，并添加主图视频，以方便消费者快速了解产品信息。

5.2　电商文案的策划与写作

在网店运营的过程中，文案常与图片、视频等搭配出现，既可以作为对商品的补充介绍，也可以宣传推广品牌，树立品牌形象。根据文案的作用，可以将文案分为品牌文案、商品文案、主图文案、商品详情页文案、推广文案等不同的类型。商家需要掌握文案的策划与写作方法，以更好地宣传店铺或品牌，提高品牌形象，增加消费者对品牌的好感和信任度。

↘5.2.1　文案的策划

当消费者不了解商品时，就需要通过文案对商品进行介绍。在进行文案写作之前，首先需要对文案进行策划。一般来说，策划网店文案时主要可从以下几个方面着手。

- **分解商品属性**。分解商品属性即明确商品功能，突出商品优点。要策划出好的文案，必须充分了解商品有文案价值的属性。例如某户外帐篷的特点是安全牢固、便于安装，那么"安全牢固、便于安装"就是该户外帐篷较有文案价值的属性，在文案中突出这一点，即可吸引不会搭建帐篷或懒于搭建帐篷的消费者。

- **明确顾客群**。准确定位目标人群是文案策划的基础。由于职业、收入、性格、年龄、生活习惯、兴趣爱好等不同，消费者的消费习惯也不一样。因此，需对消费者的消费行为进行具体分析，了解消费的原因和目的，才能更贴切地针对产品的属性写出具有较强针对性的文案。例如经调查发现，大部分年轻的手机用户对手机摄像头的像素要求都比较高，公司在推出这类手机时就可以从时尚、外形、摄像头像素等方面进行宣传。

- **分析利益点**。消费者在选择某个商品时，会考虑该商品多个方面的属性，如实用性、便利性、操作感、安全性等。为了让消费者可以在层层考量中选择我们的产品，就需要直白地将利益点分析给消费者。分析利益点也是强调商品优点的一种手段，清楚地告诉消费者这个利益点可以带给他什么，比长篇大论地描述商品功能更有效果。

- **定位使用场景**。定位使用场景是指给消费者指明商品的使用场合。很多时候，商品不仅仅具有通用功能，在某些特殊时候或场景中使用时，可能会有意料之外的效果。所以在策划文案时，可以对这些特殊场景突出介绍，这样不仅可以增加商品的隐性价值，还可以使消费者产生商品非常实惠贴心的想法。例如某衬衫的抗皱性比较好，那么在文案中则可以描述"精选舒适抗皱面料，不怕挤公交和地铁"这样的场景。

- **明确"竞争对手"**。商品的竞争对手并不仅指经营同类商品的经营者，还可以是环境、习俗、职业、场合等。例如太阳能电器对于电力稳定充足的地区而言，其稳定性不如电力电器，因此竞争对手不是其他电器，而是"电"，策划太阳能电器的文案时，就需要突出"不依赖电力，随时可用"的特性。

↘5.2.2　文案的写作

对于网店商品而言，文案与商品搭配出现可以起到展现商品价值、突出商品卖点的作用，文案的重要性不言而喻。但文案并非适合所有场合，例如重在展示商品外观的主图中通常就不会添加文案。

1. 主图文案

主图文案一般都语言精练、一目了然。好的主图文案一般需要做到3点：目标明确、紧抓需求、表达精练。

- **目标明确。** 一般来说，主图文案的作用是吸引消费者深入查看、点击或收藏。
- **紧抓需求。** 明确消费者希望从主图文案中得到的信息，消费者希望知道什么，主图文案中就要包含什么，如价格、品质、活动等。
- **表达精练。** 精确地表达消费者希望了解的信息。消费者在网上商店选择商品时，通常最先看到的都是主图，如果主图文案过多，消费者难以抓住重点而无法提取自己所需的信息，会直接放弃阅读，转而查看下一个商品，因此主图文案一定要精练，让消费者可以快速直白地初步了解商品，如图 5-9 所示。

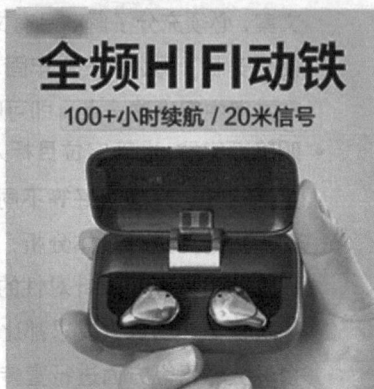

图 5-9　主图文案

2. 详情页文案

详情页文案与转化率息息相关。商家在出售商品时，不仅要吸引消费者查看商品，还需要促成消费者的购买行为，而详情页文案就是促成消费者购买的有效手段。

与主图文案一样，在制作详情页文案时，首先应明确制作该文案的目的。详情页文案的目的主要包括以下几种。

- **引发消费者兴趣。** 引发兴趣是吸引消费者关注的第一个环节，一般可从品牌介绍、焦点图、目标客户场景设计、产品总体图、购买理由、使用体验等方面进行考虑。图 5-10 所示为商品的功能卖点文案，通过这些内容消费者可以了解商品信息并产生继续阅读的兴趣。
- **激发消费者需求。** 激发消费者需求是引发消费者兴趣的进一步延伸，当消费者在是否购买之间摇摆不定时，通过激发消费者的潜在需求，可以提高消费者的购买意愿。简而言之，激发消费者需求就是给消费者一个购买的理由。
- **获得消费者信任。** 消费者购买商品的过程事实上就是对该商品产生信任的过程，只有获得消费者的信任，才能更顺利地卖出商品。商品的细节和用途、产品的参数展示、好评展示、真伪验证等都是获得消费者信任的有效手段，如图 5-11 所示。
- **打消消费者顾虑。** 打消消费者顾虑是获得消费者信任的一种延伸，向消费者传递购买后没有后顾之忧的信息，可以进一步激发消费者的购买欲望，商家品质保证、商品证书、商品价值展示、售后服务等都可以打消消费者的顾虑。

- **激发消费者购买欲**。通过优惠活动、促销活动等进一步激发消费者的购买欲望，传达出物超所值的信息，甚至可以引导消费者购买，帮助他们做出购买决定。

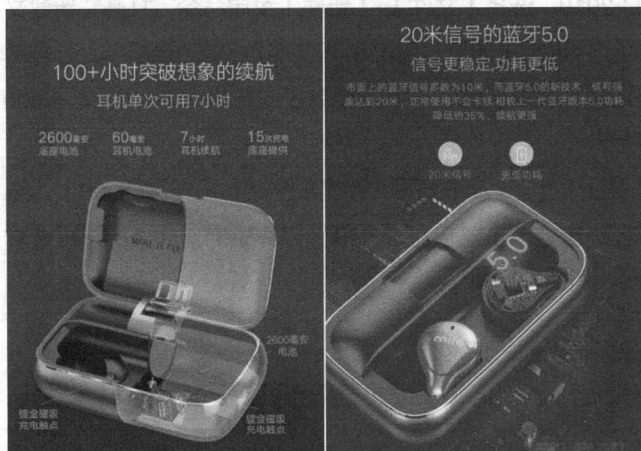

图 5-10　商品的功能卖点

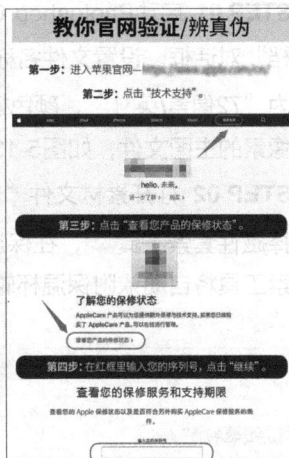

图 5-11　商品的真伪验证

5.3　设置主图

主图作为传递商品信息的核心，不仅身负展示商品的重任，同时还起到吸引消费者继续浏览、为商品引流的重要作用，主图效果的好坏在很大程度上影响着店铺的销量和排名。

5.3.1　主图的尺寸要求

主图的标准尺寸为 310 像素 ×310 像素的正方形图片。淘宝网中，800 像素 ×800 像素以上的图片可在商品详情页中使用放大镜功能，该功能可以放大主图细节，方便消费者通过主图查看更详细、更全面的产品细节。在淘宝 PC 端编辑主图时，一般可以上传 4~6 张不同角度的图片，也可以在主图中添加视频，进一步展示商品信息，如图 5-12 所示。

图 5-12　主图的展示

5.3.2　制作主图图片

通常来说，消费者浏览主图的速度较快。为了在淘宝搜索页的诸多主图中成功吸引消费者的眼球，在制作主图时，清晰且有创意的卖点展示、突出的主体商品展示、简洁大方的页面

微课视频

扫一扫 实例演示

效果都必不可少。下面介绍利用文本、形状等工具制作一张耳机主图的方法，其具体操作如下。

STEP 01 启动Photoshop CC 2019，选择【文件】/【新建】菜单命令，打开"新建文档"对话框，设置文件名称为"保温杯主图"，宽度和高度都为"800像素"，分辨率为"72像素/英寸"，颜色模式为"RGB颜色"，单击 创建 按钮新建一个800像素×800像素的主图文件，如图5-13所示。

STEP 02 打开素材文件"保温杯.jpg"（配套资源:\素材文件\第5章\保温杯.jpg），选择磁性套索工具 ⟩⟩，在保温杯边缘上单击鼠标左键，沿保温杯轮廓移动鼠标，磁性套索工具将自动依附保温杯轮廓，如图5-14所示。

图 5-13　新建主图文件

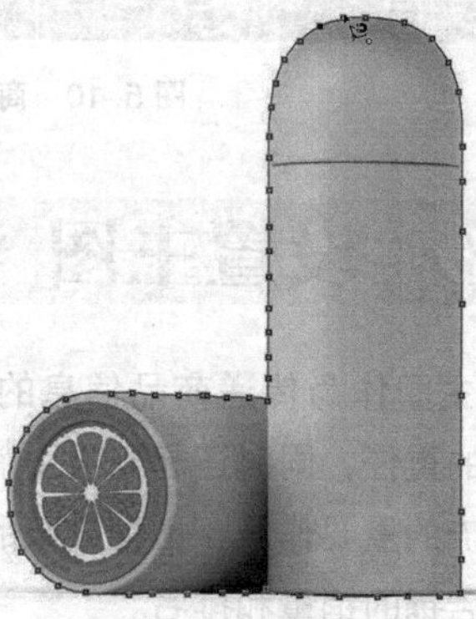

图 5-14　使用磁性套索工具

STEP 03 起始点与终点重合后将自动创建保温杯轮廓选区，然后选择移动工具 ✛，将保温杯选区拖动到新建的"保温杯主图"文件中。打开"保温杯背景.jpg"文件，将其移动到"保温杯主图"文件中，将该图层置于保温杯图层下方，效果如图5-15所示。

STEP 04 选择矩形工具 ▢，在形状属性工具栏中设置矩形的填充颜色为"无颜色"，描边颜色为"#f3d004"，描边宽度为"3像素"，如图5-16所示。

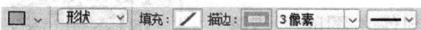

图 5-16　设置矩形属性

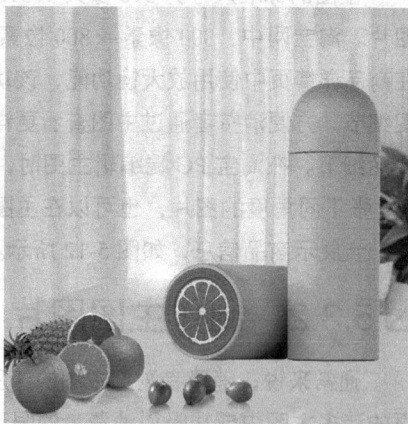

图 5-15　添加保温杯背景

STEP 05 拖动鼠标在左侧绘制矩形框，然后在"图层"面板中的矩形图层上单击鼠标右键，在弹出的快捷菜单中选择"栅格化图层"命令，将矩形图层栅格化。选择矩形选框工具▦框选矩形，如图5-17所示。按"Delete"键将其删除。

STEP 06 选择横排文字工具**T**，设置字体为"Adobe 黑体 Std"，字号为"60点"，颜色为"#383636"，在矩形框中输入文字"实力保温保冷"，如图5-18所示。

图 5-17　绘制并编辑矩形框

图 5-18　输入文本

STEP 07 使用相同的方法，选择直线工具╱在文字下方绘制一条颜色为"#f3d004"、描边宽度为"3像素"的横线，然后输入图5-19所示的文字。

STEP 08 选择自定形状工具▨，在工具属性栏的"形状"下拉列表中选择图5-20所示的形状。

图 5-19　输入文本

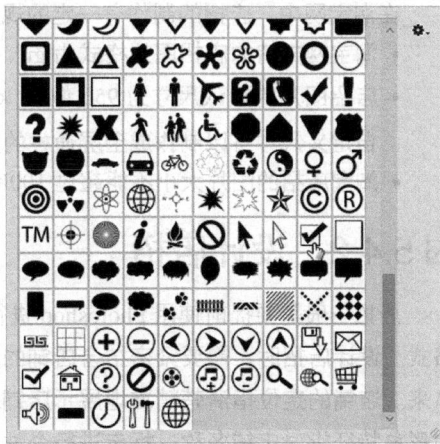

图 5-20　选择形状

STEP 09 拖动鼠标绘制形状，然后将形状放置到文字前方。按"Ctrl+J"组合键复制形状，并调整其位置完成主图的制作，效果如图5-21所示（配套资源:\效果文件\第5章\保温杯主图.psd）。

图 5-21　完成后的效果

5.4　设置店招和导航

店招和导航一般位于店铺的最上方，常在店铺的其他页面中同步展示，是店铺形象和风格的直观展示。因此商家需要对店招和导航进行设置，首先需设计出美观、有辨识度的店招和导航，再将其上传到淘宝店铺中。

5.4.1　店招制作规范

店招就是店铺的招牌，是网店装修中非常重要的一个模块。店招主要用于向消费者展示店铺名称和形象，其中可以包括图案、文字等多种元素。店招的表现形式较多，可以是静态店招，也可以是动态店招。静态店招的制作和设置比较简单，可以使用图片直接制作，也可通过代码等形式进行展示。动态店招的表现内容更丰富，主要以 gif 动画为主。

在淘宝网中，店招的制作有一定的规范性，下面对其注意事项进行介绍。

- 淘宝网支持的店招图片格式为 gif、jpg、png。
- 店招图片的默认尺寸为 950 像素 ×120 像素，大于该尺寸的部分将被裁剪掉。自定义尺寸可以制作成全屏通栏的宽度，即 1920 像素 ×150 像素。
- 淘宝店招的图片大小不能超过 100KB。

5.4.2　设计店招

店招一般需要提前使用 Photoshop 进行设计和制作，制作完成后保存为 jpg 或 png 格式。设计店招时，需要紧密结合店铺的定位和品牌的形象特征，并将其清楚地体现出来。店铺的定位指清楚精准地展示店铺的商品，以便快速吸引目标消费群体。品牌的形象特征指对店铺名称、标志进行个性化展示，使消费者对店铺产生基本印象，也便于店铺的宣传。

1. 设计常规店招

下面制作一个常规店招，主要展示店铺名称、店铺商品和优惠信息。在制作过程中，先设计店铺名称和标志，再用图形和文字进行装饰和说明。其具体操作如下。

STEP 01 启动Photoshop CC 2019，选择【文件】/【新建】菜单命令，打开"新建文档"对话框，设置文件名称为"女包常规店招"，宽度为"950像素"，高度为"120像素"，分辨率为"72像素/英寸"，颜色模式为"RGB颜色"，如图5-22所示。

STEP 02 单击 创建 按钮新建常规店招文件，然后选择横排文字工具 T，设置字体为"Adobe 黑体Std"，字号为"32点"，颜色为"#000000"，在店招左侧输入店铺名称"尚品轩"，如图5-23所示。

图 5-22　新建女包常规店招

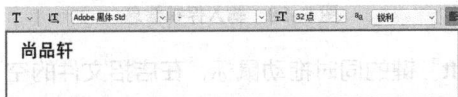

STEP 03 选择圆角矩形工具▢，在工具属性栏中设置填充颜色为"#f3002e"，描边为"无"，拖动鼠标在店铺名称下方绘制一个105像素×22像素的圆角矩形。然后选择横排文字工具 T，设置字体格式为"黑体、16点、倾斜、白色"，在圆角矩形上方输入"关注收藏>"文本，效果如图5-24所示。

图 5-23　输入店铺名称

图 5-24　绘制圆角矩形并输入文本

STEP 04 打开素材文件"女包.jpg"（配套资源:\素材文件\第5章\女包.jpg），使用魔棒工具 ✨ 在白色背景上单击，然后按"Ctrl+Shift+I"组合键反选选区，效果如图5-25所示。

STEP 05 使用移动工具 ✛ 将女包选区拖动到店招文件中，然后按"Ctrl+T"组合键进入自由变换状态，将鼠标指针放在女包四周的控制点上，向下拖动鼠标缩小图片，完成后在女包图层上单击鼠标右键，在弹出的快

图 5-25　选取女包选区

捷菜单中选择"水平翻转"命令，如图 5-26所示。

STEP 06 此时将水平翻转女包素材，按"Enter"键确认，将女包图层置于最底层，然后使用移动工具⊕调整店铺名称、女包素材、圆角矩形和收藏文字的位置，效果如图5-27所示。

图 5-27　调整图层顺序和位置

图 5-26　添加女包素材并调整其大小

STEP 07 选择圆角矩形工具▢，在工具属性栏中设置填充颜色为"#ffd21c"，描边为"无"，拖动鼠标在店铺名称下方绘制一个300像素×42像素的圆角矩形，如图 5-28所示。

STEP 08 选择横排文字工具T，设置字体为"Adobe 黑体 Std"，字号为"26点"，颜色为"#000000"，在店招左侧输入促销信息"周年大庆5折起包邮"，最后再将"5折"的颜色修改为"#ff0000"，效果如图5-29所示。

图 5-28　绘制圆角矩形

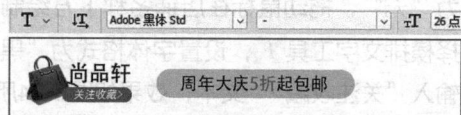

图 5-29　输入促销信息

STEP 09 选择椭圆选框工具◯，按住"Shift"键的同时拖动鼠标，在店招文件的空白处绘制一个正圆选区，如图5-30所示。

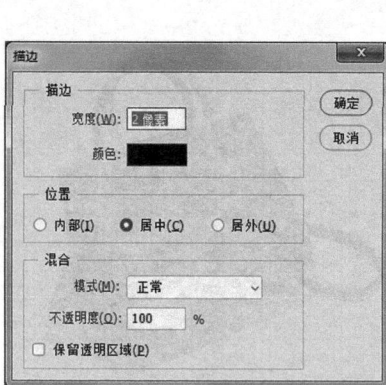

图 5-30　绘制正圆选区

图 5-31　描边选区

STEP 10 在"图层"面板中单击"创建新图层"按钮▢创建一个图层，然后选择【编辑】/【描边】菜单命令，打开"描边"对话框，设置描边宽度为"2像素"，描边颜色为"#181818"，单击 确定 按钮进行描边，如图 5-31所示。

STEP 11 按"Ctrl+D"组合键取消选区，选择横排文字工具 **T**，输入图5-32所示的文字。其中，"¥50"的字体为"方正大黑简体"，颜色为"#f3002e"，"满199可用"的字体为"方正黑体_GBK"，颜色为"#000000"，最后适当调整文字的大小。

周年大庆5折起包邮

¥50
满199可用

图 5-32　输入文字

STEP 12 在"图层"面板中选择圆形和文字图层，单击底部的"创建新组"按钮 ，设置组名称为"优惠"，将优惠信息编组，如图5-33所示。

STEP 13 选择"优惠"组，按两次"Ctrl+J"组合键复制组和组内容的图层，如图5-34所示。

图 5-33　对优惠信息编组

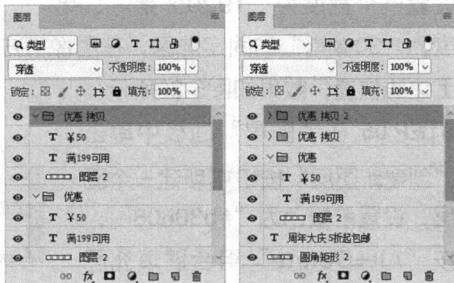

图 5-34　复制组和组内容的图层

STEP 14 选择移动工具 ，在工具属性栏中设置自动选择为"组"，移动复制后的优惠信息，使其排列整齐，最后再修改文字的内容，效果如图5-35所示（配套资源:\效果文件\第5章\女包常规店招.psd、女包常规店招.jpg）。

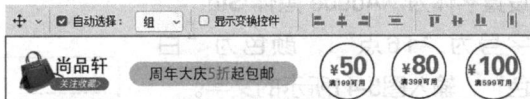

图 5-35　最终效果

2. 设计通栏店招和导航

通栏店招即宽度与显示器等长的店招。由于显示器的分辨率不一致，对通栏图片的显示完全度也不一样，为了保证店招中的主要信息在任何显示器中都能完整显示，需要在店招的左右两侧空出宽度为485像素的区域，不放置文案和图片。此外，通栏店招底部30像素高度的内容用于放置导航内容，下面在常规店招的基础上制作通栏店招，其具体操作如下。

微课视频

扫一扫 实例演示

STEP 01 新建大小为"1920像素×150像素"，分辨率为"72像素/英寸"，名称为"女包通栏店招"的文件，选择【视图】/【标尺】菜单命令在工作区显示标尺，效果如图5-36所示。

STEP 02 选择矩形选框工具 ⬚，在工具属性栏中设置样式为"固定大小"，宽度为"485像素"，在文件灰色区域的左上角单击创建选区，如图5-37所示。

STEP 03 从左侧的标尺上拖动参考线到选区右侧对齐，使用相同的方法在文件右侧创建参考线，效果如图5-38所示。

STEP 04 在矩形选框工具属性栏中设置一个宽度为"1920像素"、高度为"30像素"的固定选区，在图像下方单击创建选区，拖动上方的参考线到选区的上边线位置，效果如图5-39所示。

STEP 05 在"图层"面板中单击"创建新图层"按钮 🖿 新建一个图层，设置前景色为"#b30606"，按"Alt+Delete"组合键填充图层，效果如图5-40所示。

STEP 06 按"Ctrl+D"组合键取消选区，选择横排文字工具 **T**，设置字体为"Adobe 黑体 Std"，字号为"16点"，颜色为"白色"，输入图5-41所示的文字。

STEP 07 新建一个图层，选择矩形选框工具 ▓ 在文本"首页"上绘制一个矩形选框，然后设置前景色为"#ffd21c"，按"Alt+Delete"组合键填充选区。将选区所在图层拖动到文字图层的下方，并将"首页"文本的颜色修改为黑色，效果如图5-42所示。

STEP 08 选择"女包常规店招"文件中的所有图层，将其拖动到"女包通栏店招"文件中，使其位于导航上方的中间区域，效果如图5-43所示（配套资源:\效果文

图5-36 新建文件并显示标尺

图5-37 创建固定大小的选区

图5-38 添加参考线

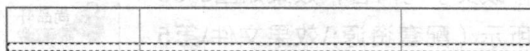

图5-39 创建导航位置参考线

图5-40 新建并填充图层

图5-41 输入导航文字

图5-42 编辑"首页"文本

件\第5章\女包通栏店招.psd、女包通栏店招.jpg）。

设计并完成店招的制作后，需要同时保留 psd、jpg 或 png 格式的图片，方便后期对店铺进行装修。

图 5-43　最终效果

↘ 5.4.3　上传店招

上传店招是店铺装修中比较基础的过程，淘宝网提供了默认店招、自定义店招两种店招样式。店招不一样，其上传方法也不一样。

微课视频

扫一扫 实例演示

1. 上传默认店招

淘宝网默认店招的尺寸大小为 950 像素 ×120 像素，超出该大小的店招，将无法完整显示。默认店招即常规店招，直接使用前面制作的女包常规店招图片即可上传，其具体操作如下。

STEP 01 进入淘宝千牛卖家工作台，在左侧列表中单击"店铺管理"栏中的"店铺装修"超链接，进入店铺装修页面。单击页面中的"PC端"选项卡，将鼠标放在打开页面的"首页"栏中，单击其右侧的 装修页面 按钮，如图5-44所示。

图 5-44　单击"装修页面"按钮

STEP 02 进入首页装修页面，将鼠标放在页面顶部的店铺招牌模块上，单击其右侧的 编辑 按钮，如图5-45所示。

图 5-45　编辑店招

在装修页面左侧的"首页"下拉列表中可选择其他装修页面，商家可根据需要进行其他页面的装修。

STEP 03 打开"店铺招牌"对话框，在"招牌类型"栏中单击选中"默认招牌"单选项，取消选中"是否显示店铺名称"复选框，单击"背景图"栏中的 选择文件 按钮，如图5-46所示。

STEP 04 在打开的界面中单击"上传新图片"选项卡，在"图层空间"中单击需要上传的店招图片，如图5-47所示。

图 5-46　设置店铺招牌

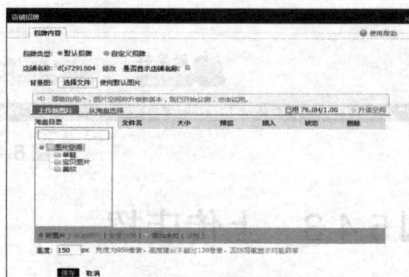

图 5-47　添加图片

经验之谈

取消选中"是否显示店铺名称"栏后的复选框是为了不在店招中自动显示店铺名称。淘宝网默认会在各个模块中显示当前模块的名称，但是为了店铺页面的美观，通常会取消显示名称。

经验之谈

若图片已上传至素材中心，可直接在淘盘中进行选择。

STEP 05 打开素材中心，单击页面右上角的 上传 按钮，打开"上传图片"对话框，直接将需要添加的图片拖动到该对话框中，此时素材中心将自动上传，并打开"上传结果"对话框显示上传结果，如图5-48所示。完成后单击 确定 按钮。

图 5-48　上传店招图片

经验之谈

在"上传图片"对话框中单击"上传"超链接，在打开的"打开"对话框中也可进行图片的上传操作。

STEP 06 返回店铺装修页面，单击"从淘盘选择"选项卡，在打开的界面中选择需要上传的图片即可，如图5-49所示。

STEP 07 返回"店铺招牌"对话框，可以查看插入的店招图片，单击 保存 按钮进行保存，如图5-50所示。

图 5-49　上传图片

图 5-50　查看并保存店招设置

STEP 08 完成后单击页面右上角的 预览 按钮，即可预览店招效果，如图5-51所示。

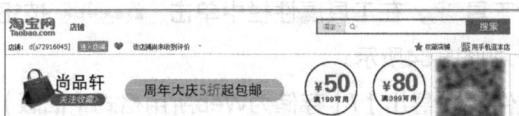

图 5-51　查看店招效果

2. 设置背景色

由于默认店招的宽度为950像素，无法全屏覆盖店铺页面，所以在使用了默认店招后，为了使店招和背景相协调，不至于显得突兀，可将背景色设置为店招的主色调。其方法为：在 Photoshop 中将店招主色调的颜色数值分析出来，然后在淘宝装修页面左侧选择"页头"选项卡，在打开的页面中单击"页头背景色"栏后的色块，在打开的"调色器"对话框中输入颜色数值，然后单击 确定 按钮，如图 5-52 所示。需要注意的是，该方法比较适合背景色较简单的店招，否则建议使用自定义店招。

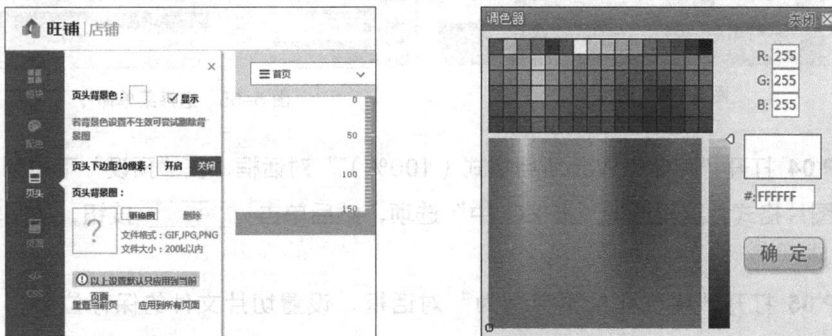

图 5-52　设置页头背景色

3. 上传自定义通栏店招

自定义店招的大小一般为 1920 像素 × 120 像素或 1920 像素 × 150 像素。当店招高度设置为 150 像素时，店招图片将覆盖淘宝原有的导航区域，此时在自定义全屏店招时，同时也需要自定义导航条。自定义通栏店招的原理是：将通栏店招中间宽度为 950 像素的部分单独保存起来，将其设置为普通店招。然后将全屏店招的整张图片设置为页头背景，使其与普通店招部分完全重叠，形成全屏的效果。因此这里需要使用 Photoshop 进行切片，以保证两张图片的像素完全重合，不会产生位移。此外，为了不影响显示效果，在设计全屏海报时，建议左右两侧宽度为 485 像素的范围内最好不要放置内容。此外，上传自定义店招时，还可在店招中添加跳转链接。下面介绍上传自定义通栏店招的方法，首先使用 Photoshop 进行切片，再进行设置，其具体操作如下。

STEP 01 使用 Photoshop CC 2019 打开前面制作的"女包通栏店招.psd"文件，将文件中的导航参考线拖动到图片外，如图 5-53 所示。

STEP 02 选择切片工具 ，在工具属性栏中单击 基于参考线的切片 按钮，基于参考线的位置对图片进行切片，如图 5-54 所示。

STEP 03 选择【文件】/【导出】/【存储为 Web 所用格式（旧版）】菜单命令，如图 5-55 所示。

图 5-53 绘制选区

图 5-54 切片

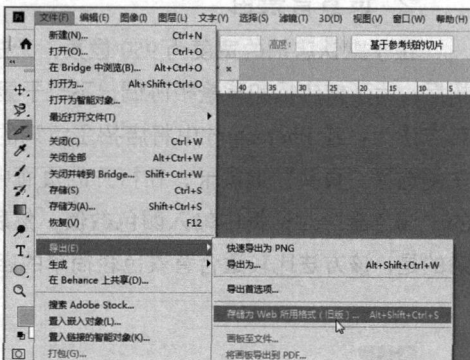

图 5-55 选择菜单命令

STEP 04 打开"存储为 Web 所用格式（100%）"对话框，在"预设"下拉列表中选择图片格式，这里选择"JPEG 中"选项，然后单击 存储… 按钮，如图 5-56 所示。

STEP 05 打开"将优化结果存储为"对话框，设置切片文件的保存位置，单击 保存(S) 按钮完成切片，如图 5-57 所示。

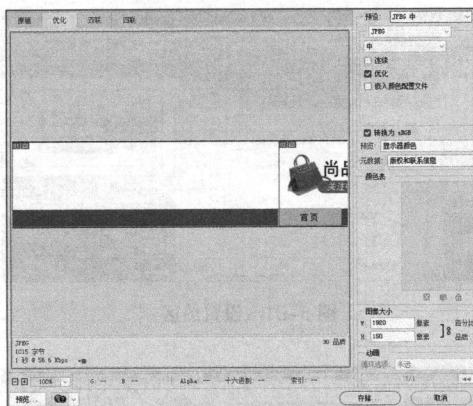

图 5-56 设置存储图片的格式

图 5-57 保存切片文件

STEP 06 登录淘宝干牛卖家工作台，将完成切片的图片上传到图片空间。在百度中搜索并打开"码工助手"，在码工助手的"装修工具"栏中单击"淘宝/天猫布局代码工具"选项，如图5-58所示。

STEP 07 切换到淘宝图片空间，将鼠标指针移到全屏店招中间部分的切片图片上，单击"复制链接"按钮，复制该图片的链接，如图5-59所示。

图 5-58 打开码工助手

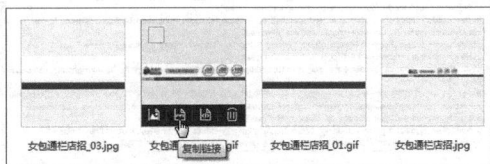

图 5-59 复制链接

STEP 08 切换到码工助手"在线布局"页面，将鼠标指针移到左上角，在打开的界面的"高"文本框中输入"150"，在"背景图"文本框中按"Ctrl+V"组合键粘贴刚才的图片地址，如图5-60所示。

STEP 09 此时，全屏店招中间部分的切片图片将显示在码工助手中，在页面上方单击 热区 按钮，添加一个热区，打开热区的"属性面板"对话框，在其中可以设置跳转链接，即单击该热区，即可跳转到相应的网页。调整热区至合适大小，然后在"链接地址"文本框中输入跳转地址，如图5-61所示。

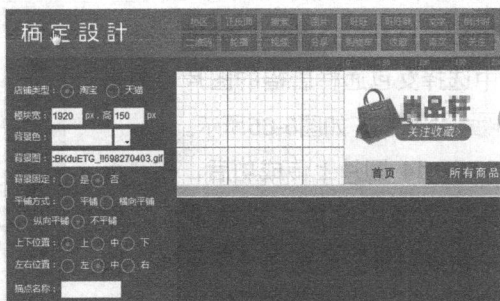

图 5-60 粘贴图片地址

STEP 10 按照该方法，为其他需要添加链接的区域设置热区，并为导航部分设置热区，输入正确的导航链接，添加完成后的效果如图5-62所示。

STEP 11 单击"在线布局"页面右上方的 生成代码 按钮，在打开的对话框中单击 导出代码 按钮导出代码，然后单击 复制HTML代码 按钮，如图5-63所示。

STEP 12 切换到淘宝店铺装修页面，在店招右侧单击 编辑 按钮，打开"店铺招牌"对话框，单击选中

图 5-61　设置热区

图 5-62　完成其他热区的添加

"自定义招牌"单选项，单击"源码"按钮，在下面的文本框中按"Ctrl+V"组合键粘贴刚才复制的代码，在"高度"文本框中输入"150"，单击 保存 按钮，如图5-64所示。

图 5-63　导出并复制代码

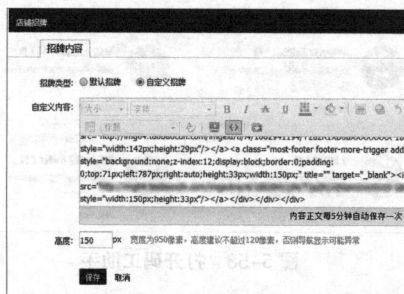

图 5-64　粘贴代码

STEP 13 在页面左侧选择"页头"选项卡，在打开的页面中单击 更换图片 按钮，打开"打开"对话框，在其中选择女包通栏店招的图片，单击 打开(O) 按钮，如图5-65所示。

STEP 14 图片上传成功后，在"页头"页面中设置"背景显示"和"背景对齐"分别为"不平铺"和"居中"，如图5-66所示。

STEP 15 单击 预览 按钮，预览设置

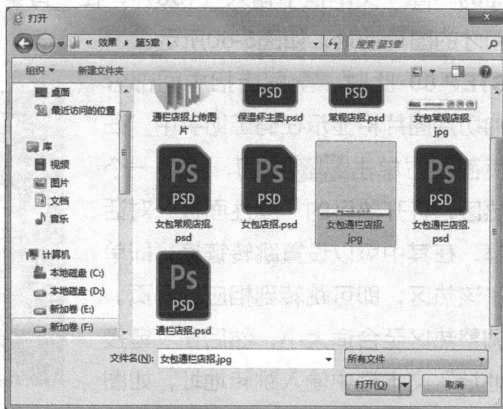

图 5-65　选择图片

后的效果，即可发现店招已被设置为通栏显示，如图5-67所示。单击设置的热区，即可跳转到相应的页面。

💬 经验之谈

选择热区，单击其右上角的"删除"按钮 ⊠，在打开的提示框中单击 确定 按钮可以删除热区。

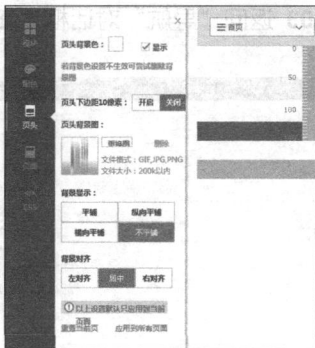

图 5-66　设置页头

图 5-67　查看热区设置后的效果并跳转

↘ 5.4.4　设置导航条

根据前面所讲的自定义通栏店招的方法，可以自定义店铺的导航。当然，淘宝也为店铺装修提供了导航模板。下面介绍在淘宝中添加导航栏的方法，其具体操作如下。

STEP 01 登录淘宝商家中心，进入店铺装修页面。在导航条上单击 ✏编辑 按钮，打开"导航"对话框，如图5-68所示。

STEP 02 在"导航"对话框中单击 ➕添加 按钮，打开"添加导航内容"对话框，单击选中需要在导航栏中显示的选项前的复选框，如图5-69所示，单击 确定 按钮保存设置。

💬 经验之谈

淘宝导航条中的分类是从分类导航中直接添加的，因此如果已经设置了宝贝分类，则可在"添加导航内容"对话框中直接选择。如果还未设置分类导航，则需先设置商品分类导航。

微课视频

扫一扫 实例演示

图 5-68　编辑导航条

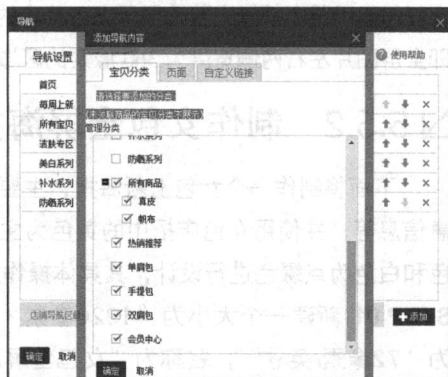

图 5-69　添加导航内容

STEP 03 返回"导航"对话框，在对话框中单击 ↑按钮或 ↓按钮可调整导航的顺序，如图5-70所示。

STEP 04 单击 确定 按钮，返回装修页面预览并保存设置的效果即可。图5-71所示即为设置导航条后的效果。

图 5-70 调整导航的显示顺序

图 5-71 查看导航效果

5.5 制作全屏海报

全屏海报是可以覆盖整个屏幕的一个板块，一般位于导航的下方，以全屏的形式展示店铺当前的活动主题、具体利益点，是消费者进入首页后首先映入眼帘的画面。因此，全屏海报的设计效果直接关系着点击率，进而影响商品的销售。

↘5.5.1 全屏海报的制作要点

全屏海报主要用于宣传、展示店铺的活动或商品，能够给店铺的商品带来一定的销量。在设计时也要符合品牌定位，色彩上应以店铺主色、辅色为主，并调整色彩、版式、字体、形式感等综合因素来营造视觉效果。其画面不仅应具有较强的视觉吸引力，还要突出信息，达到文笔精练、活动精彩的效果，以吸引消费者点击海报，深入了解活动或商品信息。

在制作全屏海报时需注意，由于显示器的分辨率大小不一样，而为了保证全屏图片在任何显示器中都能完整地显示出图片中的重要信息，通常需要对图片的两边进行"留白"，即全屏图片左右两侧宽度为360像素的区域中不放置人物或商品图片，也不放置文案。

↘5.5.2 制作女包全屏海报

下面将制作一个女包上新海报，主要突出上新、女包、优惠信息等，并使用女包店招中的黄色为主色，黑色为辅色，红色和白色为点缀色进行设计，其具体操作如下。

STEP 01 新建一个大小为"1920像素×900像素"，分辨率为"72像素/英寸"，名称为"女包全屏海报"的文件。然后选择矩形选框工具，在文件左上角绘制一个宽度为360像素的

微课视频

扫一扫 实例演示

矩形选框，拖动参考线到矩形框的右边线，然后在右侧使用相同的方法创建参考线，效果如图5-72所示。

STEP 02 新建一个图层，设置前景色为"#fed65d"，按"Alt+Delete"组合键填充图层，如图5-73所示。

图 5-72　创建参考线

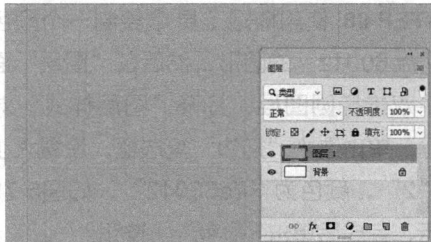

图 5-73　新建图层并填充

STEP 03 新建一个图层，选择矩形选框工具 在图像中绘制一个矩形选框，设置前景色为"#e9e6d7"，按"Alt+Delete"组合键填充颜色。然后按"Ctrl+D"组合键取消选区，按"Ctrl+T"组合键进入自由变换状态。在矩形上单击鼠标右键，在弹出的快捷菜单中选择"透视"命令，拖动控制点调整矩形，效果如图5-74所示。

STEP 04 按"Ctrl+J"组合键复制矩形，选择【编辑】/【变换】/【水平翻转】菜单命令，水平翻转矩形，并将其颜色填充为白色，移动到左侧，效果如图5-75所示。

图 5-74　透视矩形

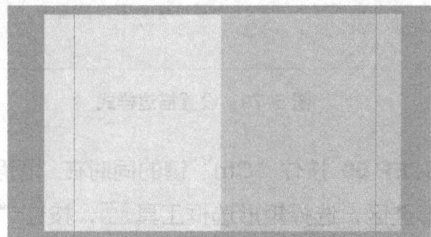

图 5-75　变换矩形

STEP 05 使用相同的方法复制并修改矩形的颜色，然后旋转变换矩形，效果如图5-76所示。

STEP 06 打开素材文件"树叶.png"（配套资源:\素材文件\第5章\树叶.png），将其拖动到女包全屏海报的左下角，调整其大小与位置，再复制该素材，放置到右上角，效果如图5-77所示。

图 5-76　旋转变换矩形

图 5-77　添加树叶素材

STEP 07 打开素材文件"女包2.jpg"（配套资源:\素材文件\第5章\女包2.jpg），使用魔棒工具快速抠取出女包，将其移动到女包全屏海报的左侧，适当调整其大小并输入图5-78所示的文字。设置文本字体为"Adobe 黑体 Std"，颜色为黑色，其中"NEW>>"的颜色为"#ff0036"。

STEP 08 使用椭圆工具 ⬭ 绘制一个颜色为"#e60012"的圆形，然后在"图层"面板中双击椭圆图层，打开"图层样式"对话框，单击选中"描边"复选框，设置大小为"2"，颜色为"#e60012"，如图5-79所示，完成后单击 确定 按钮。

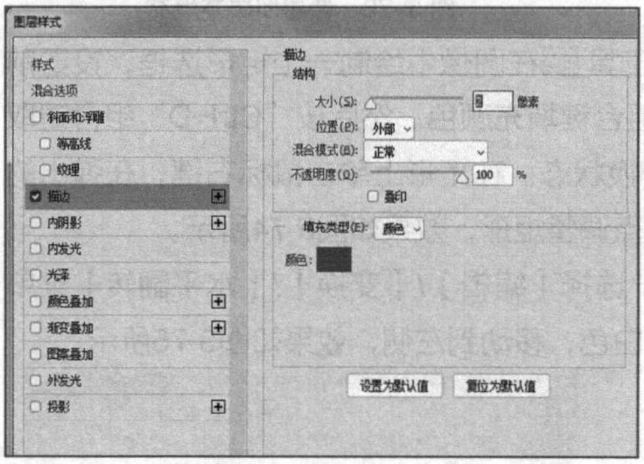

图 5-79　设置描边样式

图 5-78　添加女包素材和文字

STEP 09 按住"Ctrl"键的同时在"图层"面板中单击椭圆形状图层缩略图，载入圆形选区，选择矩形选框工具 ⬚ ，按住"Alt"键的同时在圆形选区下方拖动鼠标减选选区，如图5-80所示。

STEP 10 新建一个图层，设置背景色为白色，按"Ctrl+Delete"组合键填充选区，然后按"Ctrl+D"组合键取消选区，效果如图5-81所示。

STEP 11 在圆形上输入文本"SALE""¥""99"，设置字体为"Adobe 黑体 Std"，字号和颜色分别为"40、32、90""#e60012、#fefefe"，效果如图5-82所示。

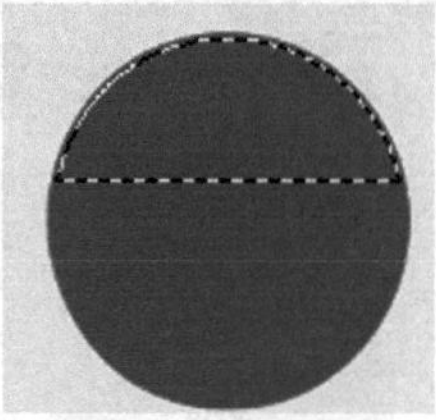

图 5-80　减选选区

图 5-81　填充背景色

图 5-82　添加文本

STEP 12 在"99"图层空白处双击鼠标，打开"图层样式"对话框，单击选中"投影"复选框，按图5-83所示设置参数，其中投影颜色为"#3d3338"，完成后单击 确定 按钮。

STEP 13 复制"99"图层的投影并粘贴到"¥"图层上，完成文本投影的制作，以使价格信息更加突出，效果如图5-84所示。

图 5-83　设置投影样式

图 5-84　添加投影后的效果

STEP 14 使用相同的方法，在海报右侧添加文本、形状和线条，如图5-85所示。

STEP 15 完成后查看并保存效果，如图5-86所示（配套资源:\效果文件\第5章\女包全屏海报.psd、女包全屏海报.jpg）。

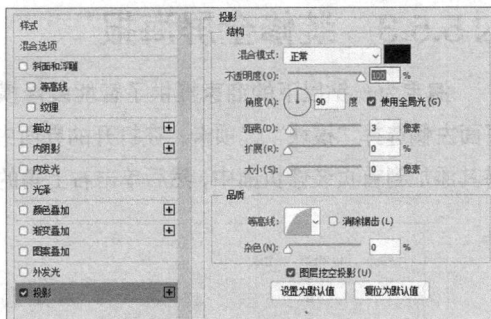

图 5-85　添加文本、形状和线条

图 5-86　最终效果

↘ 5.5.3 装修全屏海报

淘宝为一钻以下的商家提供了智能装修模板功能，开通智能模板即可在首页装修页面左侧选择"模块"选项卡，在打开的界面中选择"全屏宽图"或"全屏轮播"模块，将其添加到首页装修页面中，然后单击右上角的编辑按钮进行编辑即可，如图5-87所示。

图 5-87　添加全屏海报

若商家不能使用该模块，可在首页装修页面中选择"自定义区"模块，添加该模块到首页装修页面中，并通过码工助手生成全屏海报代码后，通过编辑源代码的方式添加全屏海报。其方法与制作全屏店招类似，商家只需在码工助手中选择全屏海报代码的生成工具——"轮播工具"即可实现，如图 5-88 所示。

图 5-88　使用码工助手添加全屏海报

经验之谈

全屏轮播指商家可根据需要添加一张或多张海报，以展示店铺信息，只需单击 ┿添加图片 按钮，并输入图片的链接地址即可，但一般不超过 4 张。

5.6　设计其他模块

除了店招、导航、全屏海报外，分类导航模块、优惠券模块、客服中心和商品推荐等部分也是首页的设计重点，下面分别进行介绍。这些模块均可通过"自定义区"模块进行添加，因此后面不再赘述。

↘ 5.6.1　分类导航模块

淘宝为商家提供了分类导航模块，但该模块只能竖排显示，为了保证首页布局的统一性和美观性，商家可以自行设置分类导航。分类导航与店招中的导航作用类似，主要是为了方便消费者通过首页快速找到符合自己需求的商品。但与导航不同的是，商品分类的分类标准更加统一和规范，如按照商品的固有属性、适用人群、使用场景等进行分类。

首页中的商品分类导航一般以标签的形式来进行呈现，即"分类图标＋文字"。其设计要求是：在遵循视觉统一的前提下，用简单易懂的图标和文字进行搭配，更加清晰、直观地向消费者传达分类信息，引导消费者查看分类集合页，并在其中查看对应的商品。因此，商品分类的视觉表现主要体现在分类的布局与分类图标的设计两个方面。

- **分类的布局。** 从布局的角度上来说，商品分类要遵守简洁、直观、易于区分的原则。可将分类画面按照分类数量进行划分，每一部分的大小可自由分配，也可平均分配，然后通过分割线、底纹或色块等元素来进行区分，以保证整体画面的整齐与规范，如图 5-89 所示。

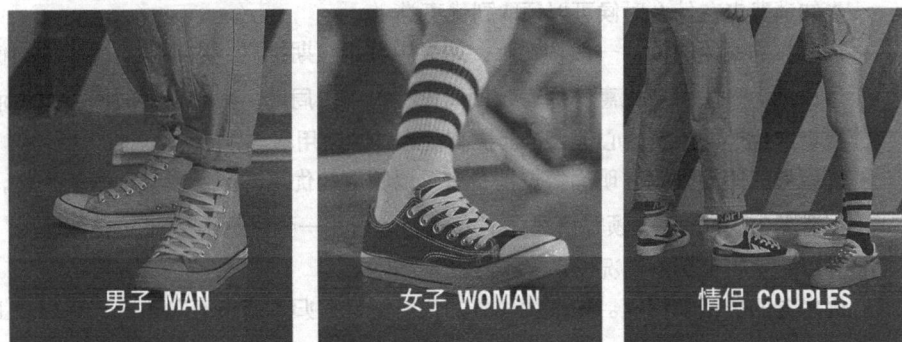

图 5-89　商品分类的布局

- **分类图标的设计。** 分类图标是分类文字的具象化表现，常采用实物图片、轮廓勾勒、外形填充等方式来进行快速设计，与商品分类的内容相关联，让消费者快速识别并接收信息，如图 5-90 所示。

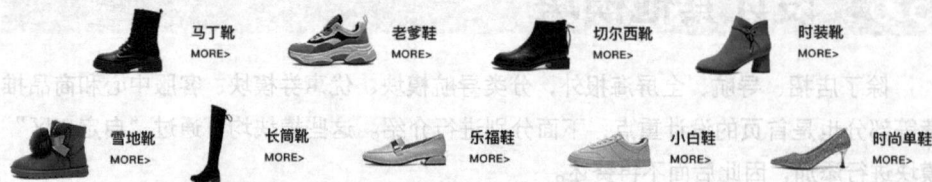

图 5-90　分类图标

↘5.6.2　优惠券模块

店铺优惠券是一种常用的促销手段，也是一种店铺推广方式和吸引二次消费的策略。若商家开通了店铺优惠券功能，就可对优惠券进行个性化设计。

设计优惠券时，需要在符合店铺整体设计风格的前提下，包含优惠券的使用范围、使用条件、发放时间、使用时间、使用数量等内容，直观地将信息传达给消费者，让消费者明确优惠券的使用规则，以更好地进行活动促销并吸引消费者进行消费。

- **优惠券的使用范围。** 明确优惠券可在哪些店铺使用，以及其使用的方式是全店通用，还是仅仅只能在店内的单款、新品或者某系列商品上使用，以限定消费对象，起到引流的作用。
- **优惠券的使用条件。** 明确优惠券的使用门槛，即使用优惠券应该满足的条件，如全场购物满 168 元即可优惠 10 元。这种有条件的打折可以在刺激消费者消费的同时最大限度地保证店铺的利润空间。
- **优惠券的发放时间。** 优惠券的发放时间就是消费者领取优惠券的时间，应明确告知消费者在什么时候可以领取到优惠券。
- **优惠券的使用时间。** 一般情况下，如果店铺是短期推广，应当限定优惠券的使用日期。一般可将优惠券的有效期间设置为消费周期。限制使用时间可以让消费者产生过期浪费的心理，从而提高优惠券的使用率。
- **优惠券的使用限制。** 明确每位消费者可以领取的优惠券数量或其他限制条件，以避免出现乱领、多领等情况。如"每笔订单限用一张优惠券""不可叠加使用"，可以避免折上折的情况出现。
- **优惠券的最终解释权。** 如"优惠券的最终解释权归本店所有"，在一定程度上保留了法律上的权利，以避免后期活动开展过程中出现不必要的纠纷。

需要注意的是，以上信息并非一定要全部以文案的形式展示在优惠券画面中。如果商家通过其他渠道通知了消费者领取优惠券的时间、使用时间以及数量限制，如微博、微信公众号等，可在设计优惠券时以展示使用范围、使用条件等内容为主。下面制作一个以黄色为主色的优惠券，优惠券中主要包括优惠金额、使用条件和领取指令等，其具体操作如下。

微课视频

扫一扫 实例演示

STEP 01 新建一个大小为"750像素×200像素",分辨率为"72像素/英寸"的文件,选择矩形工具█,设置填充颜色为"#fed65d",描边为"无",拖动鼠标在图像编辑区中绘制一个矩形,如图5-91所示。

STEP 02 按"Ctrl+J"组合键复制矩形,修改复制后的矩形的填充颜色为"#313131",然后按"Ctrl+T"组合键,在矩形上单击鼠标右键,在弹出的快捷菜单中选择【斜切】命令,如图5-92所示。

图 5-91　绘制矩形

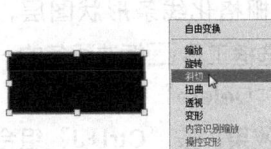

图 5-92　修改复制的矩形

STEP 03 拖动矩形左侧的控制点,使其产生倾斜的效果,如图5-93所示。然后将斜切后的图层置于黄色矩形的下方,效果如图5-94所示。

STEP 04 再次复制第1个矩形,隐藏第1个矩形图层,在"图层"面板中复制的第2个图层上单击鼠标右键,在弹出的快捷菜单中选择【栅格化图层】命令,然后使用椭圆选框工具○在矩形上绘制圆形选区,按"Delete"键删除选中部分,重复该操作制作撕页效果。在制作过程中可通过参考线辅助进行操作,以保持效果的统一,如图5-95所示。

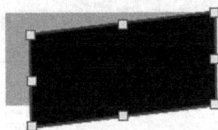

图 5-93　斜切矩形

图 5-94　调整图层顺序

图 5-95　制作撕页效果

STEP 05 选择椭圆工具○绘制一个填充颜色为"#313131",描边为"#ffffff",粗细为"4像素"的正圆,如图5-96所示。然后使用横排文字工具T输入文本"领",设置文本字体为"方正大黑简体",字号为"48点",颜色为"#ffffff",如图5-97所示。

STEP 06 继续输入图5-98所示的文本,文本颜色为白色,其中"20"的字体为"方正粗宋简体",字距为"-75",字号为"60点";"RMB优惠券"和"满199可用"字体为"方正大黑简体",字号分别为"14点"和"16点"。

图 5-96　绘制正圆

图 5-97　输入文字

图 5-98　输入文本

STEP 07 选择直线工具 ，设置填充颜色为 "#ffffff"，描边为 "无"，粗细和高度为 "1 像素"，拖动鼠标在 "RMB优惠券" 和 "满199可用" 之间绘制一条直线，如图5-99所示。

图 5-99　绘制直线

STEP 08 栅格化线条形状图层，使用矩形选框工具 框选线条的一部分并按 "Delete" 键将其删除，制作虚线效果。按 "Ctrl+J" 组合键复制该图层，移动到 "满199可用" 下方，完成优惠券的制作，如图5-100所示。

图 5-100　制作虚线效果

STEP 09 选择除背景图层外的所有图层，单击 "图层" 面板中的 "创建新组" 按钮 创建组，并将组名称修改为 "20元优惠券"，如图5-101所示。

STEP 10 选择 "20元优惠券" 组，按两次 "Ctrl+J" 组合键复制组，并分别将其名称修改为 "50元优惠券" 和 "80元优惠券"，如图5-102所示。

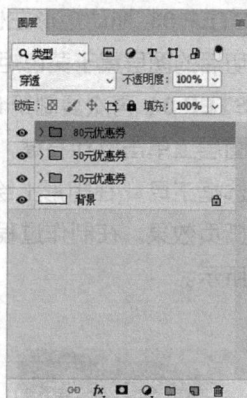

图 5-101　创建组

图 5-102　复制组

STEP 11 移动 "50元优惠券" 和 "80元优惠券" 组中的图层到右侧，并修改对应的文本，完成后的效果如图5-103所示（配套资源:\效果文件\第5章\优惠券.psd）。

图 5-103　最终效果

↘ 5.6.3　客服中心

客服中心是网上商店的必备模块，消费者与商家的联系基本都是通过在线客服实现的。下面介绍在淘宝装修页面中设置客服中心的方法，其具体操作如下。

STEP 01 在淘宝装修页面中拖动客服中心模块至右侧页面，

微课视频

扫一扫 实例演示

在客服中心模块上单击 [✎编辑] 按钮，打开"客服中心"对话框，在"工作时间"栏中设置工作时间，如可以将工作日和休息日分开设置，也可取消选中其后的复选框不显示休息日的工作时间，如图5-104所示。

STEP 02 在"在线咨询"栏中单击"分流设置"超链接，打开"分组设置"页面，在该页面中可看到客服分组，包括售前客服、售中客服和售后客服。将鼠标指针放在组右上角的 ✿ 图标上，在打开的下拉列表中选择"管理客服"选项，如图5-105所示。

STEP 03 打开"子账号"页面，按提示单击 [创建子账号] 按钮，如图5-106所示。

STEP 04 打开"新建员工"页面，在"基本信息"栏中输入子账号的基本信息，如图5-107所示。

STEP 05 单击页面右上方的 [确认新建] 按钮，完成岗位的新建并打开"部门结构"页面，在该页面中可查看新建的岗位，且

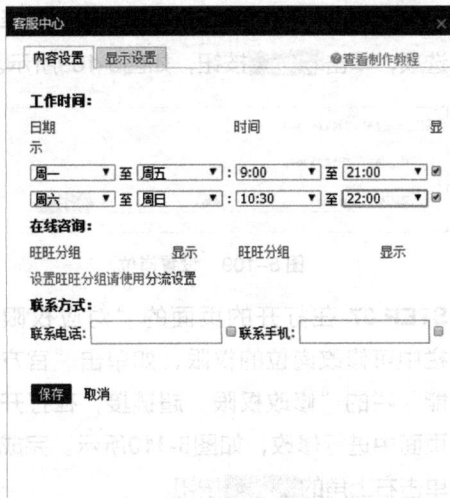

图 5-104 设置工作时间

图 5-105 选择"管理客服"选项

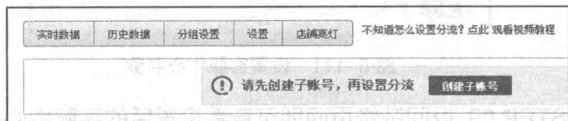

图 5-106 创建子账号

可对岗位的基本信息和权限进行修改，这里单击"修改权限"超链接，如图5-108所示。

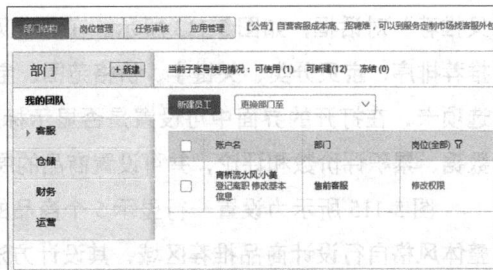

图 5-108 查看新建的岗位

图 5-107 新建员工信息

149

STEP 06 打开权限修改页面，在"选择岗位"栏的第二个下拉列表中选择"客服"选项，单击 保存 按钮，如图5-109所示。

图 5-109　设置岗位

STEP 07 在打开的页面的"对应权限"栏中可修改岗位的权限，如单击"官方功能"栏的"修改权限"超链接，在打开的页面中进行修改，如图5-110所示。完成后单击右上角的 保存 按钮。

图 5-110　修改权限

STEP 08 返回淘宝装修页面，在"客服中心"对话框中单击"显示设置"选项卡，在"模块标题"文本框中可以改变模块标题，也可取消选中其后的复选框不显示客服中心的名称，设置完成后单击 保存 按钮，如图5-111所示。

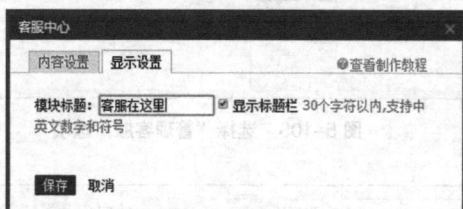

图 5-111　设置客服中心名称

图 5-112　客服中心模块效果

STEP 09 返回装修页面即可查看设置后的客服中心模块效果，如图5-112所示。

↘ 5.6.4　商品推荐

　　首页是展示店铺商品的主要途径，淘宝为商家提供了"宝贝推荐"模块以展示商品信息。在店铺装修页面中添加"宝贝模块"后，单击模块右上角的 ✎编辑 按钮，打开"宝贝推荐"对话框，如图 5-113 所示。在"宝贝设置"选项卡中可设置推荐方式、自动推荐排序、宝贝分类、关键字、价格范围、宝贝数量等参数。单击"电脑端显示设置"选项卡，在打开的界面中可设置是否显示标题以及是否显示折扣价、最近 30 天销售数据、累积评价数和评论，并可设置商品的展示方式，如图 5-114 所示。

　　图 5-115 所示为设置一行显示 5 个商品的效果。当然，商家也可根据自己店铺的整体风格自行设计商品推荐区域，其设计方法与设计店招、导航、全屏海报、优惠券等类似，这里不再赘述。

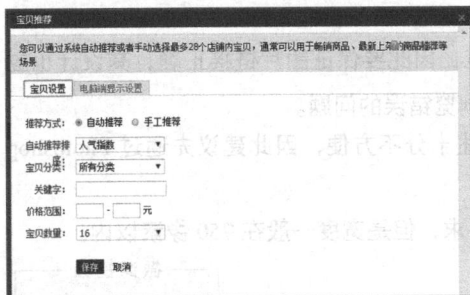

图5-113　宝贝设置

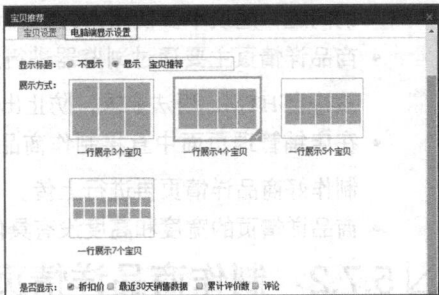

图5-114　电脑端显示设置

图5-115　一行显示5个商品的效果

5.7　设计商品详情页

商品详情页是由文字、图片、视频构成的，是向消费者介绍宝贝属性、使用方法等详细情况的页面，是商家向消费者推荐商品的关键页面。它的主要作用是完成订单，是关乎店铺转化率的关键页面。

↘5.7.1　商品详情页制作规范

美观漂亮的商品详情页可以为商品增色、吸引消费者关注、增加商品的售出概率，而为了使制作出的详情页规范完整，还需注意以下事项。

- 商品详情页的风格应该与店标风格、店招风格等相适应，不能相差太大，以免页面整体不协调。
- 商品详情页的内容一般都比较多，为了避免消费者浏览详情页时出现加载过慢的问题，建议不要使用太大的图片。

- 商品详情页主要通过浏览器进行浏览，因此要保证图片链接正确，其设计也应该符合 HTML 语法要求，防止出现浏览错误的问题。
- 在店铺管理页面中直接制作商品描述十分不方便，因此建议先通过 Photoshop 制作好商品详情页再进行上传。
- 商品详情页的宽度和高度没有具体要求，但是宽度一般在 750 像素以内。

↘ 5.7.2　制作商品详情页

微课视频

扫一扫 实例演示

商品详情页的内容较多，因此建议分开制作各屏内容，或制作好全部内容之后进行切片。下面将制作一个耳机商品的商品详情页，以展示该耳机的音质、价格等卖点，并进行细节、参数等详细信息的展示，最后再以人物使用耳机的场景图做结尾，给消费者详细呈现该商品的信息，以吸引消费者购买。其具体操作如下。

STEP 01 在Photoshop中打开背景素材"详情页海报背景.jpg"（配套资源:\素材文件\第5章\详情页海报背景.jpg），选择横排文字工具 T，输入文本"爆款"，设置文本格式为"方正韵动中黑简体、33点"，文本颜色为"#f4af29"，如图5-116所示。

STEP 02 继续使用横排文字工具 T，在背景中输入文本"新品"，然后设置文本格式为"方正韵动中黑简体、20点"，文本颜色为"#3d3c3b"，如图5-117所示。

图 5-116　输入并设置文本

图 5-117　继续输入和设置文本

STEP 03 选择"爆款"文字图层，在图层空白处双击，打开"图层样式"对话框，在左侧列表框中选中"投影"复选框，在右侧对文本的投影效果进行设置，参数如图5-118所示，然后单击 确定 按钮。

STEP 04 选择"新品"文字图层，在图层空白处双击，打开"图层样式"对话框，在左侧列表框中选中"描边"复选框，在右侧对文本的投影效果进行设置，先将描边颜色设置为白色，其他参数如图5-119所示，然后单

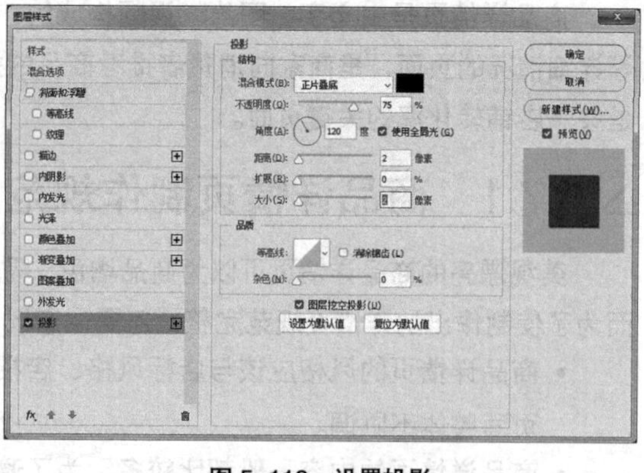

图 5-118　设置投影

击 [确定] 按钮。

STEP 05 设置完成后，即可分别为文本添加投影和描边效果，如图5-120所示。

STEP 06 继续选择横排文字工具 **T**，输入文本"专业品质 高清原音"，然后设置文本格式，如图5-121所示。

STEP 07 选择"专业品质 高清原音"文字图层，按"Ctrl+T"组合键变形文字，在其上单击鼠标右键，在弹出的快捷菜单中选择【斜切】命令，将该文字图层调整为稍微倾斜的样式，效果如图5-122所示。

STEP 08 按"Enter"键确定变换，继续输入并设置文字的字体、大小和位置，效果如图5-123所示。

STEP 09 新建一个图层，使用矩形选框工具 在文本内容的下方绘制一个矩形选区，将前景色设置为"#7ab80e"，按"Alt+Delete"组合键为选区填充前景色，如图5-124所示。

STEP 10 在选区中输入文本并设置文本格式，在图层空白处双击，打开"图层样式"对话框，在左侧

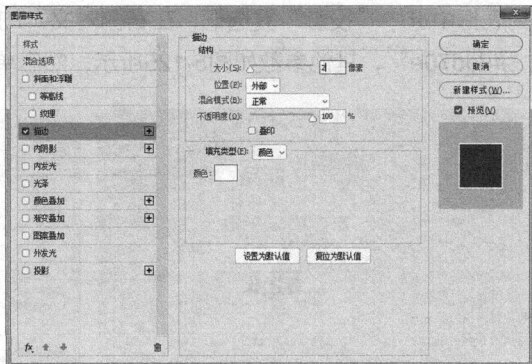

图 5-119　设置描边

图 5-120　查看文本效果

图 5-121　继续输入并设置文本

图 5-122　文字倾斜

图 5-123　输入并设置其他文本

列表框中选中"投影"复选框，在右侧对文本的投影效果进行设置，设置投影颜色为
"#ddd70e"，其他参数如图5-125所示，然后单击 确定 按钮。

图 5-124　填充选区

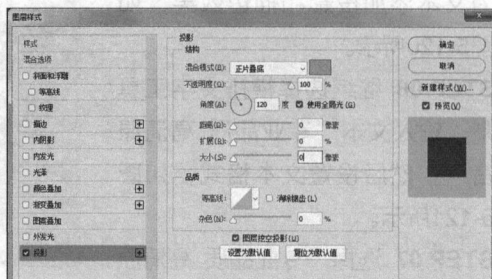

图 5-125　设置投影

STEP 11 打开素材文件"蓝色耳机.png"（配套资源:\素材文件\第5章\蓝色耳机.png），将其拖动至"详情页海报背景"图片中，按"Ctrl+T"组合键变换图片，调整图片大小和位置，如图5-126所示。

STEP 12 在"蓝色耳机"图层空白处双击，打开"图层样式"对话框，为图片设置"投影"效果，将投影颜色设置为"#8d8d8d"，其他参数如图5-127所示。

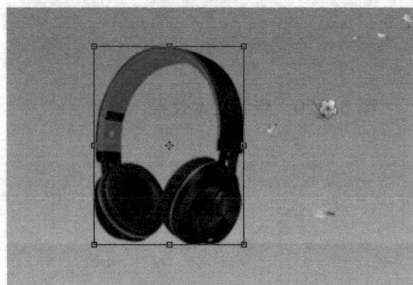

图 5-126　调整图片

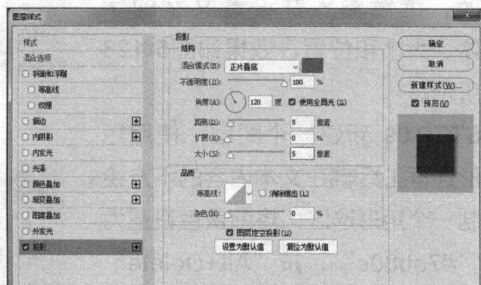

图 5-127　设置投影

经验之谈

由于这里制作的是详情页的首屏海报，商品是海报的主体，因此图片的大小和位置必须要合适，图片要清晰。

经验之谈

如果要改变投影的方向，可以通过"角度"文本框进行设置，不同数值对应不同的方向。

STEP 13 将"白色耳机"素材文件（配套资源:\素材文件\第5章\白色耳机.png）拖入"详情页背景素材"图片中，按"Ctrl+T"组合键变换图片，调整图片大小和位置，然后在"蓝色耳机"的"投影"效果图层上单击鼠标右键，在弹出的快捷菜单中选择"拷贝图层样式"命令，如图5-128所示。

STEP 14 在"白色耳机"图层上单击鼠标右键，在弹出的快捷菜单中选择"粘贴图

层样式"命令，将"蓝色耳机"的图层样式粘贴到"白色耳机"图层中，完成海报的
制作，效果如图5-129所示。

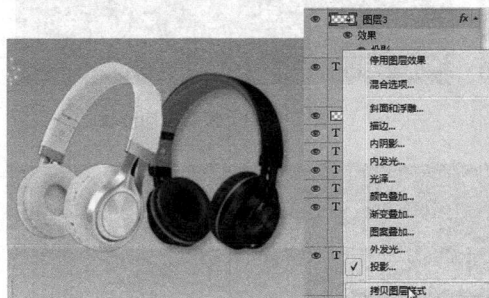

图 5-128　拷贝图层样式

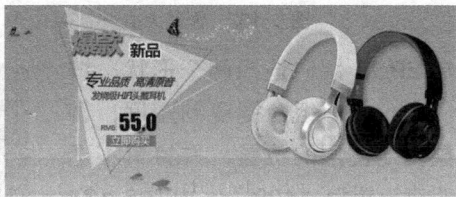

图 5-129　查看海报效果

经验之谈

为图片添加投影是为了使图片看上去更加具有立体感和光影感，除了投影之外，也可选择为图片制作阴影和倒影效果。

STEP 15 将图片保存为"商品详情页.jpg"（配套资源:\效果文件\第5章\商品详情页.jpg），然后重新新建一个750像素×800像素的文件，使用矩形选框工具 在画布上方绘制一个矩形，绘制完成后将其颜色填充为"#2e2f39"，如图5-130所示。

图 5-130　绘制并填充选区

STEP 16 新建一个图层，使用矩形工具 绘制一个矩形，然后再选择渐变工具 ，在其工具属性栏中单击渐变下拉列表，打开"渐变编辑器"对话框，将色标的颜色均设置为白色，将第2个色标的不透明度设置为"0%"，如图5-131所示。

图 5-131　设置渐变效果

STEP 17 单击 确定 按钮，在矩形选区中自上而下进行拖动，为矩形选区图层设置渐变填充，然后按"Ctrl+T"组合键调整该图层大小，如图5-132所示。

STEP 18 绘制一个横向的形状，将其颜色设置为白色，调整形状的大小，将其与竖向形状连接起来，如图5-133所示。

图 5-132　调整大小

图 5-133　绘制横向形状

STEP 19 同时选择两个形状，按"Ctrl+J"组合键复制图层，调整复制图层的位置，并将其不透明度设置为"40%"，如图5-134所示。

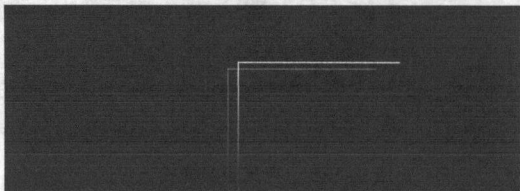

图 5-134　复制图层

STEP 20 同时选择4个形状图层，按"Ctrl+J"组合键复制图层，再按"Ctrl+T"组合键变换形状，在形状上单击鼠标右键，在弹出的快捷菜单中选择"水平翻转"命令，然后调整图层的位置，如图5-135所示。

图 5-135　复制并翻转图层

STEP 21 选择横排文字工具**T**，输入文本"细节展示"，设置文本格式为"方正大黑简体、48点"，文本颜色为"#f7f7f9"，效果如图5-136所示。

图 5-136　输入文本并设置格式

STEP 22 继续使用横排文字工具**T**输入文本"THE DETAIL SHOW"，设置文本格式为"Segoe Print、18点"，文本颜色为"#f7f7f9"，效果如图5-137所示。

图 5-137　输入并设置英文文本

STEP 23 将"蓝色耳机"和"白色耳机"素材文件拖入当前图像中，调整图片的大小，并将蓝色耳机放置于白色耳机之下，如图5-138所示。

STEP 24 选择白色耳机，按"Ctrl+T"组合键变换图片，然后在图片上单击鼠标右键，在弹出的快捷菜单中选择"旋转"命令，旋转图片至合适角度，如图5-139所示。

STEP 25 选择蓝色耳机图层，按"Ctrl+J"组合

图 5-138　调整图片大小和位置

键复制图层，按"Ctrl+T"组合键变换图层，单击鼠标右键，在弹出的快捷菜单中选择"垂直翻转"命令，然后将垂直翻转后的图层垂直移动到原图层下方，如图5-140所示。

图 5-139　旋转图片

图 5-140　垂直翻转并移动图层

STEP 26 为该图层新建一个蒙版图层，然后选择渐变工具■，打开"渐变编辑器"对话框，将两个色标的颜色都设置为黑色，将第一个不透明度色标的不透明度设置为"100%"，将第二个不透明度色标的不透明度设置为"0%"，单击■按钮，如图5-141所示。

STEP 27 在蒙版图层上自下而上拖动鼠标，创建图层的渐变效果，为原图层制作倒影效果，如图5-142所示。

STEP 28 使用相同的方法复制白色耳机的图层，并为其制作倒影效果，如图5-143所示。

STEP 29 绘制一个圆角矩形，将其颜色填充为"#10374e"，在圆角矩形上输入

图 5-141　设置渐变效果

图 5-142　倒影效果

图 5-143　制作白色耳机的倒影效果

文本"01"，然后调整圆角矩形和
文本的位置，如图5-144所示。

STEP 30 在圆角矩形下方绘制一
条直线，颜色为"#10374e"，粗
细为"1像素"，然后在直线形状
上输入文本并设置其文本格式，如
图5-145所示。

STEP 31 选择横排文字工具**T**，
拖动鼠标绘制一个文本框，在其中
输入描述文案，并设置文本格式，
如图5-146所示。

STEP 32 绘制一个矩形选区，将
其颜色填充为"#2e2f39"，复制
蓝色耳机图层并对其进行垂直翻
转，删除不需要的图片部分，如图
5-147所示。

图 5-144　绘制圆角矩形并输入文本

图 5-145　绘制直线并输入文本

图 5-146　输入文案并设置文本格式

图 5-147　绘制选区并编辑图片

STEP 33 绘制一个圆角矩形，将其颜色填充为白色，在圆角矩形下方绘制一条直
线，颜色为白色，粗细为"1像素"，效果如图5-148所示。

STEP 34 输入标题文案和描述文案，并设置文本格式和位置，设置后的效果如图
5-149所示。

图 5-148　绘制形状

图 5-149　输入文本并设置

STEP 35 选择【图像】/【画布大小】菜单命令，打开"画布大小"对话框，在"高度"文本框中输入"2400"，在其后的下列表中选择"像素"选项，在"定位"栏中单击↑按钮，然后单击 确定 按钮扩展画布高度，如图5-150所示。

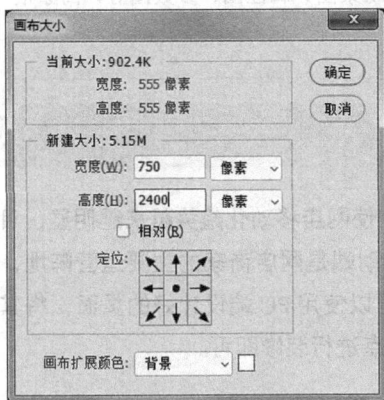

图 5-150　扩展画布

STEP 36 使用相同的方法制作页头部分，或复制已制作的页头部分，将其颜色更改为不同透明度的黑色渐变效果，如图5-151所示。

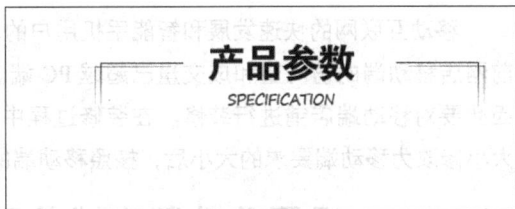

图 5-151　制作页头部分

STEP 37 继续制作详情页的其他部分，最终效果如图5-152所示（配套资源:\效果文件\第5章\详情页.psd）。

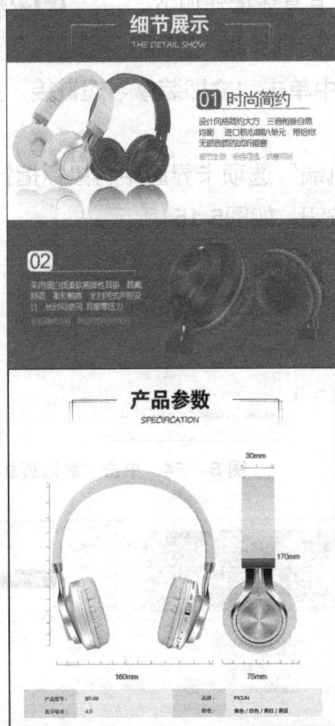

图 5-152　详情页最终效果

> **经验之谈**
>
> 详情页的制作方式多种多样，可将细节图放置于第一屏，也可将大图放置于第一屏。详情页可以包含的内容很多，如细节图、大图、使用场景图、属性图、参数图等，商家根据实际情况进行选择即可。

5.8 装修移动端店铺

移动互联网的快速发展和智能手机用户的增加使网店移动化趋势越来越明显，目前网店移动端的访问量和成交量已超越 PC 端。移动端是网店商家的主要运营阵地，因此要对移动端店铺进行装修。在装修过程中，可以使用 PC 端设计好的页面，将其大小修改为移动端要求的大小后，按照移动端的特点进行装修即可。

↘ 5.8.1 设置移动端店铺首页的店招

与 PC 端一样，移动端店铺也需要设置店招，制作移动端店招的方法与 PC 端基本相同，只在店招大小上有所区别。移动端店招背景图片的大小一般建议为 750 像素 ×580 像素，下面将介绍设置移动端店铺首页的店招的方法，其具体操作如下。

微课视频
扫一扫 实例演示

STEP 01 进入淘宝千牛卖家工作台，单击"店铺管理"栏中的"手机淘宝店铺"超链接，在打开的页面中单击"立即装修"超链接，如图5-153所示。

STEP 02 打开"页面管理"页面，在"手机端"选项卡界面中将鼠标指针放在"手机淘宝店铺首页"上，单击其右侧的 装修页面 按钮，如图5-154所示。

图 5-153 单击"立即装修"超链接

图 5-154 单击"装修页面"按钮

STEP 03 打开手机淘宝店铺首页，选择顶部的店招模块，在右侧打开的"店招模块"栏中单击"上传店招"超链接，如图5-155所示。

STEP 04 打开"店招设置"对

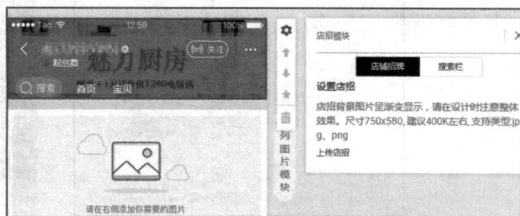

图 5-155 单击"上传店招"超链接

话框，将鼠标放在"上传背景"栏中的背景图片上，单击其上的 替换图片 按钮，如图
5-156所示。

STEP 05 打开"选择图片"对话框，上传图片到素材中心，并在其中选择需要上传
的图片，单击 确认 按钮，如图5-157所示。

图 5-156　单击"替换图片"按钮

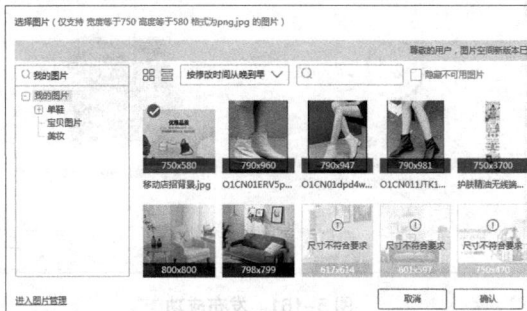

图 5-157　上传店招图片

STEP 06 返回"选择图片"对话框，在该对话框中可对图片进行裁剪，然后单击
保存 按钮，返回"店招设置"对话框，单击 确定 按钮完成店招图片的设置。然
后单击"店招模块"栏中的"搜索栏"选项卡，单击
"设置搜索"超链接，如图5-158所示。

STEP 07 打开"搜索设置"对话框，在"热门推荐
词"栏中输入推荐关键词，然后单击"添加"按钮
+ 添加其他关键词，完成后单击 确定 按钮，如图
5-159所示。

图 5-158　单击"设置搜索"超链接

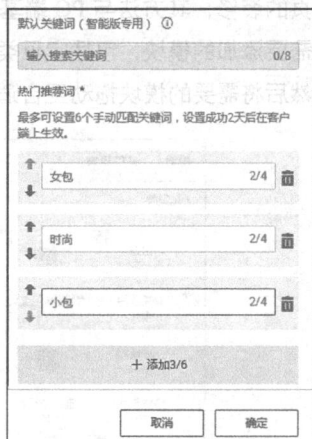

图 5-159　搜索设置

经验之谈

　　搜索设置2天以后才会生效，商家可在
"搜索设置"对话框中预览设置后的效果，
如图5-160所示。

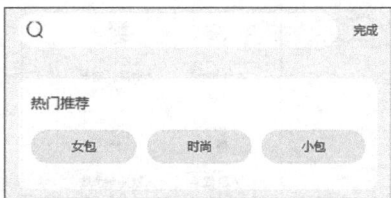

图 5-160　预览搜索设置效果

STEP 08 返回手机淘宝店铺首页，将鼠标指针放在页面右上角的"发布"选项上，在打开的下拉列表中选择"立即发布"选项，打开"发布页面"对话框，提示发布成功，如图5-161所示。扫描二维码可查看设置后的效果，如图5-162所示。

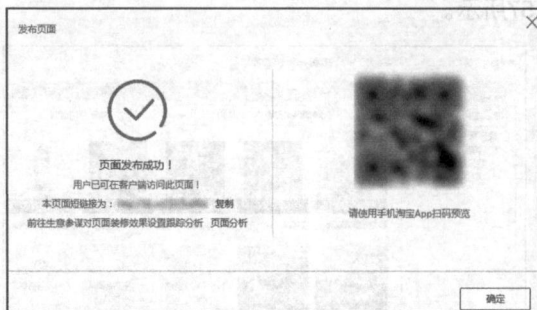

图 5-161　发布成功

图 5-162　设置后的效果

↘ 5.8.2　设置移动端店铺首页的其他模块

淘宝为移动端店铺装修提供了很多模块，商家可通过模块快速进行移动端店铺首页的装修，其方法与 PC 端基本相同。在手机淘宝店铺首页左侧的"模块"栏中可选择需要添加的模块，包括宝贝类、智能人群类、图文类、营销互动类等，如图 5-163 所示。然后将需要的模块拖动至合适的位置后，再在右侧的模块编辑区域进行设置即可。

图 5-163　手机淘宝店铺装修模块类别

　　若需要自行设计首页效果，可通过"图文类"中的"自定义模块"进行装修，其方法与 PC 端页面中的自定义模块方法类似。下面以添加"智能单列宝贝"模块为例，展示店铺中的商品，其具体操作如下。

STEP 01 在手机淘宝店铺首页装修页面中将"宝贝类"栏中的"智能单列宝贝"模块拖动到页面中，释放鼠标后淘宝会自动添加店铺中的宝贝，如图5-164所示。

STEP 02 在右侧的"智能单列宝贝"界面中设置商品的展示方式，如展示数量、商品库、展现方式等，这里设置展示数量为"1"，选择商品库为"分类商品库、每周上新"，选择展现方式为"千人千面"，如图5-165所示。

STEP 03 滚动鼠标滚轮继续进行设置，完成后单击 保存 按钮并进行发布即可。

图 5-164　添加"智能单列宝贝"模块

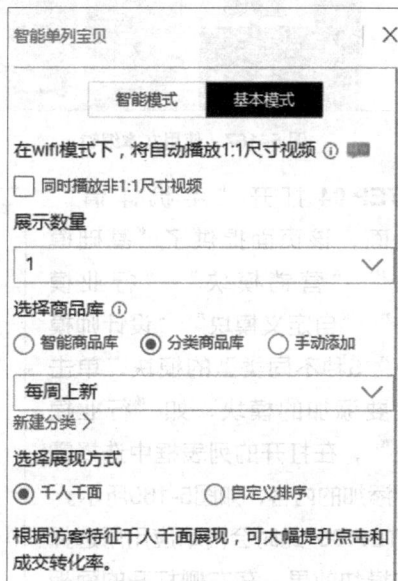

图 5-165　设置展示模式

↘ 5.8.3　设置移动端店铺的商品详情页

　　在设置移动端详情页时，商家可通过 PC 端宝贝详情页自动生成，也可手动设置商品详情页。下面讲解设置移动端商品详情页的方法，其具体操作如下。

STEP 01 打开淘宝千牛卖家工作台，单击"宝贝管理"栏中的"出售中的宝贝"超链接，在需要发布手机详情页的商品右侧单击"编辑商品"超链接，如图5-166所示。

163

STEP 02 打开"商品发布"页面，滚动鼠标滚轮至"手机端描述"，单击选中"使用文本编辑"单选项，单击 导入电脑端描述 按钮，在打开的提示框中单击 确认生成 按钮即可自动将PC端的商品详情页导入为移动端的商品详情页，如图5-167所示。

图 5-166　编辑商品

STEP 03 单击选中"使用旺铺详情编辑器"单选项，在打开的界面中单击"编辑手机详情"板块，如图5-168所示。

图 5-167　使用文本编辑

图 5-168　使用旺铺详情编辑器

STEP 04 打开"手机详情"页面，该页面提供了"基础模块""营销模块""行业模块""自定义模块""设计师模块"5种不同类型的模块，单击需要添加的模块，如"行业模块"，在打开的列表框中选择需要添加的内容，如图5-169所示。

STEP 05 此时会自动应用所选择的模块效果，在右侧打开的面板中单击 按钮，如图5-170所示，在打开的"选择图片"对话框中可替换图片。

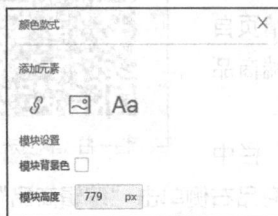

图 5-170　替换图片

图 5-169　添加模块内容

STEP 06 单击 ✎ 按钮，在打开的对话框中可设置宝贝链接，如图 5-171所示。

STEP 07 同理，可设置模块中的文字、图形等其他内容。设置完成后单击 完成编辑 按钮，返回"商品发布"页面，单击 提交宝贝信息 按钮进行提交即可。

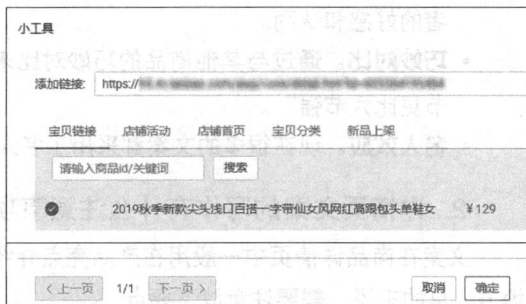

图 5-171　设置宝贝链接

> **💬 经验之谈**
>
> 旺铺详情编辑器中的模块不是全部免费的，单击 完成编辑 按钮后若提示"您未订购该模板，不能同步到线上"，可单击 前往订购 按钮进入模板市场进行购买。"基础模块"中的内容是免费的，商家可直接使用。

5.9　疑难解答

本章涉及的内容非常多，涵盖了店铺装修准备、文案设计、店招制作及上传、轮播图片制作、详情页制作、分类导航设置、图片轮播板块设置，以及移动端店铺装修等，下面主要针对文案设计、店铺装修的一些疑难问题提出解决方案。

1．文案写作有哪些技巧？

网店商品的文案都比较简洁，一般不需要太多的文字描述，但必须在有限的文字中表达出更多有效的信息。下面对文案写作的常用技巧进行简单介绍。

- **利益引导**。通过给出一定的利益引导消费者购买，如赠品、优惠等。
- **巧用数字**。在商品文案中，尽量用阿拉伯数字，例如月销 10 000 件比月销 1 万件的力度更强，价格用阿拉伯数字，也可以让消费者一目了然。
- **情感渲染**。通过寻求消费者的感情认同点来销售商品，特别是在做中老年产品时，文案突出表达"给亲人健康，还亲人年轻"等主题，可很好地引发消费者的情感共鸣，例如某商品文案"父亲，请你慢点老"等。
- **理想描述**。通过文案描述出消费者希望的场景，例如女装描述"显瘦修身"，美妆产品描述"持久不晕染"。
- **主动提问**。通过提问激发消费者查看和了解商品的兴趣，如"你想不想知道 30 天闪电瘦的方法？"。
- **事件借势**。将热门词汇或网络上发生的热门事件引用到商品文案中，可以引起消费者的好奇心和关注度，若在文案中适当表述正确的观点，还容易获得消费者的好感和认同。

- **巧妙对比**。通过与其他商品的巧妙对比来凸显商品的优点，如南孚电池的"一节更比六节强"。
- **名人效应**。现在很多的文案都采用了名人效应，例如"×××同款"等。

2. 详情页文案的写作有什么注意事项？

文案在商品详情页中一般用在产品亮点介绍、设计诠释、细节描述和功效介绍等地方。总的来说，需要注意以下要点。

- **统一叙述风格**。商品详情页中需要进行文案描述的部分不止一处，文案写手在进行描述时要统一文案的用语风格，不能前面使用轻快幽默的表达方式，后面又使用严肃沉闷的表达方式。这不仅会降低消费者的阅读兴趣，还会让消费者觉得莫名其妙。它与文章写作相似，只要保证文章风格统一、表达通俗易懂，能够说明商品的特点即可。
- **确定核心点**。核心点就是商品详情页文案的主要表述中心，主要指商品亮点。明确商品的核心竞争点能更好地组织语言，从中心点展开文字描述，突出产品的优势。
- **个性化的语言**。在网店发展如此迅速的环境下，很多店铺的商品详情页文案千篇一律，没有自己的特色和亮点。如果商家能独树一帜，创造独特的语言描述风格，不仅会吸引消费者，还可能引领文案潮流，成为真正的赢家。

3. 网店主色调选择

颜色搭配是网店装修中非常重要的一项内容，好的颜色搭配可以使进店消费者眼前一亮，产生第一眼的好印象。网店的主色调一般需与商品类型相适应，例如出售数码类商品，则稳重大气的冷色调更适合，巧妙的黑白搭配也可以体现出不错的科技感效果。例如服装、化妆品之类的店铺，其店铺装修可以随着季节的变化而变化，体现出商品的季节性。而有些店铺比较强调个性和特色，可采用对比色调将店铺设计得更具有视觉冲击力。需要注意的是，不管采用什么色调，颜色种类都不宜过多，否则容易显得杂乱，主题不突出。在进行店铺颜色搭配时，还要注意背景色深浅的变化，背景色与文字的对比搭配等。若是背景色为深色，则文案颜色应以浅色为主，反之则以深色为主。

5.10 课后习题

（1）图 5-172 所示为一款料理机的图片与相关信息，根据本章所学知识，为该料理机设计文案，包括主图文案和详情页文案，要求详情页文案内容包括功能、外观、材质、特色等。

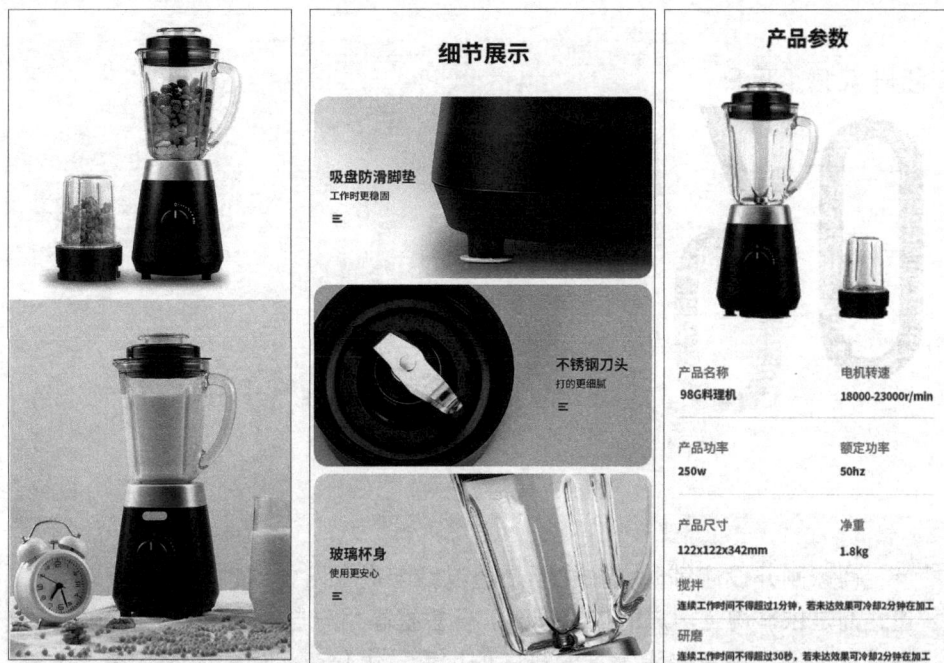

图 5-172　料理机图片

（2）根据提供的素材文件（配套资源:\素材文件\第5章\料理机\），为该料理机制作大小为 800 像素 ×800 像素的主图图片，主要传递其"多功能""减 50 元"等信息。

（3）在网上收集素材，并结合该料理机的特点，制作一个全屏海报和商品详情页，并将制作好的效果装修到店铺首页和详情页中。

CHAPTER

06

搜索引擎排名与优化

商家刚开设店铺时，往往不是通过参与淘宝网中的各种活动获取流量，而是依靠淘宝用户的自然搜索。要想提高用户自然搜索带来的流量，商家就必须了解影响淘宝搜索排序的因素，优化商品相关内容，提升店铺排名。本章将从影响淘宝搜索排序的因素、优化商品标题、优化商品详情页、其他类型优化4个方面对搜索引擎排名与优化的相关知识进行讲解。

案例导入

宋宋刚开始经营淘宝店铺的时候，可谓是让其"野蛮生长"，既不注重商品图片的美观，也不通过任何渠道推广，但店铺经营的小零食以"复古风"还积累了一小部分粉丝。

在周年庆时，宋宋破天荒地设置了优惠活动，一位关注店铺良久的粉丝在旺旺上和宋宋说："关注这么久了，老板你终于做活动了，零食那么美味，老板你多用点心，肯定生意更好呀。"看到粉丝的留言，宋宋发现自己还真是不怎么在乎店铺的情况，于是通过向这些老客户咨询意见、查找资料等，宋宋总结了一下该做的改变。

首先，店铺宝贝的标题太简单，在淘宝首页搜索时，很难看到宋宋的店铺和商品。其次，商品的图片及详情页的介绍也过于简单，既没有描述性的语言，也看不到零食的整体面貌。最后，店铺对于优惠活动举办得也太少了。

宋宋针对这几个方面的问题，花费了半个月的时间，对店铺进行了重新装修，将商品标题进行了细化，如"大白兔原味奶糖500g/袋，80、90年代童年回忆怀旧"；将商品照片全部重新拍摄，增加了外部包装图、内部食品大图以及视频，增加了对商品进行描述的语句等。

重新装修了店铺后，宋宋发现店铺的生意更好了，评分也有所提高，甚至有消费者在评价中直言："买回来才发现是以前买过的店铺，味道是不错的，但之前就是因为老板太懒，图片不好看不说，也没什么描述，都不知道是不是自己想买的零食，现在好了，清晰明了，也不怕买错了。"宋宋看完之后很感激之前给自己提意见的粉丝，于是给该粉丝寄了一些他经常在店铺买的零食，以表示感谢。

6.1 影响淘宝搜索排序的因素

淘宝搜索排序在消费者搜索关键词时，决定了商品的展示位置，而商品展示位置决定了店铺的流量。因此，商家必须了解影响淘宝搜索排序的因素，如点击率、跳出率、转化率、综合评分、动态评分 DSR 等，下面分别对其进行介绍。

- **点击率。**新品上架后的随机展示概率是相似的，在固有的展示次数里，如果点击率高，如 100 次展示机会中获得 20 次点击量，则表示该商品的标题和图片搭配比较合理，能够获得不错的点击率，淘宝网则会继续增加该商品的展示机会。反之，点击率过低则可能降低排名。
- **跳出率。**跳出率是产品描述质量的一种体现，淘宝网会根据消费者在店铺的停留时间和跳出率，来判断商品描述页是否吸引消费者，消费者停留时间越长、在店铺中浏览的页面越多，跳出率就越低，有利于增加排名。
- **转化率。**转化率是商品能否得到消费者认同的一种体现，一般来说，产品页面转化率越高，则说明产品描述越求实，客户信任度越高，淘宝网将对这类商品的排名进行提升。如果是转化率过高的商品，将可能进入人工审核系统，审核合格则提升商品排名。反之，如果检测出有刷信誉、刷单等嫌疑，则会被降权。
- **综合评分。**综合评分包含多种因素，如人气、销量、信誉、价格等都属于综合评分的范畴，其中人气又包括浏览量、收藏量等。总而言之，不论是商品质量还是服务质量都需做好，赢得更多消费者的好评和青睐才可能提高综合评分。综合评分值较高，则淘宝将提升其排名；综合评分值过低，则会降低排名和权重。
- **动态评分 DSR。**动态评分 DSR 是店铺综合服务水平的体现，DSR 评分越高，对排名的提高越有利。

- **下架时间**。淘宝网中的商品在即将下架的时候会获得排名提高和更多的展示机会，这就是为什么要慎重设置商品上下架时间。
- **橱窗推荐**。橱窗推荐的商品排名一般更靠前，金牌商家还可以获得精品橱窗，精品橱窗对商品权重的影响更大。
- **商品属性的完整度和准确度**。淘宝商家在填写商品的属性时，必须尽量完整且定位准确。尽量完整是指尽量按照淘宝网中列举的条目完整填写，定位准确则是指描述产品的类目和属性时必须准确，如鞋子的类目为短靴，就必须填写为短靴，不能填写成长靴等，否则容易被淘宝网进行降权处理。
- **消费者保障**。参加消费者保障的商品，排名将会更靠前。
- **退款率和纠纷率**。退款率和纠纷率是判断商品质量和服务质量的重要指标，退款率比同行高的店铺，排名也会降低，而有纠纷或纠纷率高的店铺，则会被淘宝网做降权处理。
- **降权**。当淘宝网判断店铺出现违规行为时，会对店铺进行降权处理，因此商家要熟知淘宝网的规则，避免出现违规行为。
- **动销率**。动销率也是会影响搜索排名的一个因素，建议商家将长时间未出售的商品进行重新编辑或下架处理，有利于提升店铺权重。
- **回头客**。回头客是判断店铺品质的重要依据，也是淘宝判断店铺质量的因素之一，回头客越多的店铺，排名会更靠前。同理，商品的复购率高，排名也会更靠前。
- **关键词匹配**。一般来说，细分淘宝商品的标题关键词时，要用该商品所在类目下的热门关键词，同时在商品的详细描述里，也最好包括商品的热搜关键词，这样更有利于提高排名。

6.2　优化商品标题

在淘宝网购物的消费者，大多都会通过关键词查找想要购买的商品，因此，商品的标题必须包含消费者可能搜索的关键词。商家可通过分析与商品有关的关键词的热度，结合商品标题的结构来设置标题，使消费者能够一眼看出商品的属性和特征，吸引消费者点击商品、查看商品详情，从而提高商品的流量。

↘ 6.2.1　了解商品标题的结构

商品标题优化最基本的前提是符合消费者的搜索习惯，同时为了增加被搜索到的概率，可以尽可能地组合各种与商品相符的热搜词。一般来说，商品标题结构主要包括核心关键词、属性关键词和热搜词 3 个部分。

- **核心关键词**。核心关键词是指商品名称，其作用是让消费者能通过标题快速了解商品是什么，判断是否是自己所需的商品。
- **属性关键词**。属性关键词即是对商品属性的介绍，商品材质、颜色、风格等都属于商品属性，如"极简秋冬纯银耳环"中，"耳环"是核心关键词，"极简秋冬纯银"都是用于形容核心关键词的属性关键词。

- **热搜词**。热搜词是指与商品相关的、消费者搜索量高的词，主要用于对商品标题进行优化，增加被搜索的概率，如"新款特价女包"中的"新款特价"即属于优化商品标题的热搜词。

在构思商品标题时，核心关键词是必须具备的，且描述一定要与商品相符，如商品是羽绒服，则标题中的核心关键词就必须是羽绒服，不能是西装和卫衣等属性不同的商品名称。属性关键词和热搜词都是对商品标题的扩展，是增加搜索量和点击量的重要部分，建议尽量选择消费者常用且适合商品的词语。需要注意的是，商品标题中的所有描述均需客观真实，不能宣传虚假信息，若商品标题中出现与商品不符的描述，或不符合淘宝网规定，则很容易受到淘宝的处罚。标题优化并不是一个独立的个体，实际上，为了达到更好的效果，标题优化应该与属性优化、上下架时间优化相配合，且标题不能一成不变，应该根据流量情况进行反复测试。

6.2.2　查找关键词

淘宝商品标题的关键词多由消费者热搜词组成，淘宝网为此提供了选词助手工具帮助商家分析和选择热搜词。下面介绍查看淘宝商品热搜词的方法，其具体操作如下。

STEP 01 进入淘宝千牛卖家工作台，在"数据中心"栏中单击"生意参谋"超链接，打开生意参谋主页面，单击"流量"选项卡，打开流量页面，单击"选词助手"超链接，如图6-1所示。

STEP 02 打开"选词助手"页面，单击"行业相关搜索词"选项卡，在搜索文本框中输入关键词，单击 Q查看 按钮，选词助手将根据搜索内容显示相关关键词的搜索情况，如图6-2所示。

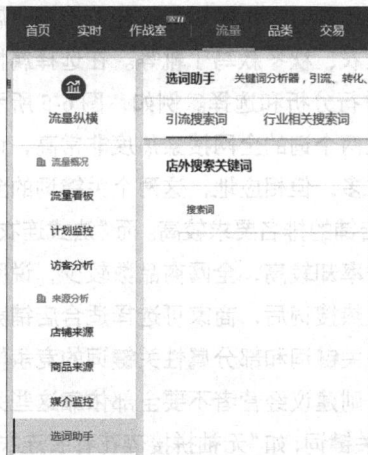

图6-1　选词助手

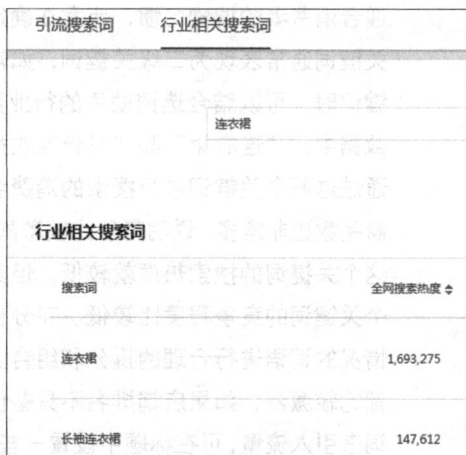

图6-2　搜索关键词

STEP 03 在搜索结果上方单击 指标∨ 按钮，在打开的下拉列表中单击选中相应的复选框，可以设置需要显示的指标，设置完成后单击 确定 按钮即可，如图6-3所示。

STEP 04 在搜索结果上方单击 日期∨ 按钮，在打开的下拉列表中设置数据显示日期。设置完成后单击 ↓下载 按钮，在打开的下拉列表中单击 确定 按钮，如图6-4所示，可下载该搜索数据并将其保存为Excel文件供用户查看。

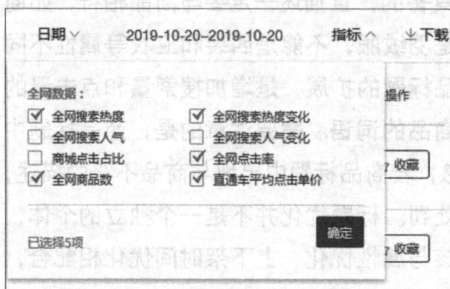

图 6-3 设置显示指标

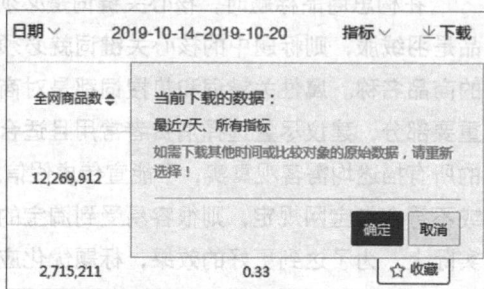

图 6-4 下载数据

↘6.2.3 拆分与组合关键词

商品标题中往往含有多个关键词，商家可通过选词助手，对关键词相关数据进行分析，再确定自己商品的标题。一般来说，确定商品标题包括确定核心关键词、组合属性关键词和搭配热搜词 3 个步骤，下面分别进行介绍。

- **确定核心关键词。**核心关键词即顶级关键词，是对商品本质的描述，如"连衣裙""长筒靴"即属于核心关键词。
- **组合属性关键词。**消费者在搜索商品时，为了使搜索结果更精确，通常会在核心关键词前加上商品的属性词，如搜索连衣裙时，可能会输入"红色连衣裙""春秋款连衣裙""棉麻连衣裙""赫本风连衣裙"等热搜关键词进行搜索。为了迎合消费者的搜索习惯，商家在确定商品标题时，也需添加这些热搜词。属性关键词通常表现为二级关键词，如短款卫衣、秋冬款马丁靴等。在选择属性关键词时，可以结合选词助手的行业数据进行分析和选择。例如，图 6-5 所示的数据中，"连衣裙"和"吊带连衣裙"这两个词的全网搜索热度非常高，说明通过这两个关键词进行搜索的消费者非常多，但相应地，这两个关键词的全网商品数也非常多，说明竞争比较激烈，对店铺的排名要求较高。而"法式连衣裙"这个关键词的搜索热度就较低，但其点击率却较高，全网商品数较少，说明这个关键词的竞争程度比较低。在分析行业热搜词后，商家可选择适合店铺竞争情况的词语进行合理的拆分和组合。核心关键词和部分属性关键词的竞争情况都比较激烈，如果店铺排名不具备优势，则建议经营者不要全部依靠这些关键词来引入流量，可在标题中设置一些长尾关键词，如"无袖拼接碎花春装连衣裙"等，这些长尾关键词搜索热度较低，但是对目标人群定位更准确，竞争也更小。

原则上，低销量多用长尾词，中销量多用中频词，高销量多用竞争热门词。

关键词	全网搜索热度	搜索热度变化	全网搜索人气	搜索人气变化	商城点击占比	全网点击率	全网商品数	直通车平均点击单价
连衣裙	9777789	0.94%	1342512	86.18%	48.42%	114.63%	11581461	0.41
吊带连衣裙	839072	-2.43%	132287	-51.27%	25.16%	127.11%	3166747	0.48
黑色连衣裙	824592	-1.95%	125746	-44.05%	33.31%	117.05%	2059122	0.51
长袖连衣裙	982171	-3.85%	119095	-70.69%	43.97%	124.86%	2909237	0.33
红色连衣裙	796323	-1.36%	101204	-47.93%	43.33%	116.06%	1269589	0.51
蕾丝连衣裙	650346	-1.22%	93197	-32.31%	46.83%	120.14%	1260622	0.56
碎花连衣裙	650551	-1.50%	85965	-26.93%	26.38%	140.43%	289736	0.48
复古连衣裙	457737	-0.12%	70073	-5.11%	24.48%	143.72%	1491776	0.42
性感连衣裙	463519	-0.64%	66957	-18.67%	27.14%	121.87%	1165573	0.39
白色连衣裙	567522	-2.50%	66092	-61.03%	24.40%	127.16%	1220121	0.46
法式连衣裙	418620	0.58%	59123	36.04%	30.01%	147.15%	690657	0.55
雪纺连衣裙	444610	-3.21%	57850	-59.51%	39.88%	129.82%	695802	0.45

图 6-5　关键词数据分析

- **搭配热搜词**。这里的热搜词不仅是指消费者经常搜索的词语，还指可以对商品进行形容和修饰的词语，如"2019 新款宽松 ×× 棉麻连衣裙"。如果商品为知名品牌，也可将品牌名加入标题中，这样可以更准确地定位到对品牌有忠诚度的目标消费人群，如图 6-6 所示。

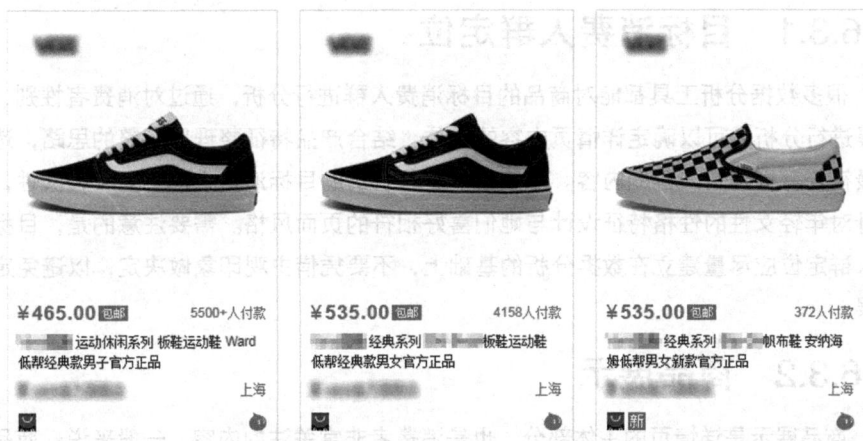

图 6-6　搭配热搜词

经验之谈

在淘宝网首页的搜索文本框中输入关键词后，在打开的下拉列表中将显示与该关键词相关的一些词语，这些词语也是消费者经常关注和使用的词语，这也可作为商家商品标题的选词方式之一。此外，商品标题不建议直接使用关键词进行生硬堆砌，需对关键词的顺序和搭配进行优化调整。

6.2.4　突出卖点

商品被消费者搜索到后，如果标题中没有直观展示消费者需要的信息，就无法吸引消费者继续查看，这相当于获得了商品展示机会，却没有提高点击率，对店铺十分不利。因此商品标题不仅要包含热搜词，还应该尽量突出商品卖点。淘宝商品标题最长可以包含 30 个汉字，在结构合理的情况下，可以尽量多地组合热搜词，增加被消费者搜索到的概率，而在选择热搜词时，也可以尽量选择符合商品特性的词语，即优先选择既是热搜词，又与商品属性相符的词语。对于不属于热搜词范畴的词语，如果对商品描述有利，可以准确吸引对商品该属性感兴趣的目标消费人群，也可将其添加到标题中。

6.3 优化商品详情页

消费者被商品主图吸引，点击查看商品时，通常会进入商品详情页，进一步了解商品的相关信息，如规格、颜色、注意事项等，通过详情页的描述以及评分、评论等各方面的信息，决定是否购买商品。因此，商家必须注重详情页的制作，要兼顾目标消费人群定位、商品展示、页面布局、关联营销等多个方面。

↘ 6.3.1 目标消费人群定位

很多数据分析工具都能对商品的目标消费人群进行分析，通过对消费者性别、年龄等进行分析，可以确定详情页内容的定位，结合产品特征整理出完整的思路，选择出最符合目标消费人群的内容。如某零食店分析出的目标消费人群多为年轻女性，即可针对年轻女性的性格特征设计与她们喜好相符的页面风格。需要注意的是，目标消费人群定位应尽量建立在数据分析的基础上，不要凭借主观印象做决定，以避免定位错误。

↘ 6.3.2 商品展示

商品展示是详情页的主体部分，也是消费者非常关注的内容。一般来说，商品展示需具备一定的逻辑性和规律性，以消费者购物的心理流程为基础。

制作详情页的第一步是引起消费者的兴趣，给予消费者良好的视觉体验。通常可以用商品效果图、细节图等商品图或吸引人的文案作为详情页第一屏的内容，如图 6-7 所示。为了吸引消费者眼球，部分商家也会在商品详情页中添加一些多媒体元素，但需要注意的是，过度美化、过度复杂、颜色杂乱、不合理的关联营销等不仅会影响页面的整体美观度，还很容易让消费者反感，打消消费者继续查看的欲望。

接下来则应该向消费者展示商品的卖点。卖点是消费者进行购买的主要原因。商品卖点多种多样，并且商品不同，其卖点也不同。有些卖点效果轻微，不足以促使顾客产生购买行为，有些卖点挖掘得深入有效，可以很快建立起消费者对商品的好感。一般来说，提取卖点的途径有很多，可以从商品本身的特点进行提取，从商品使用环境中提取，也可以从商品对比中提取，但是不管怎么提取，都应该以消费者的实际需求为基础，否则就无法达到吸引消费者的目的。图 6-8 所示为从商品特点提取的商品卖点。

图 6-7　首屏焦点图

图 6-8　卖点挖掘

　　质量是消费者最关注的商品品质之一，商品质量好可以提升消费者的购买欲望、提高消费者的访问深度以及商品的转化率。质量的展示是多方面的，功能、性能、工艺、参数、材质、细节、性价比等都是表现商品质量的手段，图 6-9 所示为质量展示的一种方式。在展示商品质量时，应该注意展示方法，如在展示参数、性能、工艺等数据时，不要直接使用烦琐的文字和数据，最好通过简单直白的图片搭配文案进行展示，让消费者能够一目了然。在展示功能、细节、性价比等信息时，通常采用图片搭配简单文案的方式，即图片为主，文案为辅，在保证详情页整体视觉效果的同时，突出商品本身。

　　在完整展示了商品的基本信息后，商家还需进一步打消消费者的顾虑，提升消费者的购买欲望。证书、售后服务、评价、包装、物流、消费保障等都是进一步打消消费者顾虑的有效方式，如图 6-10 所示。

图 6-9　质量描述

图 6-10　质量保障

↘ 6.3.3　页面布局

　　页面布局是指详情页的整体布局效果，好的布局效果可以带给消费者良好的视觉感受，还可引导消费者深入查看详情页信息。

- **整体布局。**详情页的整体布局应该遵循统一整洁的原则，即颜色统一、风格统一、版面整洁规范。同时，在内容安排上应该具备一定的逻辑性，如在挖掘商品痛点时，应该先列出消费者关注的痛点，再提出解决方案，引导消费者进行阅读。
- **图片布局。**淘宝商品详情页描述均是以图片为主，因此需要突出图片的表达效果。在布置图片时，尽量做到同等级的图片大小统一、颜色和谐，如图 6-11 所示。如果不熟悉图片布局的技巧，可以多参考一些优秀的商品详情页的布局方式。

- **文案搭配。**虽然图片是淘宝商品详情页的主体，但文案也是其中必不可少的一部分。将文案中的设计元素与目标人群的喜好、详情页风格等结合，不仅可以使文案起到描述说明商品的作用，还可以使图片中的内容更加生动充实，为商品增色，实现商品的软性营销。商品描述页的文案内容一般较少，且为了图片美观，文案不能覆盖图片本身，此外还要对文字大小进行设计，在字体搭配、颜色搭配上进行优化处理，如图 6-12 所示。

图 6-11　图片布局

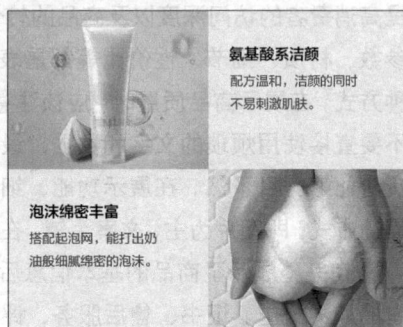

图 6-12　文案搭配

↘ 6.3.4　关联营销

商品详情页中的关联营销实际是一种店内促销手段，其常见形式包括商品搭配套餐、商品搭配推荐、促销活动、商品推荐等，如图 6-13 所示。在详情页中添加适当的关联营销，不仅可以起到引导消费者查看相关商品的作用，还可以激发消费者的潜在需求，提高客单价。如果消费者在看完了详情页的所有内容后，依然没有产生购买行为，则表示商品的某个或某些方面无法满足消费者的需求，但商品或店铺本身又对消费者具有吸引力，因此可以通过关联营销的形式为消费者推荐其他相似商品。在设置关联营销时，建议推荐评价好和性价比高的商品，一般来说，推荐的关联商品最好在 2~3 行以内，不超过 9 个。

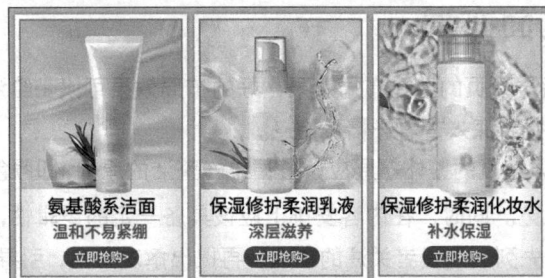

图 6-13　关联营销

6.4　其他类型优化

除了商品标题、详情页外，商家还可以通过对商品的类目、价格、图片等方面进行优化，提升商品对消费者的吸引力，提高店铺的自然流量。

↘ 6.4.1　类目优化

类目优化主要是指在商品的类目选择和设置上进行优化，并根据商品类目的关键词匹配商品标题的关键词，从而提高商品与标题的匹配度，提高店铺和商品的流量。

1. 选择合适的类目

淘宝网为商品提供了分类非常齐全的类目，商家在发布商品时，通常需要根据商品的属性选择对应的类目。但是有时候，商品的属性并不是单一的，这就使得相同的商品也可以放置在不同的类目下。以女鞋为例，女鞋是一个大的类目，在女鞋之下，还有低帮鞋、高帮鞋、拖鞋、凉鞋等二级类目，如图6-14所示。如果商品同时具备拖鞋和凉鞋两种属性，则该商品既可以放入拖鞋二级类目下，也可以放入凉鞋二级类目下。选择不同的类目，对商品的影响也就不同，如经营凉鞋类目的店铺更多，竞争就会更大，那么就可以将商品放入拖鞋类目之下，提高商品的竞争排名。随着淘宝网对商品类目的日渐完善，淘宝网对类目的要求也越来越严格，因此商家在选择商品类目时，必须以商品属性与类目相符为首要前提。

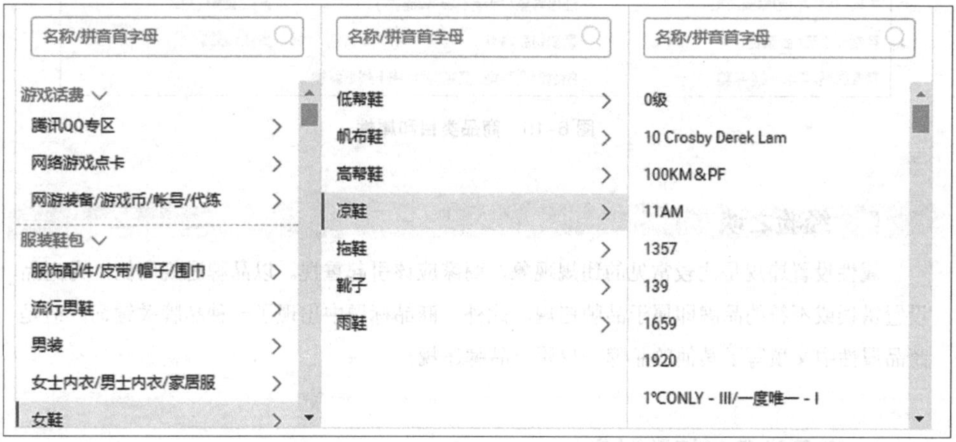

图6-14　女鞋之下的二级类目

2. 避免属性错放

商品的类目属性错放是指发布商品时选择的类目与淘宝网要求放置的类目不一致，或者填写的商品品牌、材质、规格等属性与商品标题或商品描述不相符。当出现类目不符或属性不符的情况时，淘宝网会判断商品违规，给予商品降权处理。

如在设置运动鞋类目时，应该选择运动户外一级类目下的运动鞋类目，而不能选择户外类目下的登山鞋类目，更不能直接选择女鞋或男鞋类目下的其他下级类目。在设置商品属性时，鞋子的闭合方式如果为系带，则选择系带，而不能选择扣带等其他方式。

为了避免类目的错选，商家可根据淘宝网商品发布页面类目选择框下方的提示来判断和选择商品的类目。

3. 设置详细的商品类目和商品属性

在设置商品类目和属性时，通常需遵循尽量完善的原则，即尽可能详细填写、完善细节，如图 6-15 所示。商品类目和属性的合理性和完整性都会对商品的排名产生影响，描述详细准确的商品，可以更好地定位目标消费人群，也更方便消费者了解商品细节，更容易赢得消费者的信任。在填写商品属性时，带“*”号的选项为必填选项，未带“*”号的选项为选填选项，只要是“*”属性的选项，都必须认真填写。

品牌名称：[redacted]

产品参数：

品牌: [redacted]	尺码: 34 35 36 37 38 39 40	图案: 纯色
鞋头款式: 尖头	后跟高: 高跟(5-8cm)	颜色分类: 黑色115 蓝色114
货号: [redacted]	上市年份季节: 2019年春季	鞋头款式: 尖头
适用场景: 正装	跟底款式: 细跟	鞋底材质: 橡胶
内里材质: 牛皮/猪皮内里	适用对象: 青年（18-40周岁）	开口深度: 浅口
鞋制作工艺: 胶粘鞋	鞋垫材质: PU	款式: 单鞋
帮面材质: 羊反绒（羊猄）	销售渠道类型: 商场同款(线上线下都销...	

图 6–15　商品类目和属性

经验之谈

属性设置违规是比较常见的违规现象，商家应该引起重视。以品牌违规为例，为商品设置错误或不符的品牌即属于品牌违规。此外，商品标题中出现了一种品牌关键词，但是商品属性中又填写了其他的品牌，也属于品牌违规。

4. 商品类目与标题对应

在确定了商品类目后，可在标题中添加相关类目词，如能在淘宝首页直接找到的相应类目词等，图 6-16 所示为搜索“凉鞋女”时出现在凉鞋类目下的商品。同理，商品类目中的关键词必须与标题中的关键词相匹配，若是商品类目选择的是运动鞋，但在商品标题中却出现了登山鞋等关键词，就会被淘宝网判断为类目不符，从而对商品进行降权处理。

图6-16　商品类目与商品标题的对应

↘ 6.4.2　价格优化

在选择商品时，性价比是影响消费者的重要因素之一。因此，商家应该综合考虑各方面的因素，结合一定的定价技巧和方法，确定商品的价格。

1. 影响商品定价的因素

在不同的定价环境中，确定商品的价格需考虑的影响因素也不一样，下面分别对各种因素进行介绍。

- **市场环境**。市场环境是对商品价格影响较持久的一种因素。消费环境、市场性质、商品发展等都会影响市场环境，市场环境的变化直接导致商品价格的变化。同时，商品价格在很大程度上影响着消费者的购买意愿和购买数量，很多商家为了扩大市场会选择低价策略，造成商品之间的定价竞争。但是无论是市场环境变化导致的价格变动，还是同行竞争引起的价格变动，都不是商品定价的基本前提，商品本身的质量才是商品定价的基本前提。

- **销售策略**。商品价格通常具有多样性，部分商品的价格常年保持在一个平稳的区间，部分商品的价格却会随着销售环境的变化而变化。以电子产品为例，同一款商品，在推出初期时价格较高，然而随着时间的变化，其价格会逐步降低。

- **商品形象和品牌**。商品形象和品牌也是一个重要的定价因素，商品形象好、品牌知名、口碑好的商品在定价上有一定的优势，也容易被消费者接受。

- **经销路线**。商品从原厂到消费者手中，中间可能会经过一个或多个中间商，每一层中间商都会对商品进行定价，然而这种定价需建立在公平合理的基础上，涨幅不可太过夸张。

- **消费者的消费心理**。对消费者的消费心理进行分析也是一种定价方式，如"整数定价""尾数定价""折扣定价"等都属于根据消费者的消费心理进行的定价。

2. 商品定价的技巧和方法

在不同环境中可对商品进行不同的定价，一般来说，整数定价、尾数定价等方法比较常用且适用范围较广，而数量折扣定价等方式，则可结合不同的销售环境进行使用，下面主要对常用的商品定价技巧进行介绍。

- **整数定价**。整数定价适用于价格较高的一些商品，可以侧面体现出商品的质量，提升商品形象，如价值较高的艺术品等，如图 6-17 所示。
- **尾数定价**。尾数定价是指采用零头结尾的方式对商品进行定价，常以"8""9"等数字作为尾数，给消费者一种价格实惠的感觉，如图 6-18 所示。

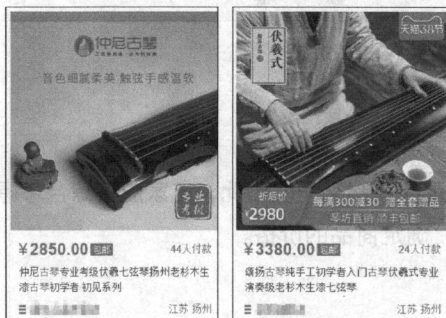

图 6-17　整数定价　　　　　　　　图 6-18　尾数定价

- **成本加成定价法**。成本加成定价法是指在成本的基础上以相对稳定的加成率进行定价，采用该定价法进行定价的商品，其价格差距一般不会太大。
- **习惯定价法**。习惯定价法是指按照市场上已经形成的价格习惯来进行定价。
- **数量折扣定价**。数量折扣定价是指当消费者购买的商品数量较多时，给予一定的优惠，如包邮、打折、满减等。

经验之谈

为了给商品制定更合适的价格，商家不仅需要考察市场，还需要对同行商品价格进行分析，然后结合定价方法和技巧设置最合适的商品价格。

↘ 6.4.3　图片优化

图片是店铺的灵魂，商品点击率和转化率都直接受图片质量的影响。高品质的图片不仅可以促成消费者的购物行为，加深消费者对商品的印象，还可以表现商品的细节，展示商品的品质，提高商品的成交量。

1. 图片优化原则

对于网上店铺的商品而言，视觉效果优秀的图片不仅可以让商品从众多竞争者中脱颖而出，提高流量和点击率，还可以刺激消费者的购买欲，从而提高商品转化率。网店经营者必须掌握图片优化的技巧和方法，而要做好商品的图片优化，首先需遵循以下 5 个原则。

（1）**实拍图片**。网上购物的过程就是获取消费者信任的过程。在购买网上商品时，消费者的信任建立在商品实拍的基础上。图片的作用首先是展示商品，方便消费者了解商品信息，这就需要在合适的环境和场景中对商品进行拍摄，增加商品的真实感。如果是服装类商品，还需使用模特实拍图，通过模特的姿势和动作、穿着和搭配，让消费者清楚地看到商品在实际使用时的效果。图6-19所示为商品实拍和模特实拍图。

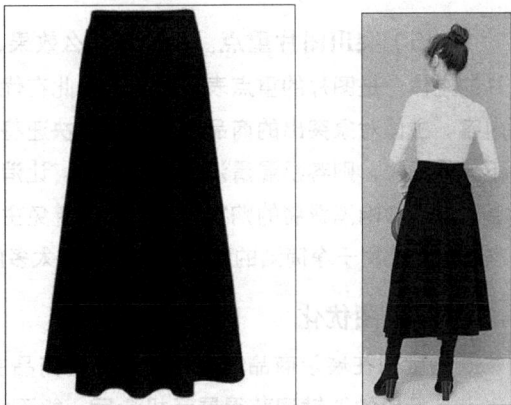

图 6-19　商品实拍和模特实拍图

（2）**保证图片清晰**。图片清晰是网店商品图片最基本的前提，清晰的商品图片，不仅能更加直观地展现商品的质感和材质等信息，还可以大大提高商品的美观度和视觉冲击力，刺激消费者的消费欲望。反之，不清晰的商品图片可能会阻碍消费者了解商品信息，容易将图片质量问题上升成商品质量问题，影响消费者的第一印象和购物体验，从而对商品失去信心。

（3）**展示详细细节**。商品实拍图可以很好地展示商品的整体效果，让消费者了解商品的外形、颜色、款式等信息。如果商家想进一步体现商品的质量、性价比和特点，提高消费者对商品局部细节的认知，就需要对商品细节进行展示。在展示商品局部信息时，需要对商品有价值的细节进行挖掘。以服装商品为例，有特色的拉链、花边、缝合良好的线缝、衣边、吊牌等都可用于局部细节的展示，如图6-20所示。细节图展示合理，可以提高消费者对商品的好感度，促成消费者的购买行为。

（4）**保持美观度**。电子商务营销是视觉营销，要想获得优秀的营销效果，就必须保持图片的美观度，保证图片可以在第一时间抓住消费者的眼球。根据实际需要，商家可以在不影响图片效果的前提下添加一些合适的文案内容，图6-21所示为详情页图片文案。需要注意的是，文案应尽量简洁精练，不能繁杂，否则不仅影响图片的美观度，还会造成消费者的视觉疲劳，难以促成交易。

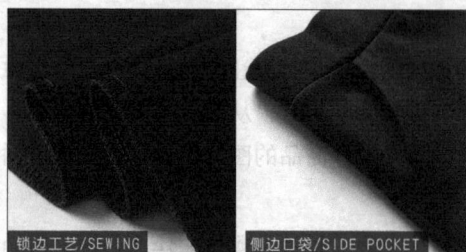

图 6-20　商品细节展示

安全胸针
牢固佩戴

撞色叠花颜具设计感，安全别
针设计，不易在佩戴中脱落，
更加牢固，可放心使用。

图 6-21　文案搭配

（5）突出图片重点。不论是什么效果、什么形式的商品图片，商品永远是图片的主体，是图片的重点表现对象，因此在优化商品图片时，一定要分清图片的主次内容。主体对象突出的商品图片，可以快速将消费者的注意力引导至商品上，而主次不分的图片，则容易混淆消费者的视线，让消费者难以在第一时间了解所需的商品信息，从而影响消费者的购物体验。为了避免主次混乱的情况，在拍摄商品图片时，商家应尽量使用干净简洁的背景，避免使用太多的陪衬物。

2. 主图优化

淘宝网在展示商品时，通常是采用商品主图加商品标题的形式，商家在通过优化商品标题的关键词获得展示机会后，能不能将展示机会转变为点击率，很大程度取决于商品主图的质量。为了保证主图质量，获得更多点击率，主图优化需做到以下 3 点。

（1）美观完整。真实性和清晰度是对商品图片最基本的要求，商品主图作为商品流量的"敲门砖"，除了需要真实清晰之外，还必须美观完整。特别是搜索页的第一张主图，必须能够完整地展示出商品主体效果，才能有效地带来点击率。淘宝商家可以根据实际需要添加多张主图，消费者在查看时，可点击主图下方的缩略图查看其他主图效果。在这些非默认展示的主图中，可以不局限于展示商品的完整性这一点，转而放置一些商品细节图供消费者查看，图6-22所示为主图展示效果。

（2）展示卖点。对于部分实用性较强的商品而言，特别是以功能为主要卖点的商品，要想最大化引入流量，只凭借美观的图片是不够的，还需要展示足够的卖点来吸引消费者的关注。卖点的展示与前面介绍的方法基本类似，但是受主图大小和内容的限制，必须简练明确，这就需要商家深入分析目标消费人群的特点，抓住他们的需求，挖掘出最适合的商品卖点。一般来说，商品性能、特点、价格、质量、促销信息等都是消费者想要了解的信息，只要能把消费者的需求和商品的优势完美结合起来，就可以收到良好的效果。以空调为例，这类消费者通常比较关注空调的节能、净化、静音等效果，此时即可针对消费者需求将"超静音、超净化、超节能"的特点展示在商品主图中。图6-23所示为针对目标消费人群的主图展示效果。

（3）**环境引导**。环境引导是指通过将商品放置到实际使用环境的方式来展示商品，增强消费者的代入感，从而提升消费者的购物欲望，如服装的街拍主图效果，以便用毯子、被子作为环境引导的主图效果等，如图6-24所示。

图 6-22 主图展示效果

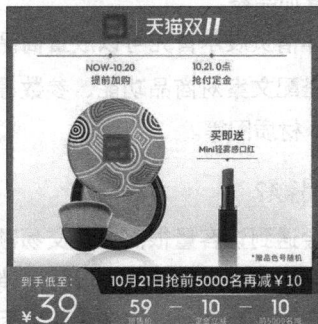

图 6-23 展示卖点

图 6-24 环境引导

经验之谈

优惠在市场竞争中十分重要，特别是对于低价商品而言，为了吸引客户，可以直接将价格、包邮、满减、限时特价等信息展示在主图中。

6.5 疑难解答

对于淘宝商家来说，在搜索页面中的位置越靠前，带来的流量就越多。在消费者被精美的主图吸引后，商家应注意掌握有关商品详情页设置和提高店铺交易额的方法，下面将分别进行介绍。

1. 如何设置不同行业的商品详情页？

商品详情页是影响转化率的重要因素，要做好商品详情页优化，前提是了解该商品的目标客户人群，因为消费群体不同的行业对商品详情页图片设置的要求也不同。下面对一些主要行业的商品详情页图片设置的注意事项进行介绍。

- **服装行业**。服装行业的商品详情页首先要求较好的视觉效果，即全方位、多角度的商品展示图，通常为模特展示图。其次可放置一些细节图、款式和颜色图，还可以放置一些对比图、挂拍图等。
- **美妆行业**。美妆行业的目标客户通常比较关注商品的使用效果，包装、真伪、生产批号、功效等都是需要展示的对象，因此美妆行业部分商品的详情页一般需要通过图片搭配文案的方式进行展示。此外，还可搭配商品全方位展示图、对比图、商标图、认证证书和质检报告、使用效果对比、商品尺寸等，也可搭配一些实体店图片，增加消费者的信任度。

- **家具行业。**购买家具的消费者通常比较关注商品的实拍效果，因此商品实拍图、做工和材质细节图、多方位展示图、商品搭配图、款式图都是比较受消费者关注的信息。此外，还可放置一些认证证书和质检报告、商品尺寸、对比图、实体店图等让数据体现得更加完整。
- **数码行业。**数码商品的详情页展示首先可以放置商品的全方位多角度展示图、实拍图和细节图等，再搭配文案对商品功能、参数等进行介绍，此外，还可以放置一些尺寸、配件图、材质图等。

2. 如何提高店铺的交易额？

在经营网上店铺时，可能会遇到访客量很高，但交易额却很低的情况，此时，商家必须了解消费者放弃购买的原因，做出对应改进，以打消消费者的顾虑，提高交易额。

- **价格顾虑，优惠让利。**在购买商品时，消费者可能因为资金不足等情况，对商品的价格产生顾虑，从而选择售价更低的其他店铺。针对这种情况，商家可以通过给予优惠，让消费者感到物超所值，进而促进交易，常见的优惠手段包括满减、包邮、试用装、优惠券等。
- **久不付款，巧用手段。**在网上购物时，消费者可能因为遗忘、犹豫等状况，下单后一直不付款，此时，商家可直接通过淘宝联系消费者，采用库存不足、促销即将结束、某个时间点前付款可当天发货等手段，提醒消费者支付订单金额。
- **实图差异，提供承诺。**由于网上购物时消费者无法实际接触到商品，容易产生实物商品与商家图片是否相符的顾虑，导致消费者不愿意下单购买商品。这种情况下，商家可以向消费者提供承诺，保证不满意可以退换货等，消除消费者的顾虑。常见的商家承诺有 7 天无理由退换、赠送运费险、极速退款、30 天质保等。

6.6　课后习题

（1）在千牛卖家工作台的选词助手中，分析与店铺商品相关的关键词，结合商品本身的特征，优化商品标题。

（2）结合本章所讲内容，对店铺商品的详情页进行分析，考虑可以如何进行优化。

（3）分析女装类目中的"衬衣"类目，分析该行业普遍使用的定价方法，以及图片优化的方法，总结服装行业的商品详情页设置技巧。

CHAPTER

07

利用站外资源推广店铺

网店的访问量影响其销售量，因此，网店经营者必须懂得各种推广网店的方法，利用网络资源吸引消费者。本章将通过介绍店铺流量的来源、运用网络资源宣传店铺、运用站外平台宣传店铺 3 个部分，对利用站外资源推广店铺的常用方法和技巧进行介绍。

案例导入

琳琳通过直通车、淘宝客等方式，对其专营手工饰品的网店进行了推广，以吸引消费者进店购物。然而在月底计算收入和支出时，琳琳发现即使开通了直通车，通过淘宝客推广了网店，其利润也没有增长，甚至还有减少的趋势。

在对开展推广前后的销售情况等进行分析后，琳琳发现虽然直通车、淘宝客等都增加了网店的浏览量，但是由于和淘宝客长期合作，网店商品会呈现出有规律的优惠期。这就导致了消费者更愿意在优惠期时购买商品，所以虽然销售量大幅上升了，但销售额却并没有大幅增加，并且不管是开通直通车，还是与淘宝客合作，都会产生额外的费用，因此综合下来网店利润并没有明显地增长。

意识到只采用付费推广方式可能会造成网店利润下降后，琳琳开始利用自己的微博、微信等社交账号对网店进行推广。琳琳每天上午都会在朋友圈分享当天的服饰搭配，介绍每种饰品搭配的心得，推荐相同风格可搭配的饰品，还积极参与微博上有关饰品的话题讨论，向有兴趣的微博用户推荐自己网店中的商品，并在自己的微博中，通过对各类饰品进行盘点、归类、介绍搭配等吸引微博用户的注意。经过几个月的努力后，琳琳的网店浏览量、销售量、销售额都在稳步增加，每月利润也开始增多。

经过这一系列的事件后，琳琳意识到经营一个网店，不能仅靠付费推广，必要地结合身边拥有的免费资源，可能会达到意想不到的效果。

7.1 店铺流量的来源

网店获取的流量可以分为站外流量和站内流量两种。站外流量就是从淘宝网以外的其他途径引入的流量，如从各种返利网站、优惠群、微博、知乎、抖音等引入的流量；站内流量就是通过淘宝网本身带来的流量，如通过直通车、聚划算、淘宝直播等带来的流量，是商家吸引消费者的主要渠道。

↘ 7.1.1 淘宝站外流量

淘宝站外流量就是商家借助淘宝网之外的各种网站、新媒体平台，对网店、商品进行介绍从而带来的流量，如返利网、喜购、一淘网等。商家可通过发放特定优惠券、给予返利等方式，将商品展示在网页中，对自己的商品进行推广，吸引消费者的注意。消费者则可以通过在网站中浏览商品的优惠信息，选择要购买的商品，或通过搜索相关商品，浏览优惠信息，再选择要购买的商品。图 7-1 所示为喜购官方网站的商品页面，消费者可在商品页面直接查看商品的优惠价、返利等信息，单击商品即可跳转到商品对应的网页查看详情。

图 7-1　喜购官方网站的商品页面

除此之外，商家还可以根据实际情况，选择微博、知乎、视频网站等多种方法来推广商品。常见的有微博淘宝客、QQ 优惠群、微信顾客群等。预算充足的情况下，商家还可以请较有影响力的网红进行推广。现如今，越来越多的网店商家开始注重多平台营销，各大新媒体平台在营销中所占的比例也越来越大，妥善运用各平台的优势，可提升网店的品牌形象，帮助商家更好地推广商品。

7.1.2　站内搜索

站内搜索就是消费者在淘宝网内搜索商品带来的流量。对商家来说，站内搜索是吸引消费者的主要方法，因为消费者在有购买需求时，往往会直接在淘宝网中搜索相应关键词，寻找合适的商品进行购买。而想要提高站内搜索带来的流量，商家就必须了解商品关键词。图 7-2 所示为巧克力商品的相关关键词排名。

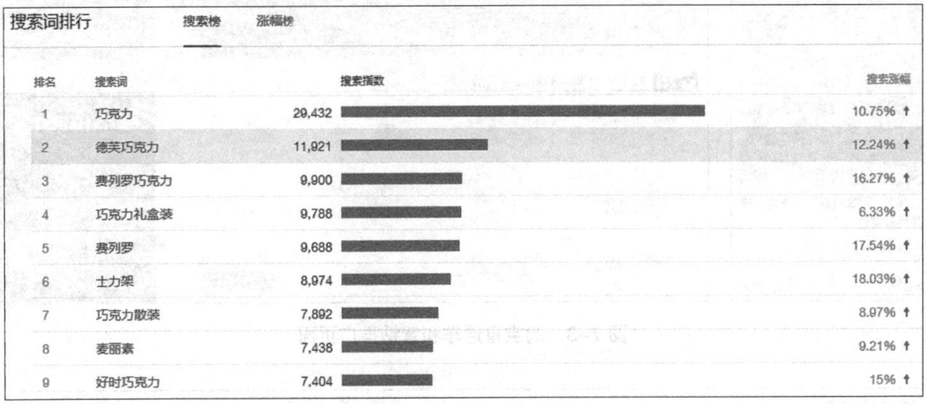

图 7-2　巧克力商品的相关关键词排名

7.1.3　付费推广

在进行店铺推广时，付费推广是日常运营中较常见且有效的一种方式，包括直通车、智钻、淘宝客等。其中，直通车是淘宝商家最常用的一种推广方式。淘宝网要求开通直通车的商家的店铺及用户状态正常，店铺开通已满 24 小时，一个月内成交额大于 0，且还要考虑店铺的综合排名。智钻则是最容易获得流量的一种推广方式。淘宝网要求开通智钻的商家店铺信用等级在一钻以上，店铺各项评分在 4.4 分以上。图 7-3 所示为淘宝直通车和智钻推广页面。

7.1.4　参与活动

淘宝网商家可以通过参加淘宝网内部的营销活动对商品进行推广，其常见的活动形式有聚划算、天天特卖、淘金币、淘抢购、有好货、每日好店等，图 7-4 所示为参与淘抢购活动的商品。淘宝网对不同活动的要求不同，商家在参与前，应进入规则中心仔细阅读。淘宝客是指使用淘宝客推广软件，为委托人提供推广服务的单位或个人。淘宝客一般会根据店铺的综合能力来决定是否接受推广，对商家来说，与淘宝客合作是一种十分有效的推广方式。在淘宝网首页进入聚划算活动页面，单击"商户中心"，再选择"规则中心"即可与之合作。

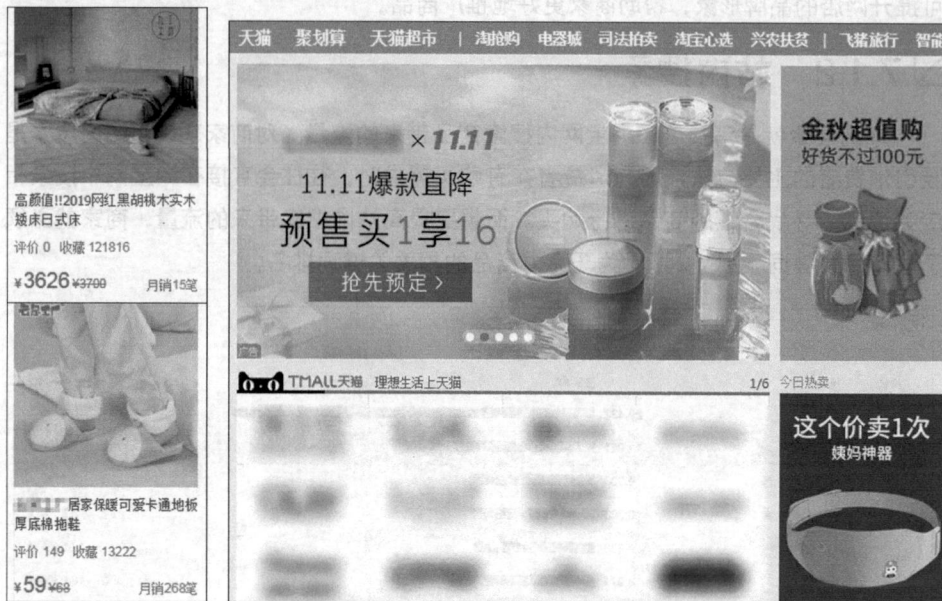

图7-3　淘宝直通车和智钻推广页面

图7-4　参与淘抢购活动的商品

↘ 7.1.5　会员营销

会员营销是指商家向在店铺购买次数或金额达到规定数量的消费者，发送入会邀请，对会员采用折扣、优先发货等方法进行关系维护，使老顾客多次复购，从中获得流量。对于淘宝店铺来说，会员往往是最稳定的流量，其转化率也比较高。因此商家必须妥善经营会员关系，重视会员的服务体验等，提升会员带来的流量。

7.2　运用网络资源宣传店铺

在互联网高速发展的时代，借助网络资源推广网店是最主要的手段，商家可以利用新媒体平台免费推广网店或商品。常使用的新媒体平台有微博、微信、论坛等。下面分别进行介绍。

↘ 7.2.1　微博推广

微博是现代年轻人获取新闻、娱乐、学习等各方面信息的公共社交平台，其用户基数大，信息发布、查看方便，是商家推广店铺的首要选择。

1. 设置店铺微博

在进行微博推广前，需要注册一个微博账号，用于引导消费者关注，发布上新、活动、折扣消息等，促成消费者的购买行为。在设置店铺微博时，其微博账号名称最好是店铺名称，头像最好是店铺或品牌Logo。此外，微博账号的个性域名也可以与店铺联系起来，如设置为店铺全拼。微博账号的简介可以简单介绍店铺的基本信息或合作联系方式。

设置微博时，还可以将个性标签设置为与店铺商品、行业相关的标签，方便微博用户查看、拓宽社交圈。图7-5所示为一个店铺微博的主页。

图7-5　店铺微博主页

经验之谈

新浪是现在主流的微博平台之一，提供了微博认证功能，不管是个人、企业、媒体，还是网站都可以进行认证，通过认证的微博名称后会有一个"V"字标志。认证微博不仅可以提升微博的权威性和知名度，同时还更容易赢得粉丝的信任。

2. 微博活动

商家可通过在微博中开展各种活动，吸引消费者的注意力，增加店铺或商品的关注度，以此进行推广。常见的活动形式有转发抽奖、晒图转发、发布话题3种。

- **转发抽奖**。转发抽奖就是店铺官方微博通过关注转发，结合评论、@好友、点赞等形式开展的活动。这种活动形式可以通过粉丝的转发扩大影响范围，吸引更多微博用户关注活动，为店铺官方微博积累粉丝。其最常见的形式是"关注＋转发"，如图7-6所示。

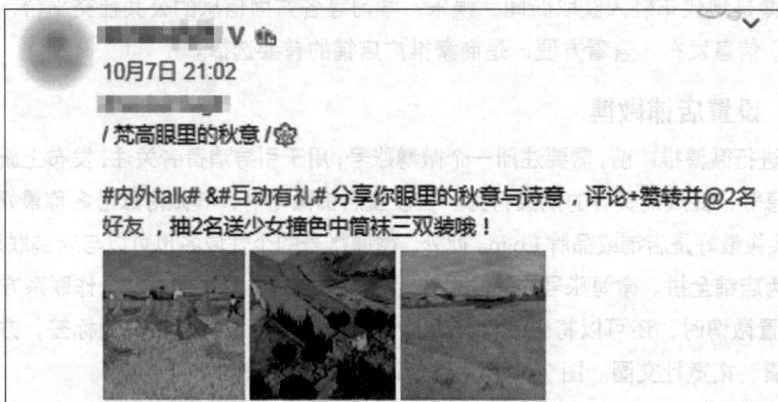

图7-6 转发抽奖

- **晒图转发**。晒图转发就是将粉丝发布在微博中的商品图片转发到店铺官方微博。其活动形式还可以是店铺官方微博自主策划和组织，邀请消费者将商品图片上传到微博中，并@店铺官方微博，再由店铺官方微博转发，粉丝以评论、点赞等形式进行评比。这种活动可以加强粉丝的参与感，维护与粉丝之间的关系，扩大商品的推广范围。图7-7所示为店铺官方微博转发的粉丝晒图。

- **发布话题**。发布话题就是在微博上发布特指某个描述对象的主题，如"上新"等。在微博中发布话题，可以引导粉丝查看话题相关内容、参与讨论。一般来说，店铺官方微博可设置专门的话题，用于引导粉丝有针对性地进行话题讨论。图7-8所示为店铺官方微博发布的带话题的微博。

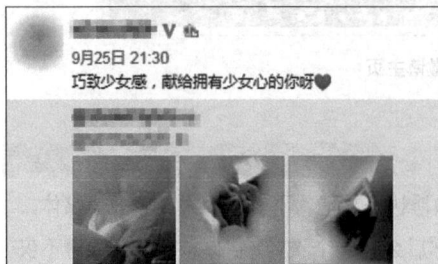

图7-7 店铺官方微博转发的粉丝晒图

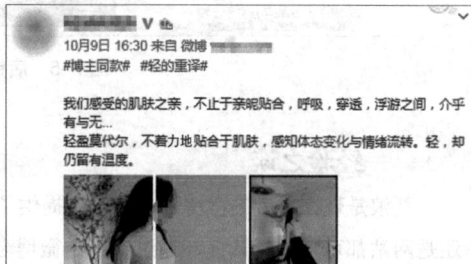

图7-8 发布话题

↘ 7.2.2　微信推广

随着智能手机的普及，微信作为常用的社交软件进入了大众的视野，成为最常用的即时通信软件。正是由于微信的这种大众化特点，其用于推广的作用也被人们重视起来，商家可通过微信朋友圈和微信公众号两种方式推广店铺或商品。

1. 微信朋友圈推广

在微信朋友圈进行推广较为方便且常用，商家通过移动设备可随时随地发布朋友圈消息，如上新、折扣、活动、互动等。但由于微信朋友圈只有微信好友才能查看，因此对于采用微信朋友圈推广的商家来说，主动引导和邀请消费者添加微信号是十分重要的事情。商家可通过商品快递里附赠的商品卡、感谢信、退货卡等，将微信号或微信二维码提供给消费者，并通过定期活动、仅朋友圈的限时折扣等方式，吸引消费者添加商家的微信号。

在微信朋友圈进行推广时，商家应注意发送消息的时间，最好选择 7 时—9 时、12 时—13 时、17 时以后零点以前等时间段。这些时间段里，消费者大都处于休息时间，可以浏览微信朋友圈。如果是开展限时秒杀、抢购活动，商家也可以先发布一条消息，征集好友意见，再决定开展时间。图 7-9 所示为箱包商家在朋友圈开展的半价活动，图 7-10 所示为宠物用品商家在微信朋友圈发布的秒杀活动预告。

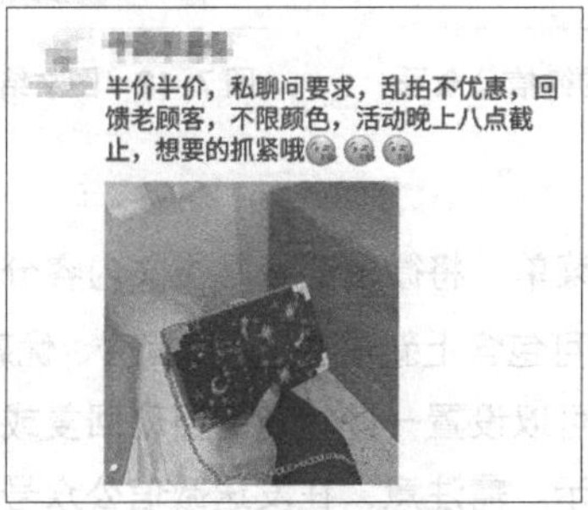

图 7-9　半价活动 　　　　　　图 7-10　秒杀活动预告

2. 微信公众号推广

微信公众平台是一个通过公众号发布媒体信息的平台。商家可以申请微信公众号，在该平台进行自媒体活动，如通过二次开发，展示商家的微官网、微会员、微推送、微支付、微活动、微报名、微分享、微名片等。目前，微信公众号已经发展成一种主流的线上线下互动营销方式。

按照性质的不同，微信公众号可分为服务号、订阅号、小程序和企业微信。不管是哪一种类型的公众号，其目的都是为个人或者企业创造价值，而创造价值的前提则是做好推广内容。商家采用微信公众号进行推广时，需要注意注册与设置账号、编写推文内容、提供客户服务 3 个方面，下面分别对其进行介绍。

- **注册与设置账号**。在注册微信公众号之前，需要先考虑好公众号的类型，一般来说，订阅号的限制较少，适合大多数网店商家。商家在设置微信公众号基础信息时，应注意微信公众号的名称和头像，最好与微博、网店中的名称和头像保持一致，方便消费者辨识，更好地发挥品牌优势。图 7-11 所示为某服装品牌的微信公众号。

- **编写推文内容**。微信公众号的推文内容一般有文字、图片、图文结合和语音等形式，其中，图文结合为最常见的形式。图文结合的微信公众号推文，要求文字排版整齐、版式整洁、图片精美、内容具有吸引力。商家可以通过发布海报图片、短文字、图文结合的推文等，发布网店的上新、活动、折扣，甚至是休假等信息。图 7-12 所示即为某饰品网店发布的有关上新的图文结合推文。

图 7-11　某服装品牌的微信公众号

图 7-12　图文结合推文

- **提供客户服务**。商家可通过设置自定义菜单，将微信公众号推文内容分为不同的类目，方便客户查看相关内容。其菜单可包含上新信息、品牌简介、优惠活动、购买链接等，如图 7-13 所示。此外，还可以设置一些特定的自动回复或关键字词回复，为客户提供方便，如图 7-14 所示。需注意，在发送微信公众号推文信息后，商家应注意阅读客户的留言，从中选取高质量的、具有代表性的进行回复，并展示在推文评论区，以维护与粉丝之间的关系。

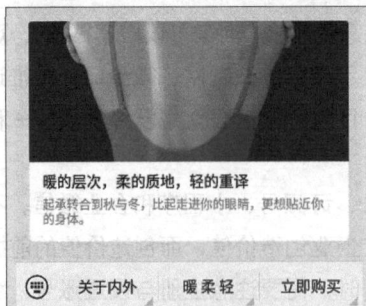

图 7-13　自定义菜单

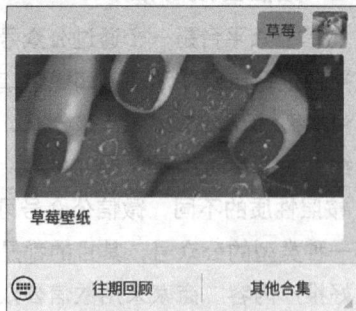

图 7-14　自动回复

7.3 运用站外平台宣传店铺

在淘宝网内部进行推广时，对网店的资质有所要求，且部分项目还需一定的资金，对新手商家并不友好。因此，商家可以选择站外平台进行推广，如折800、返利网、一淘等，通过发放优惠券或回馈返利等手段，吸引消费者，提升店铺的资质和人气。

↘7.3.1 折800

折800是一家专注网购折扣省钱的精品特卖网站，与淘宝网、天猫都有合作，拥有1亿多的注册用户。因其销量巨大、广告投放量大，所以深受众多淘宝商家的喜爱。商家与折800的合作模式一共有2种，分别是特卖商城入驻和淘宝天猫合作（导购），但都需要在注册账号后提交合作申请，经过网站的审核才能完成入驻。折800官网首页如图7-15所示。商家可以实时关注折800网站的活动，根据活动参与条件，选择具有良好竞争力的商品参与活动。

图7-15 折800官网首页

↘7.3.2 返利网

返利网成立于2006年，是我国领先的电商导购平台，现拥有1.7亿会员用户，几乎涵盖了所有知名电商，包括400多家电商网站和20 000多个知名品牌店铺。商家与返利网的合作模式分为超级返合作、B2C独立网站CPS合作和9块9合作3种。下面分别进行介绍。

- **超级返合作**。超级返合作是针对商家提供的一项保ROI（投资回报率）的效果营销服务，合作对象包括知名品牌商、运营知名品牌网上店铺的TP公司（Taobao Partner，天猫认证的第三方代运营公司）、品牌经销商等，包括天猫、京东、等知名B2C、POP平台店铺和独立B2C网站。

- **B2C 独立网站 CPS 合作**。返利网为 B2C 独立网站提供了单独的合作模式，独立网站与返利网签订合作协议并支付相关费用后，由返利网协助完成技术接口，提供专属页面引导会员去合作网站下订单并完成交易，独立网站根据销售效果向返利网支付佣金，返利网将部分佣金返还给会员。
- **9 块 9 合作**。9 块 9 合作是一种主要致力于为会员提供平价精品百货服务的合作模式，其主要合作对象为知名淘宝商家及优质天猫商家等。

除此之外，商家在返利网还可以参加清仓闪购活动，其合作对象为品牌或有品牌授权资质的经销商，包括流行百货、母婴、家居、美妆、食品等类别，具有无平台使用费和售价低于同类型平台的优势。图 7-16 所示为返利网超级返商家报名后台。

图 7-16 返利网超级返商家报名后台

7.3.3 一淘

一淘是阿里巴巴旗下的促销类平台，商家需要在加入淘宝客后，开启返利管理，才能报名一淘的活动。一淘要求参加活动的店铺等级达到三钻及以上，店铺 DSR 达到 4.6 分及以上，报名的商品数量应在 20~200 款，且销量大于 0。一淘对商家商品的审核拥有明确规定，其要求如图 7-17 所示。

> 审核规则：不低于 30%
>
> 至少 3 款佣金率不低于 70%，货值不低于 100000.00 元
>
> 至少 2 款佣金率不低于 56%，货值不低于 150000.00 元
>
> 70% 以上佣金率商品返利后的价格必须是 30 天历史最低价的 7.0 折及以下
>
> 56% 以上佣金率商品返利后的价格必须是 30 天历史最低价的 8.0 折及以下

图 7-17 一淘审核规则

↘ 7.3.4 团购平台

团购是一种消费者联合起来进行的团体购物形式。对商家来说，团购就是一种促销手段，可以提高销量、聚拢消费者、与消费者实现共赢。目前，较常见的团购服务平台包括糯米网、美团、大众点评、拉手网等，涉及的商品和服务多种多样。除此之外，商家还可以参与一些大型电子商务平台的拼购活动。

经验之谈

不论是申请活动还是申请团购，商家都需在目标网站中寻找合作途径，而且要按照合作要求和准则填写相关信息并提交相关材料，等待审核通过后方可参与活动。不同网站的合作方式和合作要求一般也不同。

↘ 7.3.5 其他站外平台

除了上述平台外，还有许多可供商家用于推广的网站或平台，如蘑菇街、淘宝U站等，可帮助淘宝店铺或商品引进流量、提升转化率、增加销量等。下面进行简单的介绍。

1. 蘑菇街

蘑菇街是专注于时尚女性消费者的电子商务网站，涉及社区、直播、短视频、编辑测评等时尚业务范围，其基础类目涵盖了女装、女包、女鞋、配饰、美妆等多个类目，为商家提供了流量扶持、大促活动支持、专业客户经理辅助等服务。蘑菇街根据商品类目不同，收取不同的服务费用，最高为销售额的 5%。图 7-18 所示为蘑菇街的入驻市场页面。

图 7-18 蘑菇街的入驻市场页面

💬 **经验之谈**

　　任何推广平台或合作网站都会对店铺或商品有一定的要求，优质商品或是已具有相当
人气的商品更容易申请成功。网店在经营初期应该选择合适的方式进行推广，注意积累商
品人气，提高店铺的资质和形象。

2. 淘宝 U 站

　　淘宝 U 站也是隶属于阿里巴巴集团的网络导购平台，其以小站集合的形式，根据
兴趣图谱和标签进行营销，目的在于为用户提供一个可以跳转到淘宝店铺的链接。商
家可以借助这种平台级的服务自行创建导购小站，分享导购内容，从而获得盈利，如
图 7-19 所示。需要加入 U 站的商家可以在 U 站首页中单击"商家报名"超链接，通过
在线打开 QQ 聊天窗口或添加 QQ 好友的方式，咨询在线客服 U 站申请和建站的相关
信息。

图 7-19　U 站中心

3. 喜购

　　喜购是一个提供专业购物返现及精品导购服务的电商平台，其与淘宝、天猫、京东、
唯品会、苏宁易购等都有合作。喜购支持用户使用淘宝账号、QQ 账号及新浪账号登录。
除商城外，其余商品均可直接跳转到淘宝、天猫商品页面。商家可通过联系在线客服，
或加入商务合作 QQ 群咨询活动报名事宜。图 7-20 所示为喜购首页。

图 7-20　喜购首页

7.4　疑难解答

　　不管是在网店发展的哪个时期，商家都应该对网店进行推广，扩大影响力。下面将针对网店推广中的部分问题进行解答。

　　1. 如何进行微信公众号的推广？

　　推广微信公众号前，应先分析客户喜好，了解内容安排、推广时间等，结合分析结果再进行推广，下面分别对其进行介绍。

　　（1）**分析客户喜好**。微信公众号的推广内容只有迎合客户的喜好，才能获得足够的关注量，达到预期的推广效果。在制作推广内容之前，运营人员必须对推广所面向的客户群体进行分析，并对具有某种特点的内容进行掌握，如积极的、实用的、方便记忆的、有价值的、有趣味性的、有创意的、能引人深思的文章主题等。

　　（2）**内容安排**。微信公众号推广是基于移动端电子设备进行的推广方式，客户花费在移动电子设备中的时间多为碎片时间，特点是次数多且时间短。此外，内容的多少还受移动电子设备屏幕的大小所限。微信公众号的内容可从以下5个方面进行安排。

　　• **内容的定位**。在微信公众号中发布的内容和数量都不能太多，推送内容以 3~4 个栏目为最佳，且需根据推送主题来整理内容。例如，操作类内容需提供具有实操指导性的图文；资讯类内容需提供最新且最具实用性和趣味性的动态；活动类内容需提供具有参与性的活动流程等。

　　• **确定标题**。现在很多客户都订阅了较多的公众号，要想从诸多公众号中脱颖而出，公众号的推文标题就一定要新颖且具有创意，才能引起客户的阅读兴趣。

- **内容摘要**。微信公众号的推广大都采用图文结合的方式。由于移动端客户具有时间碎片化的特征，所以推文的文字内容不宜太多，可以通过一句摘要引起客户的阅读欲望。
- **排版要求**。微信公众号的推文排版一般以小段落为主，切忌出现大段文字。
- **引导关注**。微信公众号推文可以被已阅客户分享到其他平台，因此可以在推文中展示公众号信息，如在文章的最后附带二维码，通过提示引导客户关注。

（3）推送时间。微信公众号的推送时间应根据客户的空闲时间决定，如上下班途中、午餐时间、睡前时间等，运营人员可分析总结客户的观看时间，然后决定推送时间，但应注意避开高峰期。

2. 如何区别内容电商与平台型电商？

内容电商通过原创的优质内容来凝聚流量，展现个性化、情景化的信息，将浏览者变为信息的订阅者、消费者，充分挖掘潜在消费群体，刺激他们的购物欲望。内容电商与一般的平台型电商的区别主要有以下 3 点。

- 内容电商通过内容来维系商品和消费者之间的关系，通过内容信息来提供价值服务和增值服务，引起消费者的共鸣并吸引他们。内容电商是充分基于消费者需求而产生的，其核心是消费者。平台型电商的核心则是商品和供应链，并根据这些来扩展市场，从而获取消费者。
- 内容电商依靠原创内容来聚集流量，其成本相对较低。平台型电商则主要靠各种渠道引流，对流量的控制较弱，且成本较高。
- 内容电商的信息浏览者一开始并不一定有购物心态，但会受到内容潜移默化的影响，转变为消费者。平台型电商的目标消费群体十分明确，商家只需做好商品的信息展示即可。

7.5　课后习题

（1）在淘宝论坛中，编辑并发布一条推广店铺商品的帖子，并与其他用户互动。

（2）将微博名称、头像与店铺统一，发布"上新""新品预告"等相关话题，结合商品相关介绍、推荐等，发布微博内容，与粉丝互动。

（3）申请一个微信公众号，要求其名称、头像与淘宝店铺、微博保持一致，编辑一条店铺"双 11"折扣活动的推文，并分享至微信朋友圈。

（4）结合店铺定位，发布一条推荐或科普类型的淘宝头条。

CHAPTER

08

利用站内资源推广与促销

淘宝网的站内推广功能较为完善，是许多商家推广店铺或商品的不二之选，其操作简单，且比站外推广更有保障，较为常见的形式包括直通车、聚划算、天天特价、微淘等。本章将分为利用淘宝活动进行营销推广、直播引流推广、内容转化推广和移动端店铺推广4个部分，对利用站内资源推广与促销的相关知识进行讲解。

案例导入

美云作为利用微博将淘宝店铺"盘活"的小网红，深谙与消费者互动的重要性。淘宝网刚推出微淘功能时，美云就利用微博号和达人号双管齐下，对店铺进行推广，然而推广的效果却并不显著。

为了更精准地找到推广效果不佳的原因，美云对自己运营的达人号与微博号进行了分析。经过仔细比较后美云发现，微博号发布的推荐、上新、活动等内容吸引了较多关注，能将一部分粉丝转化为消费者；而达人号发布的推荐内容，虽然也能吸引一定数量的消费者，但成交量很低。

美云又将目光转到粉丝较多、回复率较高的达人身上，通过分析他们发布的微淘内容发现，这些达人会直接将推荐商品的链接放在微淘中，且会将自己的使用感受、推荐理由、商品缺陷等都告诉消费者，而不是像美云一样只简单描述商品和配上商品图片。紧接着，美云选择了一位达人，与其合作推广了店铺中的一批新品，并且停止了自己的达人号对店铺商品的推广，发现店铺的销售额比起自己使用达人号推广时增加了不少。

综合分析，美云认为应该将达人号与微博号完全分开，微博号主要用于上新、活动、折扣消息的通知和消费者秀的展示，而达人号则以商品推荐、测评为主，将商品的实际使用感受、做工用料等各方面的信息都展示出来，并辅以链接、图片等方便消费者进行选购。

除此之外，美云还结合了微博推广时的经验，选择了流量较大的休息时间发布微淘，经过微博、淘宝双平台和达人号、微博号双号合作，美云成功将店铺经营成了皇冠店铺。

8.1　利用淘宝活动进行营销推广

营销推广是商家利用营销手段向消费者宣传商品，以激发消费者的购买欲望，促成购买行为，提高销售额的经营活动。在淘宝网中经营店铺的商家，可以利用淘宝网提供的各种推广功能和工具，对店铺、商品进行推广。

⅄ 8.1.1　策划店内促销活动

店铺促销活动是营销推广常见的方式，能够刺激消费者的购买欲望，一般包括包邮、特价、赠品、优惠券、会员积分、抢购等。

1. 包邮

包邮是一种刺激消费者一次性购买大量商品的促销形式，一般表现形式为"满××元包邮""满××元享部分地区包邮"，即消费者在店铺里购买总价达到××元时，享受包邮服务。包邮的价格设置不可过高，这样消费者才会为了免除邮费而选择足价商品，图8-1所示为包邮促销形式。需要注意的是，该方法只针对利润较少的商品，如果商品利润足够，则可以采用直接免邮的方式进行促销，这样可以留住更多的消费者。

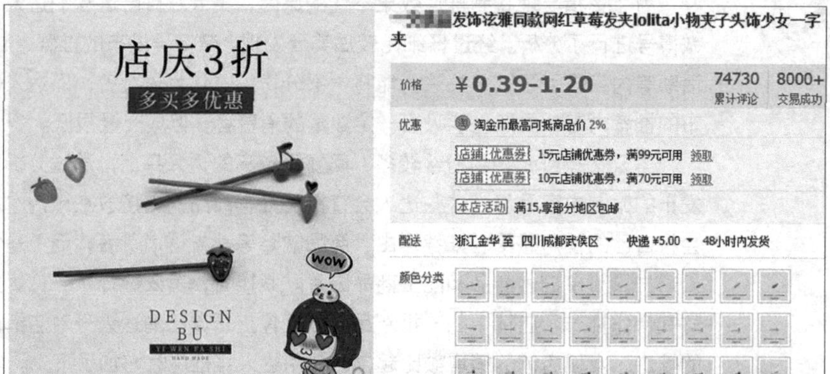

图8-1　包邮

2．特价

特价是指在节假日、店庆、购物活动等时间段，定时或定量为部分产品推出的特价优惠。策划特价促销活动时，一般需要体现出活动前后价格对比、活动时间及商品数量等，让消费者可以明确优惠信息，从而促进商品的销量。图 8-2 所示为特价商品的活动宣传图。

3．赠品

赠品是指消费者在店铺消费时可获得掌柜赠送的小礼品。赠送小礼品是淘宝网店经营者常用的一种方式，其目的是维护与消费者之间的关系，赢得消费者好感。除此之外，也可采用达到一定消费额度就赠送某商品的方式。赠品的形式多种多样，不仅可以带给消费者福利，还可以借此推销新品。图 8-3 所示为购买商品赠送小礼品的活动图。

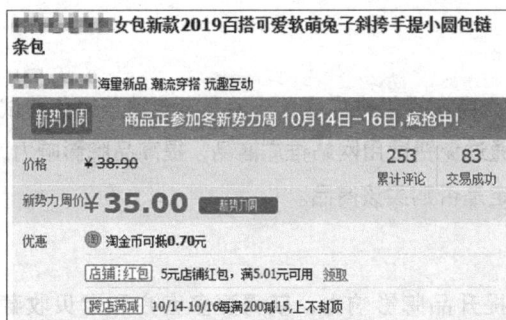

图 8-2　特价商品

图 8-3　赠品

4．优惠券

赠送优惠券是一种可以激励消费者再次进行购物的促销形式。优惠券的种类很多，如抵价券、折扣券、现金券等。优惠券中一般需标注消费额度，即消费到指定额度可使用该优惠券，同时在优惠券下方还可以将优惠券的使用条件、使用时间、使用规则等进行介绍。优惠券必须清楚地显示在店铺中，或明确指示优惠券的领取地址，让到店消费的消费者一眼就看到优惠券信息，才能发挥更好的促销效果。图 8-4 所示为某店铺的优惠券。

图 8-4　优惠券

5. 会员积分

淘宝的客户运营平台为商家提供了会员管理功能，通过该功能可为新老消费者设置会员等级和会员折扣等，当然商家也可将消费者的消费额转化为消费积分，当积分累积到一定数量时，即可换购或抵价商品，从而刺激消费者进行重复消费。在设计会员积分制时，需要注明积分规则，如时间范围、兑换规则、兑换方式等。

6. 抢购

抢购是一种可以刺激消费者产生购买行为的有效方式。现在很多网店都会不定期推出商品秒杀活动，提供固定数量的商品，在指定时间开启通道供用户抢购，如"1元秒杀""10 元秒杀""前 3 分钟半价"等。抢购由于优惠巨大，不仅可以吸引老消费者，还可以吸引未购买过该商品的新消费者，引起消费者的广泛关注，这样既推广了品牌，又带来了更多的消费者。

↘ 8.1.2 参加免费试用

淘宝开设的免费试用网站，是一个为商家提供推广服务，消费者申请获得免费试用资格并上传试用报告的场所。商家可通过免费试用网站推广商品，提高品牌影响力，而消费者则可参考试用人员的报告，决定是否购买该商品。

1. 试用中心报名条件

试用中心的活动可以推广品牌，提升品牌影响力，获得更多客户和宝贝收藏量，是比较受商家青睐的一种推广方式，但淘宝网中也对试用中心设置了不同的报名条件。

（1）店铺要求。

- 集市店铺。一钻以上 / 店铺评分 4.6 分以上 / 加入消保。
- 商城店铺。店铺综合评分 4.6 分以上。
- 店铺无严重违规行为及售假处罚扣分。

（2）商品要求。

- 试用品必须是原厂出产的合格全新且在保质期内的产品。
- 试用品总价值（报名价 × 数量）需不低于 1500 元，价格不得虚高。
- 试用品免费发送给消费者，消费者编写试用报告，商品无须返还商家。
- 大家电入驻菜鸟仓库、天猫物流宝及天猫国际的商品会采用名单发放的形式，不会生成订单，商家按试用后台名单发货。
- 凡是报名参加试用活动的商品，无线端系统会自动设置收藏店铺的申请条件，商家无须设置。PC 端系统不做申请条件设置。
- 报名包含多个 SKU 的商品，系统会随机选择 SKU 下单，建议双方协商发货，如果协商不了，商家需按照报名的 SKU 发货。为避免损失，建议下架其余不期望参加活动的 SKU，谨慎报名。

2. 试用中心报名流程

当店铺满足淘宝试用中心的条件后，即可申请参与，图 8-5 所示为试用中心报名流程。

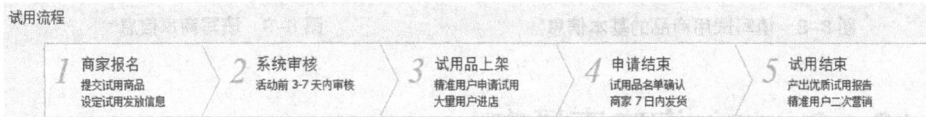

图 8-5　报名流程

3. 参加免费试用活动

根据实际情况和需要选择要参加的活动并进行报名，申请通过后即可获得在试用中心展示的机会。下面以参加免费试用活动为例，介绍商家参加淘宝试用中心活动的方法，其具体操作如下。

STEP 01 进入淘宝千牛卖家工作台，在"营销中心"栏中单击"我要推广"超链接，打开推广界面，在"常用入口"栏中选择"试用中心"选项，如图8-6所示。

STEP 02 进入试用中心，单击 报名免费试用 按钮，在打开的页面中选择活动排期，如图8-7所示。

图 8-6　进入试用中心

图 8-7　选择活动排期

STEP 03 单击 我要报名 按钮进入信息填写页面，在该页面中填写试用商品的基本信息，包括试用商品的链接、类目、数量、总价值、图片等，如图8-8所示。

STEP 04 在"填写商家信息"栏中填写商家的联系方式，包括旺旺和电话，设置完成后单击 提交报名申请 按钮提交申请即可，如图8-9所示。

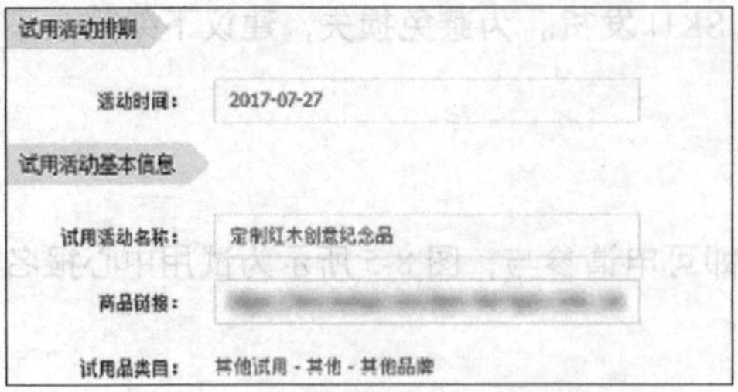

图 8-8 填写试用商品的基本信息

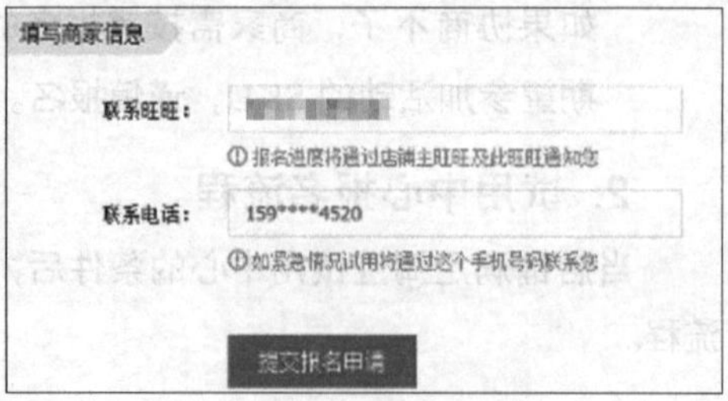

图 8-9 填写商家信息

↘ 8.1.3 加入淘宝直通车

淘宝直通车是为淘宝和天猫商家定制的，按点击量付费的营销工具，能为商家实现商品的精准营销推广。直通车可以增加商品的曝光率，也可以为店铺吸引更多潜在客户。下面将从以下 6 个方面对直通车进行介绍。

1. 了解直通车

淘宝直通车的推广形式为商家通过设置推广关键词来展示商品而获得流量，淘宝网按照直通车流量的点击数进行收费。当消费者点击展示位的商品进入店铺后，将产生一次店铺流量，当消费者通过该点击继续查看店铺其他商品时，即可产生多次店铺跳转流量，从而形成以点带面的关联效应。此外，直通车还可以多维度、全方位地提供各类报表以及信息咨询，使商家快速、便捷地进行批量操作。商家可以根据实际需要，按时间段和地域来控制推广费用，提高目标消费者的定位准确程度，同时可降低推广成本，提高店铺的整体曝光度和流量，最终达到提高销售额的目的。直通车推广的过程如下。

- 商家为需要推广的宝贝设置相应竞价词、出价和推广标题，淘宝直通车根据商家的设置将其推荐到目标客户的搜索页面。
- 当消费者在淘宝网中输入类似商品名进行搜索时，或按照商品分类进行搜索时，就会在直通车的位置看到相关的直通车商品展示。
- 当消费者在直通车推广位置点击展示的商品图片进入商品详情页时，系统会根据推广时设定的关键词或类目进行收费，即展示免费，点击计费。

2. 直通车的展示位置

淘宝直通车支持同时在 PC 端和移动端进行推广。在 PC 端时，直通车商品一般展示在关键词搜索结果页面的左侧 1~3 个、右侧 16 个、底部 5 个带有"掌柜热卖"标识的位置中，如图 8-10 所示。在移动端时，一般展示在手机淘宝搜索结果页面的每隔 5 或 10 个商品带有"HOT"标识的位置中。

图 8-10 搜索页面右侧和底部的直通车展示位

3. 直通车的相关属性

利用直通车推广商品前，需要了解与直通车有关的展现逻辑、扣费原理和质量分，下面分别对这 3 个方面进行介绍。

- **展现逻辑**。直通车根据关键词质量分和出价获取综合得分，并根据综合得分确定商品的排名。综合得分 = 出价 × 质量分。
- **扣费原理**。直通车按点击扣费，扣费金额不高于最终出价。单次点击扣费 =（下一名出价 × 下一名质量得分）/ 质量分 +0.01 元。
- **质量分**。质量分是衡量关键词与推广商品、淘宝用户和搜索意向三者之间相关性的综合指标，为 10 分制，其影响因素包括创意质量、相关性及消费者体验 3 方面。创意质量指推广创意图片的反馈效果，包括推广创意的点击反馈、图片质量等；相关性指关键词与商品类目、属性、标题等的相符程度；消费者体验指消费者在店铺的购买体验和账户最近的关键词推广效果，包括直通车转化率、收藏量和加购量、关联营销、详情页加载速度、好评和差评率、旺旺反应速度等影响购买体验的因素。

4. 直通车的商品分类

淘宝直通车的推广形式可以分为标准推广和智能推广两种类型。

- **标准推广**。标准推广是指根据商家的需求，全面自主地设置所需关键词，锁定有自发搜索行为的消费者，精准匹配需求，获得精准优质的流量。商家可自行锁定目标人群，高效触及目标用户，提升推广效果。
- **智能推广**。智能推广是直通车为商家提供的智能化托管功能，只需进行简单的计划设置，系统就会根据商家选择的商品，为其匹配高品质流量。智能推广功能针对性地提供了智能推广报告，由潜力商品的分析和潜力商品的详述两部分组成。

潜力商品的分析指通过表格或趋势图，对商品的核心数据进行快速浏览和比较，准确定位核心商品，支持根据时间和计划名称来筛选需要查看的计划，且最多支持最近 90 天数据的查看。潜力商品的详述指对商品的优质关键词和人群数据进行精细解读，能精选出智能推广阶段综合表现突出的关键词数据，包括系统智能匹配关键词和商家自选关键词，方便商家调整优化，并且提供复制关键词和迁移关键词到标准计划的选项，另外还可以屏蔽不满意的关键词。

智能推广的核心优势包括以下3点。

- **效果好**。智能化快速获取优质流量，计划平均效果高于标准推广。
- **效率高**。极简便快捷的推广设置，1分钟即可完成设置。
- **场景多**。同时支持单商品和多商品推广，满足日常销售、新品测试和活动引爆等不同需求。

5. 制订直通车推广方案

根据店铺的实际情况和推广需求，淘宝商家可以选择适合自己的直通车推广方式，在直通车页面中新建和设置推广计划。下面介绍在淘宝网中制订直通车推广方案的方法，其具体操作如下。

STEP 01 登录淘宝千牛卖家工作台，在"营销中心"栏中单击"我要推广"超链接，打开淘宝推广页面，选择"淘宝/天猫直通车"选项，如图8-11所示，进入直通车推广页面。

STEP 02 如果是第一次进行直通车推广的商家，将首先打开"淘宝直通车软件服务协议"页面，同意服务条款后才可进行推广。进入直通车推广页面后，单击 `+新建推广计划` 按钮，如图8-12所示。

图 8-11　打开直通车

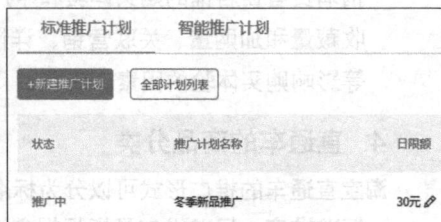

图 8-12　新建直通车推广计划

STEP 03 打开"选择营销场景"页面，在"营销场景选中"中选中"日常销售-促进成交"单选项，在"推广方式选择"中选中"智能推广（原批量推广）"单选项，单击 `下一步，进入推广设置` 按钮完成选择，如图8-13所示。

STEP 04 打开"投放设置"页面，在"计划名称"文本框中输入计划名称，在"日限额"文本框中输入数值，如图8-14所示。

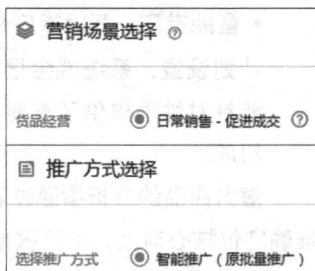

图 8-13　完成选择

STEP 05 单击"设置投放平台/地域/时间"超链接，在打开的对话框中单击 ⬤ 按钮，选择是否进行投放，如图8-15所示。

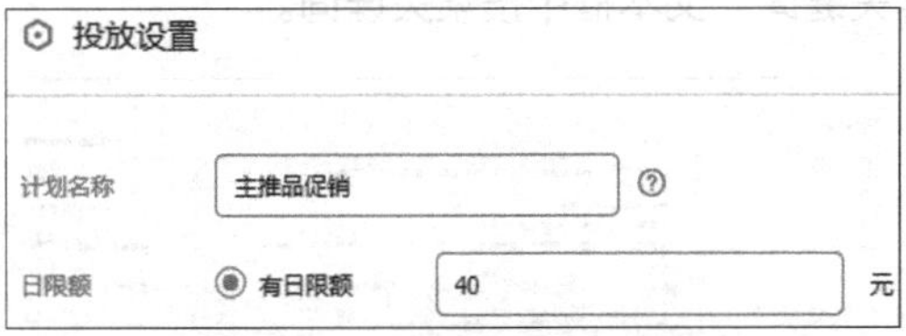

图 8-14　设置计划名称和日限额

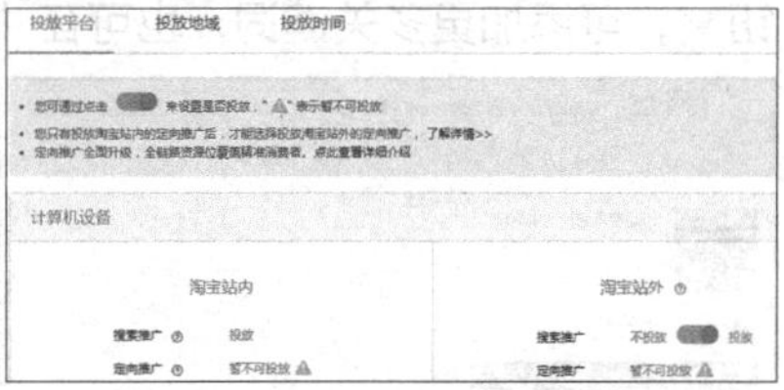

图 8-15　设置投放平台

STEP 06 打开"投放地域"对话框，单击选中需要进行投放的地区前的复选框，如图8-16所示。

STEP 07 打开"投放时间"对话框，单击选中"当前设置"单选项，单击网络视图中的方格，设置投放方法，如图8-17所示。单击 保存设置 按钮，并单击右上角的×按钮退出该页面，完成对投放平台、地域、时间的设置。

图 8-16　设置投放地域

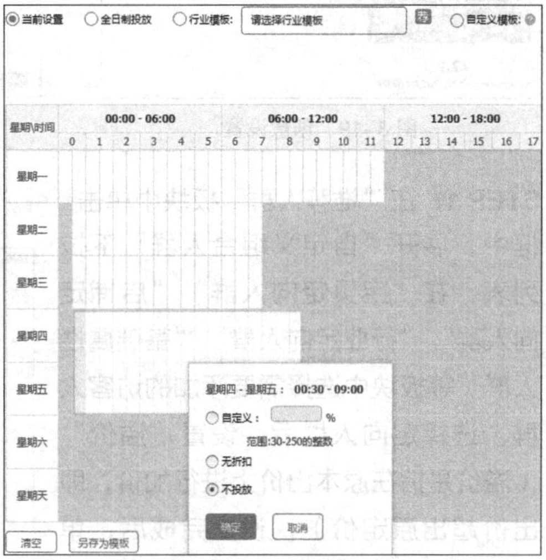

图 8-17　设置投放时间

STEP 08 单击 添加宝贝 按钮，选择需要推广的商品，单击 确定 按钮，并单击右上角的×按钮退出该页面，完成商品的添加，如图8-18所示。

STEP 09 返回"推广设置"页面，将看到"创意设置"板块已自动生成效果预览，如图8-19所示。单击页面底部的 下一步，设置推广方案 按钮，打开"推广方案"页面。

STEP 10 在打开的"推荐关键词"板块中，展示了系统推荐的关键词，单击 更多关键词 按钮，打开"添加关键词"对话框，在右侧的关键词列表框中选择所需关键词，将其添加到左侧列表框中。

图 8-18　添加商品

添加完成后，在"计算机出价""移动出价"文本框中设置价格，单击 确定 按钮返回"推广方案"页面，如图8-20所示。此外，在"推荐理由"栏中单击"更多"按钮✔，可添加更多关键词，也可在"搜索关键词"文本框中搜索关键词。

图 8-19　创意设置

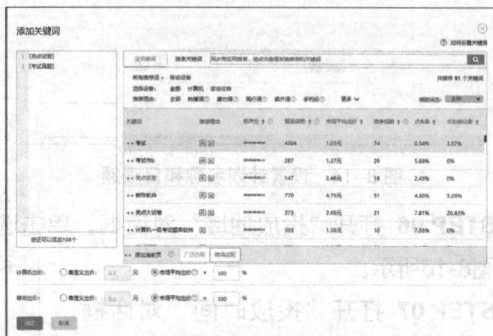

图 8-20　添加关键词

STEP 11 在"推荐人群"板块中单击 新增精选人群 按钮，在打开的"添加访客人群"对话框中，展开"自定义组合人群"下拉列表，在"宝贝定向人群""店铺定向人群""行业定向人群""基础属性人群"等板块中选择需要添加的访客人群。选择定向人群后，设置"溢价"（溢价是指在原本出价上进行加价，即出价超出原定价），设置完成后，单击 确认添加 按钮即可返回"推广方案"页面，如图8-21所示。

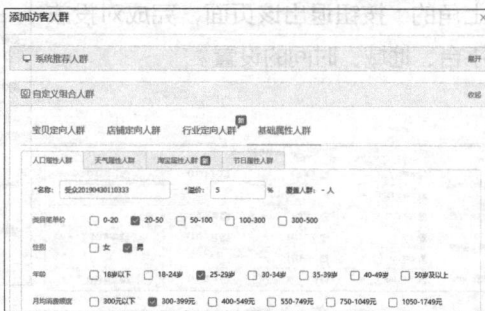

图 8-21　添加访客人群

STEP 12 在"推广方案"页面的"定向推广"板块中设置智能投放出价（设置后商品将有机会在定向推广位置中进行展现），设置完成后单击 完成推广 按钮，即可完成直通车推广计划的创建，如图8-22所示。

图 8-22　创建完成

经验之谈

为了使直通车推广效果更好，商家最好做好直通车推广商品的图片优化和详情页优化，时刻关注推广商品的数据，并根据实际情况及时进行调整。如当展示量可观但点击率不高时，要注意对直通车推广商品的图片进行优化，分析目标人群定位是否准确，关键词是否合理；当点击量可观但转化率不高时，要注意对商品详情页进行优化，合理控制日限额，优化关键词，进一步精确定位消费人群。

↘8.1.4　参加智钻

　　智钻（钻石展位）是淘宝网图片类广告位竞价投放平台，是为淘宝商家提供的一种营销工具，主要依靠图片创意吸引消费者点击，从而获取巨大流量。智钻为商家提供了数量很多的优质展位，包括淘宝首页、内页频道页、门户、画报等多个淘宝站内广告位，以及搜索引擎、视频网站和门户网等多个站外媒体展位。

1. 智钻的类型

　　智钻分为展示广告、移动广告、视频广告、明星店铺4种类型，下面分别对这4种类型的展示位置、创意形式、收费方式、投放方式等进行介绍。

　　（1）**展示广告**。展示广告是以图片展示为基础，精准定向为核心，面向全网精准流量实时竞价的展示推广平台。钻石展位支持按展示付费（CPM）和按点击付费（CPC）两种付费方式，为商家提供精准定向、创意策略、效果监测、数据分析、诊断优化等一站式全网推广投放解决方案，帮助商家实现高效、精准的全网数字营销。

- **展示位置**。包括淘宝网、天猫、新浪微博、网易、优酷土豆等几十家淘内淘外优质媒体的上百个大流量优质展位。
- **创意形式**。支持图片、Flash 等动态创意，支持使用钻石展位提供的创意模板。
- **收费方式**。在按展示付费（CPM）的基础上，增加按点击付费（CPC）的结算模式。
- **投放方式**。选择资源位，设定定向人群，竞价投放，价高者得。

　　（2）**移动广告**。移动广告是指通过移动设备（手机、平板电脑等）访问App或网页时显示的广告，包括图片、文字链、音频等形式。移动广告突破了电视、报纸等传统广告的覆盖范围，在受众人数上有了很大的提升，还可以根据用户的属性和访问环境，将广告直接推送至用户手机上，使推广更加精准。

- **展示位置**。网络视频节目（电视剧、综艺等）播放前后插播视频贴片。
- **展示形式**。视频格式展示，时长 15 秒以内。
- **定向支持**。除钻展常规定向外，还可支持视频主题定向，筛选热门动漫、影视、演员相关视频节目，精准投放。
- **创意形式**。可自主上传视频，也可在创意实验室中制作视频贴片。

　　（3）**视频广告**。视频广告是钻石展位为获取高端流量打造的品牌宣传类商业产品，可以在视频播放开始或结束时展现品牌宣传类视频，具有曝光环境一流、广告展现力一流等优势，配合钻石展位提供的视频主题定向，能够获取更精准的流量。

- **展示位置**。主要展现在国内主流视频网站上，如 PPS、爱奇艺、优酷等大型视频网站。广告主要展现为视频开始前的 15s 视频、视频播放暂停时呈现的广告。

- **展现形式。**以视频形式进行广告内容的展示，展现形式更新颖。
- **定向支持。**针对视频网站提供视频主题定向，根据目前热播剧集的名称、主题进行定向。
- **创意形式。**视频支持 FLV、MPEG 等主流视频格式。

（4）**明星店铺。**明星店铺是钻石展位的增值营销服务，按千次展现计费，仅向部分钻石展位用户开放。开通明星店铺服务之后，商家可以对推广信息设置关键词和出价，当有用户在淘宝网宝贝搜索框中输入特定关键词时，商家的推广信息将有机会在搜索结果页最上方的位置获得展现，进行品牌曝光的同时赢得转化。

- **展示位置。**在淘宝电脑端、手淘以及 UC 浏览器搜索结果页面最上方的位置。
- **展示形式。**当搜索关键字触达投放广告的词时，即可在搜索结果页最上方的位置得到展示，确保获得精准的流量。
- **创意形式。**提供多种样式的创意模板，PC 端模板和无线端模板独立，模板由图片和多条文案构成，满足各类消费者的需求。
- **收费方式。**按 CPM 收费，即以千次展现的方式进行收费。

2．智钻准入要求

智钻与直通车一样，对淘宝和天猫商家的准入资格进行了规定，只有满足要求的商家才可申请智钻推广服务。

（1）**淘宝商家准入要求。**

智钻资质管理对淘宝店铺的要求如下。

- 店铺主营类目在支持投放的主营类目范围内。
- 店铺信用等级一钻及以上。
- 店铺每项 DSR 在 4.4 分及以上（特殊类目无 DSR 要求或者可相应放宽的，由阿里妈妈根据特殊类目的具体情况另行确定）。
- 店铺如因违反《淘宝规则》中相关规定而被处罚扣分的，还需符合表 8-1 中的条件。

表 8-1　违规处理相关规定

违规类型	当前累计扣分分值	距离最近一次处罚扣分的时间
出售假冒商品	6 分及以上	满 365 天
严重违规行为（出售假冒商品除外）	大于等于 6 分，小于 12 分	满 30 天
	12 分	满 90 天
	大于 12 分，小于 48 分	满 365 天
虚假交易（严重违规虚假交易除外）	大于等于 48 分	满 365 天

- 在使用阿里妈妈其他营销产品或淘宝服务时未因违规而被暂停或终止服务（阿里妈妈其他营销产品包括淘宝直通车、天猫直通车和淘宝客等业务）。

（2）天猫商家准入要求。

智钻资质管理对天猫店铺的要求如下。

- 店铺主营类目在支持投放的主营类目范围内。
- 店铺每项 DSR 在 4.4 分及以上（特殊类目无 DSR 要求或者可相应放宽的，由阿里妈妈根据特殊类目的具体情况另行确定）。
- 店铺如因违反《天猫规则》《飞猪规则》《飞猪国际服务条款规则》中相关规定而被处罚扣分的，还需符合表 8-2 中的条件。

表 8-2　违规处罚相关规定

违规类型	当前累计扣分分值	距离最近一次处罚扣分的时间
出售假冒商品	6 分及以上	满 365 天
严重违规行为（出售假冒商品除外）	大于等于 6 分，小于 12 分	满 30 天
	12 分	满 90 天
	大于 12 分，小于 48 分	满 365 天
虚假交易（严重违规虚假交易除外）	大于等于 48 分	满 90 天

- 在使用阿里妈妈其他营销产品或天猫服务时未因违规被暂停或终止服务（同上）。

3. 新建智钻推广计划

智钻计划与直通车计划一样，需要商家根据实际情况进行新建和设置。智钻计划的新建过程主要包括选择营销目标、设置计划、设置单元和添加创意 4 个步骤。在"营销中心"栏中单击"我要推广"超链接，打开淘宝推广页面，在其中选择"钻石展位"选项，进入智钻推广页面，在顶部导航栏中单击"计划"选项卡，单击+新建推广计划按钮，然后按照智钻的操作向导依次进行操作即可。

（1）选择营销目标。

智钻营销目标以全店自定义方式为主，可以自主设置定向人群、资源位和出价，方便商家根据店铺情况实时进行推广数据的掌握和优化，达到更精准的营销目的，满足店铺多元化的营销要求，如图 8-23 所示。

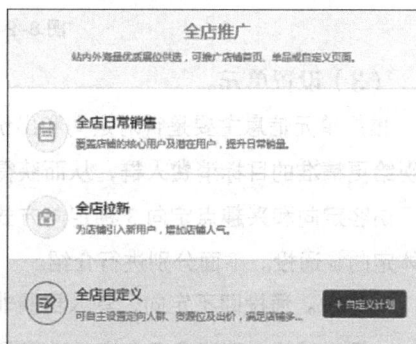

图 8-23　选择营销目标

💬 **经验之谈**

智钻的最低充值额度为 1000 元，一般需要商家提前在账户中充值才可以制订推广计划。

（2）设置计划。

智钻推广计划包括展示网络和视频网络两种形式，通常以展示网络为主。商家在新建计划时，需要对计划名称、付费方式、每日预算、投放日期、投放方式、投放地域、投放时间段等进行设置，如图 8-24 所示。投放时间段和地域一般是在"高级设置"中选择，然后根据店铺顾客的地域分布和成交高峰时段进行调整。投放方式分为尽快投放和均匀投放两种。尽快投放指集中投放，即就算设置了投放几小时的投放时间段，也可能在 1 小时内就消耗完投放预算；均匀投放指根据全天预算平衡投放，即将预算均匀分布到所设置的投放时段中。

图 8-24　设置计划

（3）设置单元。

推广单元信息主要是针对定向和出价进行的操作，即通过合理定向，将推广广告展现给更精准的目标消费人群，从而获得更精准的定向流量。目前钻石展位有群体定向、访客定向和兴趣点定向 3 种定向方式，定向的精准度为访客定向 > 兴趣点定向 > 群体定向 > 通投。下面分别进行介绍。

- **通投**。通投即不定向，其人群量非常大，花费快、流量不精准。前期商家如果要做通投，建议拿多个商品进行测试，如果是针对特定的二级页面、集合页面，则不建议通投。

- **群体定向**。综合分析消费者历史浏览、搜索、收藏、购买等行为，确定消费者当前最可能点击的商品类型和价格偏向，提炼出 21 种主流商品类型，每种产品类型有高、中、低 3 种价格倾向。群体定向的优点是较广泛，但精准度较低，适用于需要大流量的情况。
- **兴趣点定向**。兴趣点定向和群体定向的原理基本类似，但兴趣点定向更精准，可精确到叶子类目和部分二级类目，其可选择的兴趣点个数高达 1500 个。兴趣点定向的优点是可以一次定向较精准的目标人群，定向直达细分类目。
- **访客定向**。综合分析消费者历史浏览、收藏、购买等行为，确定消费者与店铺的关联关系。广告主选定店铺 ID，系统可以向与选定的店铺有关联的访客投放广告。访客定向的优点是可以一次定向较精准的目标人群，适用于维护老客户，同时共享竞争对手的客户和潜在客户。

在填写推广单元名称和选择定向时，建议新手商家先关闭通投和群体定向，优先考虑设置更精准的访客定向和兴趣点定向。

在设置访客定向时，可选择种子店铺或自主添加店铺。其中种子店铺指通过输入的种子店铺，系统对与该店铺风格相似的相关店铺的访客进行定向；自主添加店铺指输入若干个店铺的旺旺 ID，系统直接定向这些店铺的访客。自主添加店铺一般比种子店铺更精准，设置自主添加店铺时建议多选择几个店铺，并圈定合适的人数，其人数在 10 万~20 万为佳。

在设置兴趣点定向时，可以输入某店铺旺旺 ID 来获取相应兴趣点，一般输入自己的店铺旺旺 ID 即可，也可以直接搜索关键词，添加相应兴趣点。

设置好定向后，即可添加资源位，在添加时首先选择站内的资源位，即名称中带有"网上购物"的资源位，要求少而精。选择资源位最主要的两个数据是日均可竞流量和点击率（CTR）。分析和选择出较好的展位后，就可以加入收藏并进行投放测试，测试效果良好则可以长期投放。

出价一般参考各定向上每个资源位的建议出价，在投放过程中可按照获取流量的多少来调整。由于兴趣点定向流量相对较大，建议商家不要添加系统推荐的所有兴趣点，一般来说只需添加与所推广商品关联性最强的 2~3 个兴趣点即可。

（4）添加创意。

在添加创意之前，首先需要根据所选择的资源位的相应尺寸制作创意图片，因此在制作创意图片前，应该仔细查看资源位对应的创意要求，不符合的创意即使审核通过，也无法投放到所选资源位。在钻展后台"创意"页面中选择左侧导航栏中的"创意快捷制作"选项，系统会自动为店铺推广的商品应用快捷模板，选择"创意模板库"选项，可查看和自己行业产品相关的模板，如图 8-25 所示。创意制作完成后在创意管理中上传，等待审核。审核通过后，即可从创意库中选择该创意进行添加，保存推广单元。

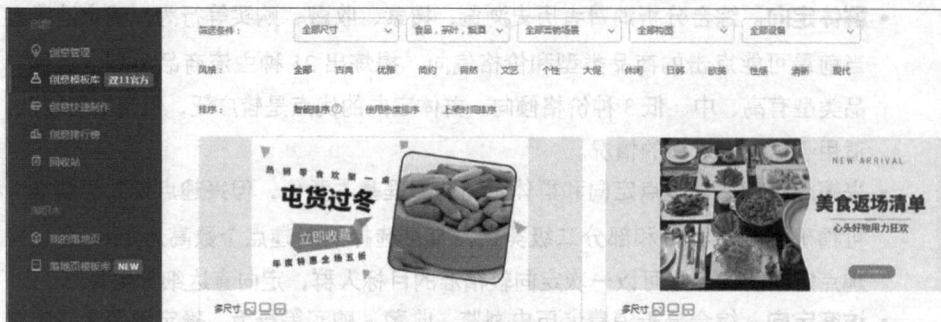

图 8-25　制作创意

↘ 8.1.5　参加淘宝"天天特价"

天天特价即手机淘宝天天特卖频道，是淘宝网为集市店铺中的中小商家打造的扶持平台，用于扶持有特色货品、独立货源和一定经营潜力的中小商家，为他们提供流量和营销等方面的支持。天天特价频道目前有类目活动、10 元包邮和主题活动 3 大板块。其中 10 元包邮为特色栏目，类目活动为日常招商，在该频道中每周还会有不同的主题活动。天天特价的类目活动只展示在类目详情页面中，并随机展示到首页。

1. 准入要求

为了筛选优质商家和商品，淘宝网对参加"天天特价"的店铺和商品均做了一定的要求，其主要内容介绍如下。

（1）店铺准入要求。

淘宝网规定，报名参加"天天特价"的店铺必须符合以下要求。

- 符合《淘宝网营销规则》。
- 店铺信用等级：一钻及以上。
- 开店时间 ≥ 90 天。
- 已加入淘宝网消费者保障服务且消费者保证金余额 ≥ 1000 元，需加入"7 天无理由退换货"服务。
- 实物宝贝交易 ≥ 90%，虚拟类目（如生活服务、教育、房产、卡券类等）除外。
- 近半年店铺非虚拟交易的 DSR 评分三项指标都不得低于 4.6 分（开店不足半年的自开店之日起算）。
- 近 30 天纠纷退款率超过店铺所在主营类目的纠纷退款率均值的 5 倍，且近 30 天纠纷退款笔数大于等于 3 笔的店铺，限制参加营销活动。
- 店铺因违反《淘宝规则》《飞猪规则》导致被限制参加营销平台活动的参照《营销平台基础招商规则》规定。

（2）商品要求。

淘宝网规定，报名参加"天天特价"的商品必须符合以下要求。

- 要求商品库存≥50件，不限制上限（提示：10元包邮活动库存要求保持不变，即50件≤10元包邮≤2000）。
- 最近30天交易成功的订单数量≥10件。
- 活动价格低于最近30天最低拍下价格，商品不得有区间价格（多个SKU时必须是同一价格）。
- 必须全国包邮（港澳台地区除外）。
- 活动结束后的30天内，不得以低于天天特价活动价的价格报名其他活动或在店铺里促销。若有违反，将按照《天天特价商家管理细则》进行相应处罚。
- 特殊资质：①运动户外类目商品需要符合《淘宝网运动户外类行业标准》；②食品类商品需要有QS资质、中字标或授字标。
- 商品报名信息应清晰、规整，商品标题和图片应符合特定的格式要求，即报名商品图片为480像素×480像素，1MB以内。要求图片清晰规范，主题明确且美观，不拉伸变形、不拼接、无水印、无Logo、无文字信息，仅支持JPG格式，图片背景为白色、纯色或者浅色。
- 报名商品标题必须在13个汉字或者26个字符内且描述准确清晰，严禁堆砌关键字。
- 所有提交报名申请的商品及活动页面素材必须确保不存在任何侵犯他人知识产权及其他合法权益的信息。

2. 报名参加"天天特价"

在报名参加天天特价之前，建议商家先对天天特价报名活动的相关要求进行了解。其报名方法为：在商家中心的"我要推广"页面中选择"天天特价"选项，打开"天天特价"页面，单击 我要报名 按钮，在打开的页面中选择活动，如图8-26所示。然后单击 去报名 按钮，在打开的页面中填写相关信息即可。

图8-26 选择活动

报名完成后等待淘宝审核，活动开始前2~4天系统会发送消息通知商家审核结果。审核通过后，商家需根据活动要求在正式活动开始前两天的15点前，对活动商品进行相关设置，包括完善商品的库存信息、恢复商品原价、取消其他平台的促销价格、对需要参加活动的商品的图片进行必要的美化、设置商品全国包邮、保持商品在线状态等。超过 15 点后，淘宝网将锁定商品，禁止修改标题、主图、价格、库存及包邮信息。活动期间如果商品未售罄就下架，系统会自动屏蔽展示直到恢复上架。活动期间（包括预热）若使用其他优惠工具打折，价格不得低于天天特价活动价格。

↘ 8.1.6　参加聚划算

聚划算是淘宝营销平台中爆发力最强的，汇聚了数量庞大的用户流量，具有非常好的营销效果。商家通过参加该活动，可以打造超过店铺日销量数倍的营销数据，获得更多的收益。聚划算对招商商品的要求较严格，除了基础招商标准外，还对不同类目的商品做出了不同的要求。商家参与活动通常需要支付一笔保证金和基础费用，聚划算将按照不同类目的费率进行收费。

聚划算主要包括商品团、品牌团、聚名品、聚新品和竞拍团 5 种类型，下面分别进行介绍。

1. 商品团

商品团是一种限时特惠的体验式营销模式，具有坑位数多、参聚概率相对较大、主团展示和流量稳定的特点，其最佳的爆款营销渠道和最低的用户获取成本，可以帮助商家快速规模化地获取新用户。商品团的报名流程主要包括选择活动、选择商品、选择坑位、填写商品报名详情、商品审核、费用冻结和上团前准备 7 个阶段。

* **选择活动。** 在参加商品团之前，商家首先应该查看招商公告，了解招商要求。然后登录聚划算后台，单击右上角的"商户中心"超链接，跳转到商户中心首页，单击 ✐ 我要报名 按钮。在打开的页面中查看可报名的活动以及活动介绍、收费方案、保证金规则、报名要求和坑位规则等信息，选择适合自己的活动。
* **选择商品。** 选择符合审查规则的商品，无法提交的商品则为不符合审查规则的商品，单击"查看原因"可了解具体原因。
* **选择坑位。** 如果商家所选商品符合所选坑位的条件，则系统将展示 6 周内所有坑位。如果商家的商品不符合条件，则淘宝默认不展示不符合条件的坑位，单击"显示不可报坑位"超链接即可查看。
* **填写商品报名详情。** 在该页面商家需对商品的标题、卖点、团购价格、描述、费用信息等信息进行填写，商品报名详情填写完毕后，将进入商品审核步骤。
* **商品审核。** 商品审核包括一审和二审两个阶段，一审主要是系统对商品报名价格、报名商品货值、历史成交及评论、商品 DSR 评分、店铺近 3 到 6 个月成交排名、店铺聚划算成交额和历史单坑产出水平等进行审核；二审主要是由人工对库存、价格具有的市场竞争力、商家分值、是否存在拼款和换款等信息进行审核。

- **费用冻结**。费用冻结主要包括保证金和保底佣金两部分。保证金是指聚划算为了维护消费者权益，冻结商家一定的款项，确保商家根据承诺提供商品和服务。若商家出现付款后不发货、商品有质量问题等情况，聚划算平台会将保证金赔付给消费者。保底佣金是商家参加聚划算，成交额未达到目标成交额（保底交易量）时需要向聚划算支付的技术服务费。当订单总金额达成或超出目标成交额（保底交易量）时，则全额返还（解冻）保底收费预付款。未达成时会将该类目的保底佣金减去实时划扣的佣金之后所形成的差额部分，从保底佣金中扣除。剩余保底佣金解冻并返还商家。

- **上团前准备**。上团前准备包括信息变更和发布两部分。信息变更是指商品从待审核至开团中可全程修改信息，信息变更提交后 30 分钟内会完成审核，信息变更不影响发布，在发布状态下仍可以进行变更，待信息变更审核通过后即可生效。发布包括系统发布和自助发布两种模式，系统发布是指在展示开始时，系统自动对符合发布条件的商品进行发布；自助发布是指商家在商品审核通过后，自己选择发布时间进行发布。

2. 品牌团

品牌团是一种基于品牌进行限时折扣的营销模式。品牌规模化出货，可以快速抢占市场份额，提升品牌知名度。品牌团的报名流程主要包括品牌报名、商品报名、上团准备 3 个阶段。

- **品牌报名**。品牌报名包括商家报名、商家审核、素材提交 3 个流程。商家报名的时间为每月 4 日—12 日，商家选择对应类目的品牌团报名入口进行报名，并在其中填写品牌名称、期望上团日期、报名类目等信息；商家审核的时间为每月 13 日—15 日，由系统根据商家分值进行排序，择优录取，审核内容主要包括日均店铺成交额、店铺三项 DSR 评分、历史参聚表现、旺旺响应速度等；素材提交主要包括品牌营销 Logo、品牌营销 Banner、品牌入口、流量入口图、无线 Banner、新版品牌入口、品牌主题、品牌故事介绍（PC 端）、品牌故事介绍（无线端）等内容。

- **商品报名**。品牌团商品报名与商品团报名步骤相同，商品审核与商品团二审类似，若商品审核不通过，在商品审核时间截止前商家可重新补报商品。品牌团建议参团商品数为 6 ~ 80 款，以实际最终参加活动的商品数为准。

- **上团前准备**。品牌团上团前准备工作与商品团相同。

3. 聚名品

聚名品是一种精准定位"中高端消费人群"的营销模式，以"轻奢、最 in 潮流、快时尚"为核心定位，聚集高端品牌。其佣金收费方式较灵活，具有单品团、品牌团多种方式。聚名品的招商对象为符合聚名品规则要求的天猫旗舰店、旗舰店授权专营店、天猫国际旗舰店、全球购（需认证）、淘宝集市店铺等。适合参与聚名品的商品类目主要包括：男装、女装、男鞋、女鞋、运动用品、户外用品、母婴童装、美妆、箱包、服装配饰、眼镜、家居等。

符合聚名品招商条件的品牌可以申请加入聚名品品牌库，审核通过后店铺则加入聚名品商家库，然后可选择"聚名品"频道类型，选择所有可报名的活动。

4. 聚新品

聚新品是新品营销效率最高的平台，可以快速引爆新品类及新商品，快速积累新用户群体，形成良好的传播口碑。聚新品适用于具有高潜力和高增长的新品类、国际品牌、国内知名品牌、知名淘品牌、营销能力强且具备规模化的供应链及服务能力的大中型商家以及创新设计、创意概念、创新技术应用、属性升级的商品。聚新品采用"保底＋佣金＋封顶"的收费模式，要求商品没有销售记录或销量在 10 件以内，且备货量为 30 万至 40 万，然后淘宝会根据品牌影响力、店铺日常运营能力、投放计划、销售预估、价格优势等指标进行选择。图 8-27 所示为聚新品的参团示意图。

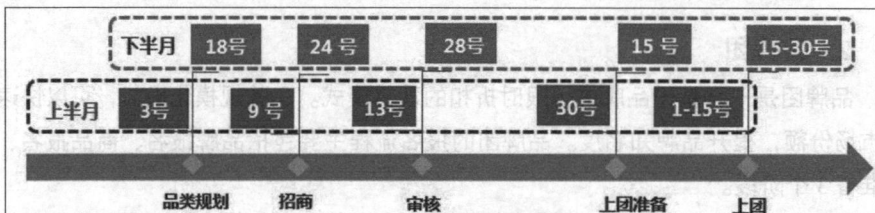

图 8-27　聚新品参团示意图

5. 竞拍团

竞拍团是一种适合中小商家快速参聚的营销模式，通过市场化的竞价方式，增加中小商家的参聚机会。参加竞拍团的商家需要通过聚划算首页进入竞拍报名阶段，找到竞拍坑位入口。然后提交店铺优秀款商品，进入提交商品流程，填写价格和数量。审核通过后，商品即成为待排期状态，可进入竞拍大厅参与竞拍，对商品进行出价。竞拍成功后可以在保证金页面或者宝贝管理页面支付保证金。

8.1.7　淘宝客推广

淘宝客既是一种按成交计费的推广模式，也是帮助商家推广商品并获取佣金的人。淘宝客支持按单个商品和店铺的形式进行推广，商家可以针对某个商品或是整个店铺设定推广佣金。淘宝客涉及的范围很广，佣金越高越容易得到淘宝客的关注。当交易完成后，即根据佣金设置情况从交易额中扣除佣金。

1. 淘宝客准入规则

淘宝客与智钻、直通车的计费方式不同，只有产生成交量才会付费，是一种风险较低的推广方式，需要加入淘宝客的商家，必须满足以下要求。

- 店铺状态正常（店铺可正常访问），用户状态正常（店铺账户可正常使用）。
- 近30天内成交金额大于0。
- 淘宝店铺掌柜信用≥300分，天猫店铺无信用分要求。
- 淘宝店铺近一年内未存在修改商品（如类目、品牌、型号、价格等）重要属性，使其成为另外一种宝贝继续出售而被淘宝处罚的记录，天猫店铺无此要求。
- 近365天内因虚假交易（严重违规虚假交易除外）被淘宝、天猫扣分的，累计扣分＜6分。
- 账户实际控制人的其他阿里平台账户（以淘宝排查认定为准），未被阿里平台处以特定严重违规行为的处罚，未发生过严重危及交易安全的情形。
- 店铺综合排名良好。店铺综合排名指阿里妈妈通过多个维度对用户进行排名，排名维度包括但不限于用户类型、店铺主营类目、店铺服务等级、店铺历史违规情况等。

2. 淘宝客推广类型

为了满足不同类型的店铺的需求，淘宝客提供了多种推广方式，如营销计划、定向计划、如意投、淘宝客活动等，商家可根据实际需求设置推广计划。

（1）**营销计划**。营销计划是商家在淘宝联盟后台进行店铺推广的新计划，支持单品推广管理、优惠券设置管理、佣金管理、营销库存管理、推广时限管理等基本功能，并可以查看实时数据及各项数据报表。营销计划具有自动锁定营销工具、查看实时数据和确定性流量支持等优势，可以获得更多流量，方便了解实时推广效果。

（2）**定向计划**。定向计划是商家为淘宝客中某一个细分群体设置的推广计划，是一种自选淘宝客的计划，可以自动或手动筛选通过申请的淘宝客，佣金设置最高70%，属于主动选择的合作形式。定向计划的流量相对较低，但精准度和转化率相对较高，可以让商家获取较大的有效流量。在淘宝客首页单击 ＋新建定向计划 按钮，即可创建定向计划。定向计划最多可添加10个，其设置流程包括设置活动标题、设置计划类型和审核方式、设置计划时间、设置类目佣金和设置计划描述。在设置计划名称时，可直接将佣金加入标题中，以吸引更多优质淘宝客关注。在设置审核方式时，可选择淘宝客的等级，如果佣金较低，可自动审核；如果佣金较高，可手动审核。对于手动审核的计划，可在"计划详情"的"淘宝客管理"中进行查看和审核，同时还可查看淘宝客近期推广情况。在设置完计划的整体佣金后，也可设置单品佣金，其设置方法与通用计划类似。

（3）**如意投**。如意投是系统根据商家的如意投设置将产品展现给站外消费者的一种推广方式，按成交计费，商家推广风险较低。参加如意投的商品，系统会根据综合评分进行排名，由阿里妈妈平台为商家寻找淘宝客进行推广，而不需商家自己寻找淘宝客。如意投具有系统智能、精准投放、管理省心、渠道互补和流量可控等优点，主要展示位置包括中小网站的站外橱窗推广位和爱淘宝搜索页面。

如意投的展现排名规则以综合得分为主，综合得分等于宝贝综合质量分乘以佣金比例，而宝贝综合质量分主要受商品标题属性的相关性、如意投内点击率和转化率以及店铺质量等因素的影响。

如意投计划的设置方法与其他计划的设置方法类似，进入淘宝客首页之后，在"如意投"选项的"操作"栏中单击"查看"超链接，即可对计划进行设置。在设置完计划的整体佣金后，也可对单品佣金进行设置，最多可设置 100 个商品。

（4）淘宝客活动。淘宝客活动是沟通商家与消费者的推广桥梁。商家在活动广场报名活动，由系统筛选后，发放给淘宝客选择推广，按佣金比例支付费用。对商家来说，活动由淘宝客发起，无须费力寻找淘宝客。同时每天活动广场中有数万项活动任商家挑选报名，推广力度大。且商家无须进行烦琐的操作，只需挑选商品报名即可。

在淘宝客首页左侧选择"淘宝客活动广场"选项，即可进入淘宝客活动广场。淘宝客活动广场的报名流程包括查看活动、报名、选择商品、设置佣金和优化创意。在查看活动时，商家主要需要关注行业类目、活动权限、活动推荐等信息。选择合适的活动并报名后，可选择主推商品，并设置商品佣金，淘宝客活动广场主推商品的数目以活动方的要求为准。报名完成后，需等待淘宝客审核。淘宝客活动广场创意优化主要是对图片进行的优化，对于未设置创意优化的商品，则默认选择商品主图的第一张图片。

8.2 直播引流推广

随着互联网的发展，人们对营销推广越来越重视，而直播以其直观、互动性强等特点，迅速在推广工具中占据了一席之地。淘宝网作为电子商务平台的龙头企业之一，也开发了淘宝直播平台，消费者可直接从手机淘宝首页进入直播页面，点击感兴趣的直播主题进行观看，如图 8-28 所示。商家在选择淘宝直播进行推广时，可选择开通直播权限，针对店铺粉丝进行直播，也可以在创作平台挑选达人，并与其沟通合作，进行直播推广。

对商家而言，开通直播权限需要满足以下要求。

• 淘宝店铺信誉满足一钻及以上（企业店不受限）。

• 主营类目在线商品数 ≥ 5，近 30 天店铺销量 ≥ 3，且近 90 天店铺成交金额 ≥ 1000 元。

• 符合《淘宝网营销活动规则》。

• 本自然年内无出售假冒商品的违规行为。

• 本自然年内未因发布违禁信息或假冒材质成分的严重违规行为扣分满 6 分及以上。

• 具有一定的客户运营能力。

图8-28 淘宝直播

淘宝直播实际上是一个以网红内容为主的社交电商平台，在美妆、潮搭、食品、母婴等类目中比较活跃，主要依靠淘女郎、美妆达人、时尚博主、签约模特等具有一定粉丝基础的人带入流量。因此淘宝商家想通过淘宝直播进行引流，通常需要选择在淘宝直播平台直播，且选择所推类目与自身品牌风格相似或一致的淘宝达人进行合作。商家依靠淘宝直播这个大流量入口为店铺和产品带来更多优质的流量和转化，相应地，也需向合作的淘宝达人支付应得的佣金。

淘宝直播的内容将会展现在手机淘宝首页的直播频道中。淘宝达人可以对商品进行介绍、展示、试用（试穿）等，同时下方会显示该商品的购买链接，方便有购买倾向的消费者直接进入店铺购买商品。除了淘宝直播以外，互联网上还有很多功能丰富的在线直播、短视频分享等平台，淘宝商家也可与这些平台上的主播进行合作，注意在挑选合作主播时，要选择适合自己产品的主播，同时所输出的直播、视频等内容要具有吸引力，才能真正地实现店铺引流。

经验之谈

商家如果选择自主开通直播，则需要直播活跃且数据良好才会有更好的展示机会。自主直播更有利于经营属于自己的粉丝，并且直播时间更自由。商家如果选择与热门主播或直播机构进行合作，则可以将内容制作交给专业团队，同时获得专业团队的粉丝优势，借助他们强大的粉丝基础实现流量的引入和转化。

8.3 内容转化推广

随着经济的发展，人们对商品的品质及个性化越来越重视，传统的低价模式不再适应于越来越激烈的市场竞争。商家应结合文字、图片、视频等不同表现形式，将商品的外观、性能、使用感受等传递给消费者，即采用内容电商模式进行推广。内容电商模式也是决定消费者消费行为的重要手段之一。

↘ 8.3.1 内容电商的现状和类型

伴随着互联网的发展，小红书、微淘等以内容带动消费者购物的电商模式，已成为现如今电商企业间争夺市场的重要手段。正如一些直播平台中，枯燥的主播，其人气远远比不上风趣幽默的其他主播。因此，内容营销吸引了越来越多的消费者，可以使店铺销量直线上升，选择内容营销的商家也越来越多。

内容电商就是将商品及其用法、用处、优势等，与文字、图片、视频、音频等表现形式结合起来，使消费者接受商品，产生购买欲望，并进行消费。内容电商营销的重点是内容，即用具有吸引力的内容来催化消费者的消费行为，激发消费者的消费需求，从而建立消费者对商品的信任和对品牌的黏性。例如，微淘中的很多推送就是典型的内容电商形式。图 8-29 所示为微淘中一篇关于挑选酒的文章，文章主要介绍不同种类的酒所适宜的不同场合和节日，同时，以链接的形式展现不同种类中的某一款酒，并介绍其特色、工艺以及适合的场景等。当消费者浏览到文章时，如果有这方面的需求，如朋友小聚、家庭聚餐等，就可以直接点击链接进行购买，促进了商品的销售，提高了转化率。

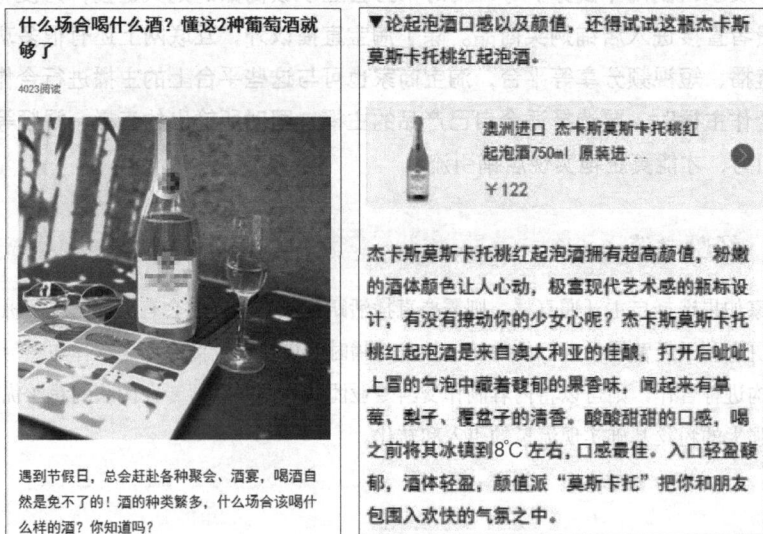

图 8-29 微淘中的内容营销

8.3.2 内容电商的主要形式

一般而言,内容电商的主要形式包括文字、图片、图文、视频等,下面分别进行介绍。

- **文字**。文字是内容电商最基本、最直接的表现形式,可以有效表达内容创作者的思想,向消费者传递具体价值。然而,长篇大论型的内容很容易引起读者的阅读疲劳和抵触心理,其实际运用并不多。

- **图片**。相比文字,图片的表现力更好,也更容易被消费者接受。使用时,应保证图片清晰、直观易懂,也可留下一定的想象空间,让消费者自发引申。

- **图文**。图文即将文字与图片相结合,在文字讲解中插入图片,或为图片配上文字解说,是现在较为常用的内容电商形式。图文形式既能清晰表达文章主旨,也能美化文章版式,给消费者更好的阅读体验。图 8-30 所示为内容电商比较典型的图文营销形式。

故宫"上新"气垫粉底,再现诗意东方美

2019年10月10日 09:45
新京报网

原标题:故宫"上新"气垫粉底,再现诗意东方美

去年冬天故宫推出的口红曾一度引发网友关注,销售火爆。时隔近一年,故宫博物院文化创意馆官方公众号昨日宣布,继口红之后,故宫彩妆家族又推出4款故宫气垫粉底。

热烈鲜艳的郎窑红是釉色的一种,带有强烈的玻璃光泽,十分夺目;轻柔的藕荷粉色则取自古代女子的衣物,淡雅清新,宛如娇羞少女。

这两款气垫粉底的外壳上,印有插着松、竹、梅以及天竹果的甜白釉色花瓶。花瓶旁的柿子和如意,组合成"事事如意"的美好愿景。

图/鹤禧觉色线上商店截图

静谧的霁蓝色高贵深沉,天青色更像是雨

少爱美女生的喜爱。179元的价格性价比较高,还有两种不同的外观设计,常规版在外壳上印有镭射Logo,十分亮眼,限量版的黑色外壳与金色闪粉更让人挪不开眼睛。与YSL气垫粉底相比,美宝莲的这款产品在色号选择上并不宽裕,共有亮肤色、自然色和裸粉色三个色号。

图 8-30 内容电商的图文营销

- **视频**。视频是最具吸引力的内容电商表现形式,其将要推广的商品以视频的方式立体呈现,展现商品的外观、性能等,引起消费者的购买欲望。还可以通过直播的形式,更直观、立体地展现商品,与消费者互动,影响其消费行为。

8.3.3 淘宝内容营销的常见入口

随着内容电商的兴起,各大电商平台也纷纷开通了内容营销的入口,淘宝网更是开通了包括淘宝头条、有好货、哇哦视频、必买清单、微淘等在内的内容营销入口。下面分别对上述 5 个淘宝网的内容营销入口进行介绍。

1. 淘宝头条

淘宝头条是一个集生活、消费、咨询、媒体于一体的平台,媒体、达人和自媒体

都可以创建"淘宝头条号"，以借助淘宝的流量获得更多曝光和关注。淘宝头条的对象可分为机构媒体、内容电商、内容类公司、自媒体或其他身份，下面分别对其进行介绍。

- **机构媒体。**指具有国家媒体资质许可证的各类媒体机构。
- **内容电商。**指以内容为纽带触达人群，获得消费者，给予消费建议并引导消费的电商。
- **内容类公司。**指主打某一领域，通过文字或视频的形式，以专业生产内容（Professional Generated Content，PGC）或用户生产内容（User Generated Content，UGC）模式产出内容，并进行内容传播和推广的公司。
- **自媒体。**指个人以现代化、电子化的手段，向不特定的大多数或者特定的单个人传递规范性及非规范性信息的新媒体。
- **其他身份。**在相关领域有一定影响力的内容创作者。

商家与淘宝头条进行合作的方式有两种，一种是后台管理，即淘宝头条为内容伙伴开通内容发布账号及后台，内容伙伴只需按照说明在后台提交内容即可。另一种是系统对接，即部分内容伙伴拥有丰富且优质的内容，但当数量较多，后台提交成本太大时，淘宝头条将会对双方系统进行对接，提供成熟的技术及服务来实现内容的自动接入。

淘宝头条拥有头条、视频、问答、PK、订阅 5 种内容展示模式，如图 8-31 所示。包括了汽车、手机、美搭、母婴、时尚等类型的内容，如图 8-32 所示。

图 8-31　淘宝头条内容展示模式

图 8-32　淘宝头条内容类型

2. 有好货

有好货是淘宝网中的精品导购平台，不同用户从淘宝首页点击进入，看到的内容都不一样，其包括格物志、精选、时尚馆等不同部分，如图 8-33 所示。有好货适合小而美的商品进行展示，其展示的商品应以精致为主，有质量保障。商品图片应以白色或灰色等纯色为背景，居中摆放，上下左右留白。导购部分必须包含商品推荐理由、产品介绍、性能优势、使用感受等，如图8-34所示。

　　商家若要通过有好货进行内容营销，可先成为淘宝达人，再直接进行投稿，也可发布招募信息，发布任务给其他达人，由其他达人完成写作并投放，然后按照用户点击与匹配来进行佣金结算。

图8-33　有好货页面　　　　　　　　　　　　　图8-34　有好货商品页面

经验之谈

　　商家可以进入阿里V任务网站，选择内容推广中的图文推广，选择领域、粉丝数量合适的达人，针对不同渠道（如淘宝头条、有好货、必买清单、微淘等）进行合作。

3. 哇哦视频

　　哇哦视频由爱逛街升级而来，是淘宝网短视频内容电商的核心阵地，可以帮助消费者更好地了解商品，为消费者提供优质内容，也可以帮助商家更好地推广商品或店铺。在手机淘宝首页点击"哇哦视频"即可进入其首页，其中包括今日精选、趣体验、福利社、时髦穿搭等栏目。用户可以点击对应的栏目，查看其相应的内容，并进行收藏、评论和分享，如图8-35所示。

　　哇哦视频目前并未开通商家投稿入口，如果想通过哇哦视频进行推广，商家可选择与达人合作，选择有投稿权限的达人，由达人在阿里创作平台投稿发布推广视频。除此之外，没有哇哦视频投稿权限的达人和商家还可以直接在微淘等页面发布推广视频，只要符合哇哦视频的要求，就可以被采纳并上传至哇哦视频。哇哦视频对入驻达人的要求如下：账号已有4级，30天内至少发布了4部视频，粉丝数量已达到100，且账号有专注领域。

图 8-35 哇哦视频

4. 必买清单

必买清单是淘宝中用于分享交流的内容电商平台，可通过手机首页搜索进入，包括首页、置家、穿搭、海淘、化妆、旅行、爱吃、潮玩、运动、育儿等 12 个栏目。每个栏目都将清单标题、部分描述、部分商品、作者等内容展示出来，吸引消费者查看感兴趣的内容，帮助消费者了解商品，如图 8-36 所示。

清单中需对清单主题进行阐述，再结合每部分的内容推荐商品。其中，商品图片要求为正方形，不能添加水印、Logo 和其他多余的文字。此外，在写清单文章时，应以消费者需求为切入点，将商品卖点与消费者需求结合起来，增加内容的可读性与通过率。

图 8-36 必买清单

5．微淘

微淘是阿里巴巴为消费者、商家或达人等提供内容平台服务的生活消费类内容社区。消费者通过微淘，可以关注商家的上新、折扣、活动动态，接受达人的推荐，甚至是观看同为消费者的消费者秀。商家通过微淘，可以向消费者发布店铺的动态，向消费者传递信息，还可以转发消费者的高质量消费者秀，以吸引其他消费者。

商家可通过千牛卖家工作台，进入阿里创作平台，编辑微淘动态，发布完成的微淘动态会在微淘页面进行展示，甚至由淘宝网智能推送给有兴趣的消费者，如图8-37所示。除此之外，消费者还可以通过店铺中的店铺微淘页面，查看店铺的微淘动态，如图8-38所示。因此，商家不仅需要经营好微淘动态，还需要对店铺微淘页面进行设置。

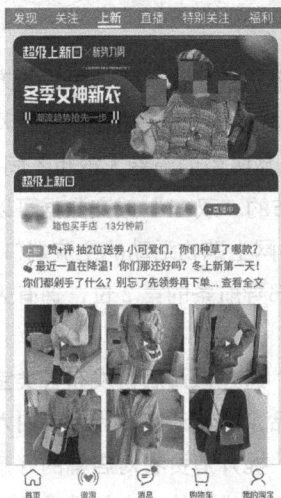

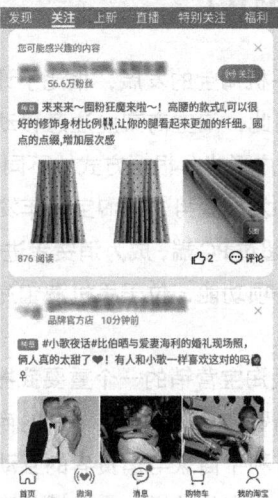

图8-37　微淘页面　　　　　　　　　　　　图8-38　店铺微淘页面

微淘主要是通过移动端来进行营销的，其推广方法将在8.4.2节中进行具体介绍。

↘ 8.3.4　内容营销的优化

对商家来说，能吸引到更多消费者，提高店铺流量、销售额，是内容营销的主要目的。因此，在进行内容营销时，商家必须根据消费者的需求和心理，合理利用互联网平台、社交媒体等，优化内容电商的内容，下面分别进行介绍。

- **贴近消费者需求**。电商内容营销必须遵守一个最基本的原则，就是内容必须贴近消费者的需求，特别是目标用户群体是年轻人的产品和品牌，更应该分析年轻人主流群体的喜好，这样创作的内容才能获得广泛认可。
- **引起消费者共鸣**。电商内容营销要想触动消费者，给消费者留下强烈深刻的印象，前提是能够引起消费者的共鸣，这就要求内容营销能够从不同角度唤起消费者的情感，满足消费者的心理需求和情感需求，让消费者对产品或品牌产生归属感、认同感和依赖感。

- **表达商品内涵。**优秀的电商内容营销在吸引消费者时，还应该体现充满内涵的品牌价值和理念，提升品牌的格调，让消费者对品牌产生信任和兴趣。
- **持续输出内容。**电商内容营销并不能一蹴而就，大多数粉丝忠诚度高、影响力强的内容营销都需要持续不断地输出内容，才能吸引消费者持续关注，培养消费者的黏性和习惯。

此外，为了提高内容的可阅读性，可适当在内容中运用一些文案写作技巧，例如设置悬念、叙述故事、提供促销优惠等。同时，创作内容时还可以依靠精准把握消费者痛点来提高消费者的阅读兴趣，从而提升内容的传播度，也更容易影响和说服消费者。

8.4　移动端微淘推广

智能手机的普及，带动了手机淘宝的发展，相比于计算机，便捷小巧的手机更方便消费者随时随地进行购物，因此，淘宝商家应注意移动端的推广。现如今，淘宝网移动端已拥有码上淘、微淘等推广形式，根据方式的不同，其吸引的消费人群也不同。

移动电商是电子商务市场的发展趋势，从淘宝每年发布的"双 11"成交数据可以看出，移动端的成交额已经远远超过 PC 端，成为消费者进行网上购物活动的主流端口。微淘是淘宝手机端中所提供的一项功能，位于手机淘宝底部导航条的第 2 位，拥有大量的移动流量。

对于淘宝商家而言，微淘是淘宝营销的一个重要武器。通过微淘后台发布各类宝贝信息，可以让关注了店铺的消费者及时了解店铺中的商品、活动动态，为店铺引入流量。同时微淘的交互功能还有利于商家与消费者的互动，提升消费者对店铺的好感度和忠诚度，从而实现品牌宣传和文化传递，为店铺带来更多优质的、定位精准的消费者。图 8-39 所示为优秀的微淘推广案例，可从浏览量、点赞量与评价量判断商品的人气，打开图片，点击左下角的链接即可进入商品购买页面。

图 8-39　优秀的微淘推广案例

↘ 8.4.1　发布微淘

微淘提供了多种发布方式，如发帖子、图片、主题清单、宝贝上新、活动策划、转发消费者秀等，商家可以根据需要选择喜欢的发布方式，其具体操作如下。

STEP 01 在千牛卖家工作台的"店铺管理"栏中单击"手机淘宝店铺"超链接进入"无线店"铺装修页面，单击"发微淘"超链接进入微淘发布页面，如图8-40所示。

STEP 02 选择需要发布的微淘方式，如单击"粉丝福利"超链接，打开"粉丝福利"页面，如图8-41所示。在相应文本框中输入相关内容，编辑完成后，单击 发布(今日还可发布3篇) 按钮，发布编辑完成的微淘内容。

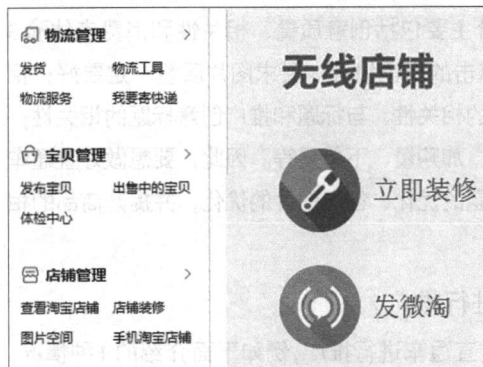

图8-40　进入微淘发布页面

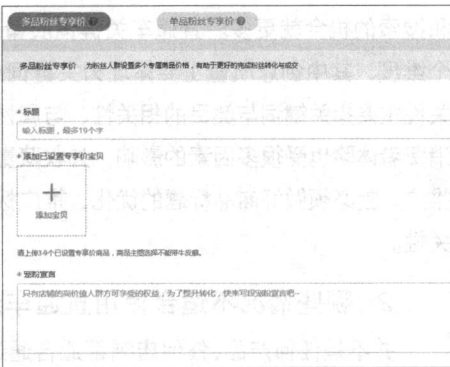

图8-41　打开"粉丝福利"页面

↘ 8.4.2　微淘推广要素

微淘已成为移动端淘宝的重要引流工具，商家可通过成为淘宝达人，或选择与有实力、有影响力的淘宝达人合作，对店铺或商品进行推广。要想获得更多的曝光度和流量，需要从以下4个方面来运营微淘。

- **熟悉微淘运营规则。**要充分了解和熟悉微淘的运营规则，及时关注微淘的新闻和活动。如了解不同等级的账号每天所能发布的微淘的条数。
- **如何拉粉。**首先，群发信息召回老顾客。其次，想办法留住新顾客，如发表主题丰富的内容，针对内容收藏数量或互动来分析粉丝的喜好，重点发布粉丝想要看到的内容。在进行内容设计时，可从热门话题、事件等方面进行，增加内容的吸引力，同时适当利用节日等活动多设置与粉丝互动以及回馈粉丝的机会。
- **熟悉店铺的运营推广计划。**结合店铺的促销活动、店铺上新日、淘宝节日活动等设置推广计划，如提前两天发布预告广播，粉丝可以抢先看、提醒粉丝收藏，以及到时间提醒粉丝购买等。

- **发布微淘的时间安排。**分析微淘用户访问的高峰时段，如 0—1 时、8—10 时、13—14 时、16—17 时、18:30—19:30 时、22—23 时等，一般可根据淘宝官方的大盘数据，结合店铺销售的成交额，找出适合店铺的高峰时间段。

8.5 疑难解答

运营淘宝店铺的商家必须掌握一定的推广工具，学会推广技巧，才能积累更多的粉丝，使店铺发展得更好。下面针对在淘宝平台进行推广时会遇到的问题进行解答。

1. 什么是直通车中的关键词质量分，其影响因素有哪些？

直通车关键词质量分是用于衡量关键词和商品吻合程度的分数指标，吻合程度越高，关键词的质量分就越高，质量分越高，关键词的推广信息与搜索意向更密切，得到展示和搜索的机会就更多。直通车关键词质量分主要包括创意质量、相关性和消费者体验 3 个维度，其中创意质量主要体现为关键词点击的反馈情况，要求图片质量一定要好；相关性主要指关键词与类目的相关性、与属性的相关性、与标题和推广创意标题的相关性；消费者体验也受很多因素的影响，如收藏量、加购量、下单量等。因此，要想做好直通车推广，就必须做好商品标题的优化、推广标题的优化、创意图片的优化，并提升商品的相关性。

2. 哪些情况不适合使用直通车进行推广？

并不是任何产品、任何店铺都适合通过直通车进行推广，例如下面介绍的 4 种情况，使用直通车进行推广的效果可能就不太明显。

- **图片不好看的商品。**图片是直通车推广中获得点击量最重要的因素，商品图片不好看，点击率较低，也会导致店铺流量低。
- **价格太高或太低的商品。**价格太高的商品，一般转化率不会太高，那么由直通车带来的收益就不高；价格太低的商品，消费者会很容易怀疑商品的质量，从而直接影响转化率。一般来说，价格适中的产品更适合参加直通车推广，收益也更好。
- **没有销量的产品。**消费者的从众心理会在很大程度上影响他们的消费行为，销量好的商品更容易取得消费者的信任和好感，从而商品转化率就更高，参与直通车推广的性价比也更高。
- **中小商家争夺热门关键词。**淘宝网中的关键词热度越高，流量就越大，同样地，这些关键词的竞争环境更激烈，竞价更高。对于中小商家而言，不论是激烈的竞争环境还是高昂的竞价，都不是轻易可以承受的，建议中小商家通过锁定长尾词的方式参与竞争。

3．如何进行直通车竞价？

直通车竞价是一个需要不断总结和分析的过程，盲目竞价不仅无法带给店铺足够的流量，还会花费大量的金钱。下面介绍一些简单的竞价技巧。

- 关注转化数据，有技巧地调整关键词出价。在商品推广初期，可以适当限制直通车的花费。
- 设置好出价平台和分时段折扣比例。
- 删除上一月展现量大于 100 但点击量非常低或为 0 的关键词。
- 分析转化数据，找到排名靠前的关键词，提高关键词出价。
- 分析转化数据，从高到低对关键词的竞价进行整理和排序，降低转化率低于 2%的关键词出价。

4．智钻投放有哪些注意事项？

智钻投放主要需对资源位、创意、定向和出价等因素进行分析。在选择资源位时，可以首先选择站内的资源位，即名称带有"网上购物"的资源位，预算不多时数量控制在 5 个以内。智钻创意的制作可参考创意后台的一些模板。关于定向的选择，建议新手设置访客定向时选择自主添加店铺。出价则可直接参考系统建议，再根据投放情况适当调整。图 8-42 所示为流量充足、点击率相对较高、投放性价比较高的资源位。

广告位名称	尺寸	推荐理由
无线 _ 网上购物 _app 淘宝首页焦点图 2	640 像素 ×200 像素	流量充足、效果好、钻展最黄金的资源位
无线 _ 网上购物 _app 淘宝首页焦点图 2	640 像素 ×200 像素	
PC_ 网上购物 _ 淘宝首页焦点图 2	520 像素 ×280 像素	
PC_ 网上购物 _ 淘宝首页焦点图 3	520 像素 ×280 像素	
PC_ 网上购物 _ 淘宝首页焦点图 4	520 像素 ×280 像素	
PC_ 网上购物 _ 淘宝首页焦点图右侧 banner 二	170 像素 ×200 像素	流量充足、价格相对较低、性价比高
PC_ 网上购物 _ 淘宝首页 3 屏通栏大 banner	375 像素 ×130 像素	
PC_ 网上购物 _ 阿里旺旺 _ 弹窗焦点图 2	168 像素 ×175 像素	

图 8-42　流量充足、点击率相对较高、投放性价比较高的资源位

5. 淘宝客会优先选择哪些店铺进行推广？

淘宝客这种先成交再付费的模式可以有效降低商家的推广风险，但是淘宝客与店铺之间存在双向选择关系。一般来说，淘宝客会优先选择佣金比例高、产品利润高、产品销量高、产品评价好的店铺进行推广。

8.6　课后习题

（1）综合分析店铺的等级、评分等信息，结合本章介绍的各种推广活动及推广预算，选择适合店铺的活动，并报名参与。

（2）分析本章提及的站内推广资源，从准入条件、费用、时效等各个方面进行分析，总结不同资源的优劣势。

（3）为店铺中的3件热销商品创建对应的二维码，结合商品描述、图片等内容，将二维码发送到微博、微信朋友圈中，对商品进行推广。

（4）根据售卖商品的特征，选取不同类型、用处的商品，编辑一篇形式为"主题清单"、介绍商品用途的微淘内容。

09

网店物流与仓储

对于商家来说，物流与仓储也是网店经营过程中十分重要的组成部分，关系着店铺的评价。因此，商家在开店之前，必须先了解各大快递公司的相关信息，如价格、速度、包装等。本章将分为物流的选择、物流设置和仓储管理3个部分，对网店物流与仓储的相关知识进行介绍。

案例导入

诗诗是某大学大三的在读学生，两年前因爱好在淘宝开了一家服饰店铺，专卖不同颜色的卫衣。因诗诗所学专业就是服装设计，其店铺的卫衣符合大众审美，且性价比高，所以开店两年来，销售量、评价等各方面都比较优秀。

近日来，诗诗发现店铺评价开始出现中评，甚至还有几个差评。诗诗在淘宝联系了消费者，发现其评价不高的原因竟然都出在物流上。这些消费者遇到了物流延迟、包裹损坏等各方面的问题，甚至还有一位消费者迟迟没有收到快递。诗诗了解了相关情况后，赶紧去询问合作了两年的快递公司，但其一直不给诗诗正面回复，于是诗诗只能临时选择其他快递公司为消费者补发了一件卫衣，并为此将衣服款项退还给了这位消费者。

在此期间，诗诗暂时将店铺所有商品都下架了。然后诗诗通过搜索网上的资料，了解到合作的快递公司A出现丢件、损坏等事件并不少，且A公司一直没有改进。考虑到A公司面对问题的态度，以及合同马上到期，诗诗经仔细查询，并到学校周边数个快递点实地考察后，决定与B公司合作。

为避免再次出现此类事情，诗诗定制了一批手提袋、小饰品及胶带，发货前将卫衣、饰品装在手提袋内，再放入快递袋内，由快递点检查完后，再用胶带打包，并拍下打包视频。正因为诗诗严谨的态度，消费者每次在收到快递时，都能感受到她的用心，也越来越喜欢在她的店铺购物。

直至诗诗大学毕业，其店铺等级已有四钻，综合评分已超过不少同类型商家。此后，诗诗被学弟学妹请教运营淘宝店铺的经验时，诗诗总不会忘记提醒他们关注物流方面的问题。

9.1　物流的选择

网络店铺以网络为基础，依靠物流进行商品流通，作为网店的经营者，商家必须了解物流的类型，以及选择物流的方法。

↘ 9.1.1　网上商品的主要发货方式

目前，市场上提供物流服务的公司并不少，淘宝千牛卖家工作台集合了各大类型物流，主要可分为快递、EMS 快递、平邮和物流托运 4 种类型。

1. 快递

快递发货是目前淘宝网商家采用最多的一种物流发货方式。快递的发货速度快，价格比较固定适中，支持上门取货和送货上门，同时还可通过网络跟踪商品物流的进度，为买卖双方的货物收发都提供了很大的便利。随着物流的发展，现在的快递公司内部管理结构越来越完善，服务质量提升较大，物流行业的发展也越来越快。比较常见的快递公司有顺丰、申通、圆通、韵达、中通和宅急送等，如图 9-1 所示，其服务模式基本类似，根据需要进行选择即可。

图 9-1　快递公司

在发货前，商家首先应该选择能为消费者所在地提供快递服务的公司，可以询问消费者，也可以自己查询快递公司的服务范围。若是常用快递公司不提供消费者所在地的物流服务，则需要联系消费者，告知物流方式需要更改。发货后，商家要关注商品的物流情况，并查看消费者的收货情况，以确保物流正常。

2. EMS 快递

EMS快递即邮政的特快专递服务，在中国境内是由中国邮政提供的一种快递服务，分为航空和陆运两种，同时提供国际邮件快递服务。EMS 快递的运送范围很广，可送至各个地方，速度较快，运送安全，支持送货上门，可在网络中跟踪物流信息，图 9-2 所示为 EMS 快递官网的物流查询界面。

图 9-2　EMS 快递官网的物流查询界面

3. 平邮

平邮是邮政中寄送信与包裹业务的总称，是所有邮政递送业务中速度最慢但最实惠的，视距离和包裹重量定邮费，可通过网络查询投递情况，但不提供送货上门服务，需收件人带上提前投递的通知单和身份证去邮局领取。选择平邮的商家，可以视商品的情况，选择一些保障服务，如保价、回执等。由于平邮需要的时间一般比较长，所以选择平邮的商家并不多，但是平邮的寄送范围非常广，如果某区域没有快递公司提供物流服务，就可以使用平邮。

4. 物流托运

不方便使用物流运送的大件物品或超重物品，可以使用物流托运。在托运之前必须对物品进行完善的包装和标记。一般来说，物流托运主要有汽车托运、铁路托运和航空托运等形式，其托运所需的时间为航空最快、铁路次之、汽车较长，托运价格则是航空最贵，铁路较便宜。在进行托运时，要注意备注好联系方式。

> **经验之谈**
>
> 不管选择何种物流形式寄送商品，都要事先了解物流公司的口碑等，避免出现商品丢失、包装破损等情况。

↘9.1.2 如何选择适合自己的物流

随着时代的发展，物流行业越做越大，加入物流行业的企业、人员也越来越多，正是由于其快速发展，导致了物流企业、人员质量良莠不齐。因此，商家在店铺筹备之初就应该从各方面考察物流公司，根据店铺需要进行选择。一般来说，可从快递安全、快递价格、发货速度和服务质量 4 个方面进行考虑。

1. 快递安全

物流安全是网店经营者必须考虑的问题，丢件、物品破损等情况会严重损害店铺的服务质量，引起消费者的强烈不满。为了保证商品的安全，对于贵重物品可以选择EMS，并进行保价，从而保障货主的利益；在选择其他快递服务时，要有购买保险、了解理赔服务的意识。此外，还可对物品进行保护包装，在包装箱上标注易碎、轻放等字样，并叮嘱快递公司注意保护等。

> **经验之谈**
>
> 对于易碎、易损坏的商品，商家不仅需要进行多重的保护，叮嘱快递公司安全运送，还需提醒消费者在签收之前先进行验货。

2. 快递价格

快递价格与成本息息相关，为了降低成本，很多商家都愿意优先选择价格更低的快递服务，这当然无可厚非，但也绝不能一味盲目地以低价为标准。如果低价的物流服务是以物流质量低为代价，那么商家将得不偿失，因此需对快递公司进行详细对比。首先，了解想要选择的快递公司，通过每个快递公司的官方网站查询快递公司的基本资料、联系方式等，筛选出综合质量良好的快递公司。其次，选择负责自己所在地的各个快递公司的网点，与负责该区域的快递员沟通价格，可以在对比多家之后再做决定。最后，如果合作愉快，可以适当地进行沟通，尽量拿到比较低的友情价格，以降低自己的成本。

3. 发货速度

在网上进行购物的消费者，通常对物流的速度快慢非常在意。物流速度快的店铺，会非常容易赢得消费者的好感，反之，则容易引起消费者的不满甚至投诉。作为网店经营者，一定要注意快递的发货速度，首先自己发货的速度要快，其次快递公司揽件并发货的速度也要快。由于快递公司在不同地区的网点一般都采用独立核算的方式，因此不同地区的快递网点，其服务质量、速度等可能都不一样，商家最好亲自考察并对比自己所在区域的快递公司发货速度，选择比较优秀的网点。

4. 服务质量

服务质量也是网店经营者挑选快递服务的标准之一。快递行业作为服务行业之一，应该具备服务行业的精神，遵守服务行业的准则。质量好的快递服务，会给消费者带来舒适的服务体验，从而增加消费者对网店的好感度。

9.2 物流设置

在淘宝网中，商家需要先对物流工具进行设置、编辑，才能为消费者寄送商品，下面分别从服务商设置、运费模板设置和编辑地址库3个方面进行介绍。

9.2.1 服务商设置

淘宝网提供了很多服务商，商家可以选择自己常用的快递服务商并进行开通，其方法为：登录淘宝网千牛卖家工作台，在"物流管理"栏中单击"物流工具"超链接，进入物流工具管理中心，在该页面中可以查看现在主流的物流服务商，单击选中需要开通的服务商前的复选框，然后单击其后的 开通服务商 按钮即可，如图9-3所示。如果商家在设置服务商前没有编辑过地址库，则首先要对地址库进行编辑，才可以设置物流服务商。

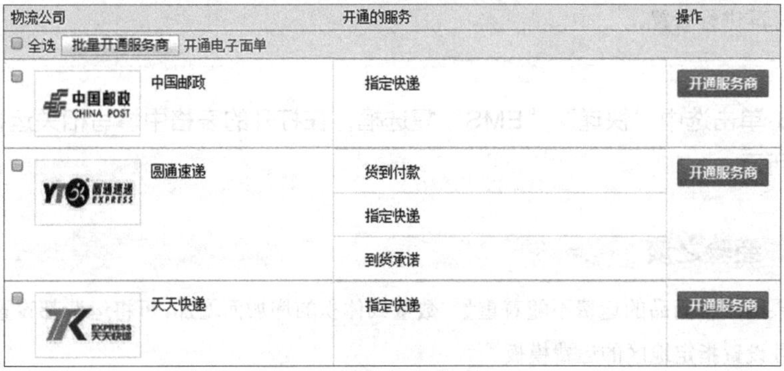

图9-3 设置服务商

↘ 9.2.2　运费模板设置

　　由于淘宝网上的消费者来自各地，因此商家在发货时，会面对不同地区服务费不同的情况。为了在发货时更方便，商家可以在千牛卖家工作台建立运费模板，用于区分不同地区的消费者。下面介绍建立运费模板的方法，其具体操作如下。

STEP 01 登录淘宝网，进入千牛卖家工作台，在"物流管理"栏中单击"物流工具"超链接，进入物流工具管理中心，在右侧页面中单击"运费模板设置"选项卡，单击下方的 新增运费模板 按钮，如图9-4所示。

STEP 02 打开"新增运费模板"编辑页面，在"模板名称"文本框中输入模板的名称，并依次选择"宝贝地址""发货时间"等信息，单击选中"自定义运费"单选项，然后根据实际情况单击选中"按重量"单选项或"按件数"单选项，如图9-5所示。

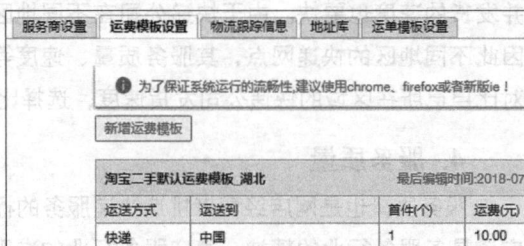

图9-4　设置运费模板

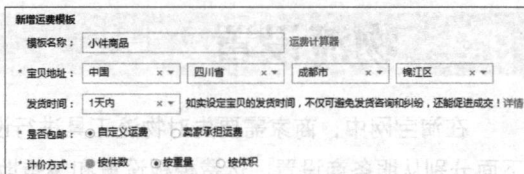

图9-5　设置基本信息

经验之谈

　　设置模板时，商家可根据地域进行设置，寄件时直接选择对应模板即可。设置计价方式时，商家可根据实际情况选择，如卖耳饰等小件商品的商家可选择"按件数"或"按重量"，卖落地风扇等大件商品的商家可选择"按体积"计价。此外，还应根据快递服务商的价格标准进行设置。

STEP 03 单击选中"快递""EMS"复选框，在打开的表格中填写相关运费信息，如图9-6所示。

经验之谈

　　如果网店中商品的运费不随着重量、数量或体积的增加而增加，可将运费都设置为"0"，然后单独设置指定地区的运费模板。

STEP 04 单击“为指定地区城市设置运费”超链接，单击“运送到”一栏的“编辑”超链接，在打开的对话框中选择需特别指定运费的区域，单击 保存 按钮，然后设置这些特定区域的价格，如图9-7所示。

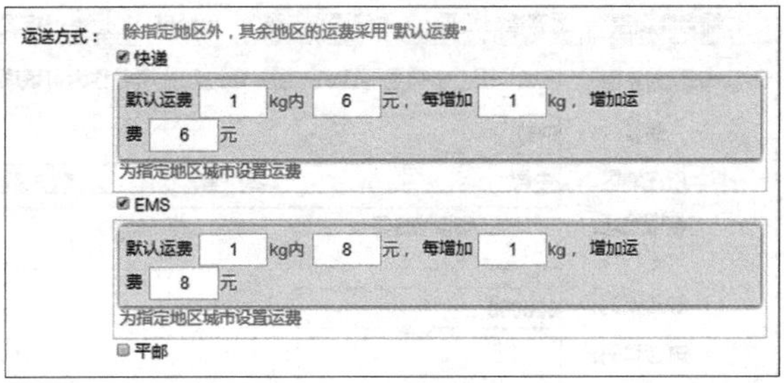

图 9–6　填写运费信息

STEP 05 按照该方法设置EMS指定区域运费模板，单击选中“指定条件包邮”复选框，在打开的表格中设置包邮的指定条件，在“选择地区”栏中设置包邮地区，在“设置包邮条件”栏中设置包邮条件，设置完成后单击 保存并返回 按钮，如图9-8所示。

STEP 06 返回物流工具管理中心，即可查看已经设置完成的运费模板，如图9-9所示。在寄送商品时，选择该模板名称即可应用。

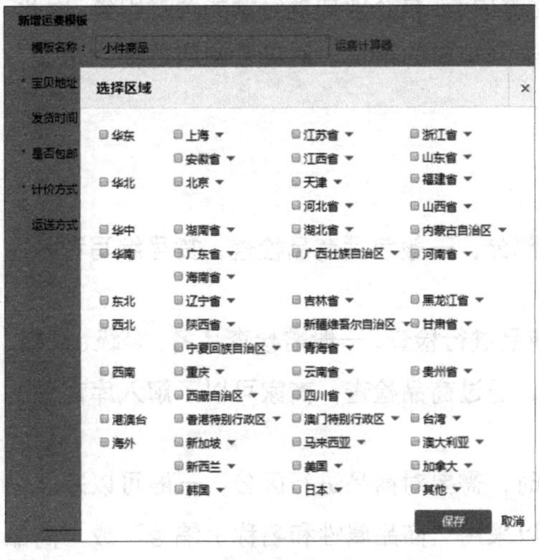

图 9–7　设置指定区域的运费

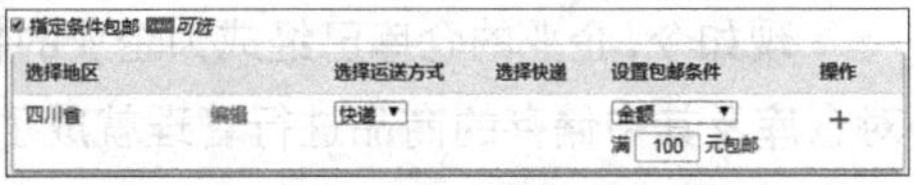

图 9–8　设置指定条件包邮

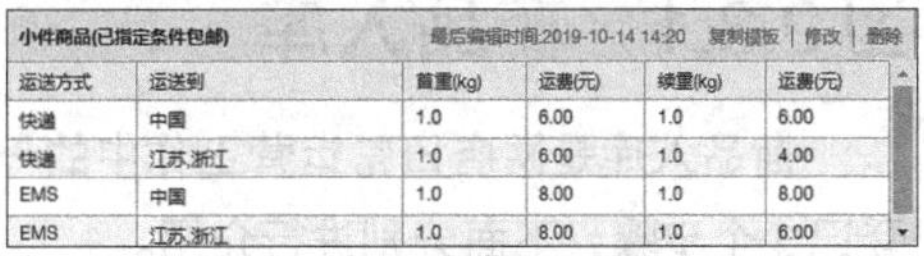
小件商品(已指定条件包邮)　最后编辑时间:2019-10-14 14:20　复制模板｜修改｜删除

运送方式	运送到	首重(kg)	运费(元)	续重(kg)	运费(元)
快递	中国	1.0	6.00	1.0	6.00
快递	江苏,浙江	1.0	6.00	1.0	4.00
EMS	中国	1.0	8.00	1.0	8.00
EMS	江苏,浙江	1.0	8.00	1.0	6.00

图 9–9　查看运费模板

经验之谈

在运费模板上方单击“修改”或“删除”超链接，可对模板进行重新编辑或删除模板。

↘9.2.3　编辑地址库

地址库即商家的发货、退货地址库。其编辑方法为：登录淘宝网千牛卖家工作台，在“物流管理”栏中单击“物流工具”超链接，进入物流工具管理中心，在右侧页面中单击“地址库”选项卡，在打开的页面中填写相关信息，如图 9-10 所示，填写完成后单击 保存设置 按钮即可。

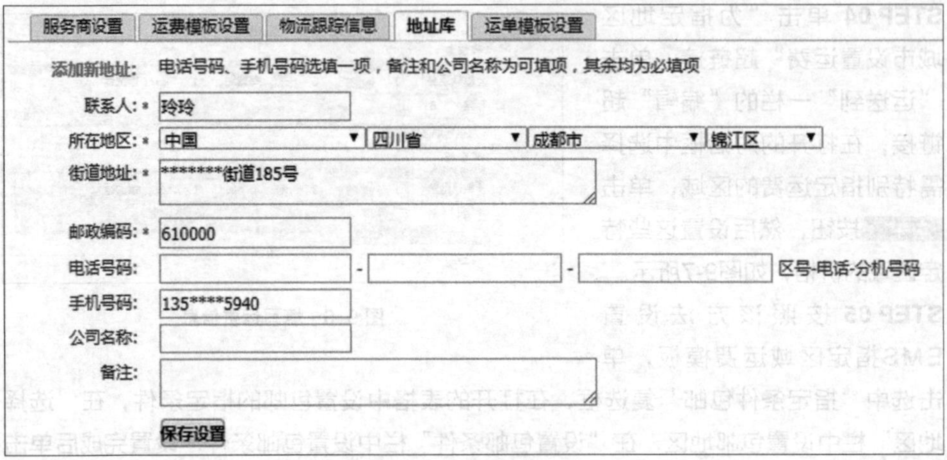

图 9-10　编辑地址库

9.3　仓储管理

现如今，企业的仓库已经成为企业的物流中心，是企业成功经营的关键因素。因此，对仓库及其中储存的商品进行管理就成了十分重要的事情，对经营网店的商家来说，更应该对仓储管理有一定的认识。

↘ 9.3.1　商品入库

商品入库是网店日常运营工作中的一部分，一般包括商品检查、货号编写和入库登记 3 个步骤，下面分别进行介绍。

- **商品检查。**商品检查是指对入库的商品进行检查，一般需检查品名、等级、规格、数量、单价、合价和有效期等信息，通过商品检查，商家可以了解入库商品的基本信息，筛选出不合格的商品。
- **货号编写。**当商品种类和数量较多时，需要对商品进行区分，一般可以采取编写货号的方式。在编写货号时，可以采用"商品属性和名称＋编号"或"商品属性或名称缩写＋编号"的方式。
- **入库登记。**入库登记是指按照不同商品的属性、材质、颜色、型号、规格和功能等，分别将其放置到不同的货架中，同时编写入库登记表格，对商品入库信息进行记录。

↘ 9.3.2　商品包装

妥善地包装商品，不仅可以增加消费者对店铺的好感度，还可以对商品起到保护作用，减少商品在运输过程中受到的伤害。一般来说，不同的商品，包装要求也不一样，商家可以根据商品的特性，选择不同的包装方式，甚至可以定制包装物品，形成自己的特色，增加竞争力。

1. 常用包装方法

商品包装是商品的一部分，反映着商品的综合品质，商品包装一般分为内包装、中层包装和外包装 3 种。

（1）内包装。内包装即直接包装商品的包装材料，主要有OPP自封袋、PE自封袋和热收缩膜等。一般商品厂家已经进行了商品的内包装。

- **OPP 自封袋**。OPP 自封袋透明度较好，材料比较硬，可以保证商品的整洁性和美观性，文具、小饰品、书籍、小电子产品等小件商品均可使用 OPP 自封袋进行内包装，如图 9-11 所示。
- **PE 自封袋**。PE 自封袋比较柔软，主要用于防潮防水、防止物品散落等，可反复使用，明信片、小样品、纽扣、散装食品、小五金等都可以使用 PE 自封袋进行内包装，如图 9-12 所示。
- **热收缩膜**。热收缩膜主要用于稳固、遮盖和保护商品，效果类似于简单的抽真空，很多商品外覆的透明保护膜即为热收缩膜，如图 9-13 所示。

图 9-11 OPP 自封袋　　　　图 9-12 PE 自封袋　　　　图 9-13 热收缩膜

（2）中层包装。中层包装通常指商品与外包装盒之间的填充材料，主要用于保护商品，防止运输过程中商品损坏，报纸、纸板、气泡膜、珍珠棉、海绵等都可以用作中层包装。

- **报纸**。如果商品不属于易碎品，且不容易产生擦痕等，就可以使用报纸进行中层包装。报纸一般还起防潮作用。
- **气泡膜**。气泡膜是一种十分常见的中层包装材料，它可以防震、防压和防滑，数码产品、化妆品、工艺品、家具、家电和玩具等都可以使用气泡膜作为中层包装材料，如图 9-14 所示。
- **珍珠棉**。珍珠棉是一种可以防刮、防潮的包装材料，也可做到轻微的防震，薄的珍珠棉可以包裹商品，厚的珍珠棉可用于填充、做模和固定商品等，如图 9-15 所示。

- **海绵。** 海绵是一种非常柔软的材料，可用于包裹商品，也可以作为填充材料，如图 9-16 所示。

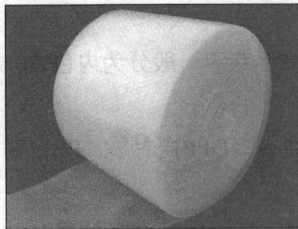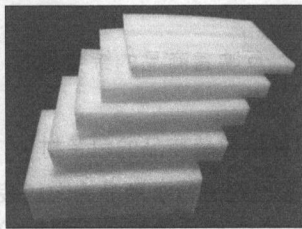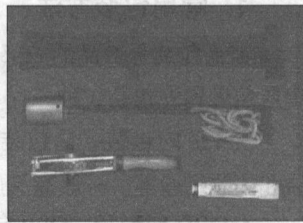

图 9-14　气泡膜　　　　　　　图 9-15　珍珠棉　　　　　　　图 9-16　海绵

💬 **经验之谈**

商家可根据实际情况，灵活使用各种填充材料进行中层包装，如包装水果的网格棉也可用于其他小件商品的包装或作为填充材料使用。

（3）**外包装**。外包装即商品最外层的包装，通常以包装袋、包装盒和包装箱为主，下面对常见的外包装材料进行介绍。

- **包装袋。** 包装袋是一种比较柔性的包装方式，韧性较高，且抗拉抗磨，主要有布袋、纸袋等形式，一般如纺织品等柔软抗压的商品可采用包装袋进行包装，如图 9-17 所示。
- **编织袋。** 编织袋主要用于包装大件的柔软商品，在邮局、快递、物流等多种场合都十分常见。
- **复合气泡袋。** 复合气泡袋是一种内衬气泡膜的包装袋，具有较好的防震效果，书籍、相框等物品均可使用复合气泡袋进行包装，如图 9-18 所示。

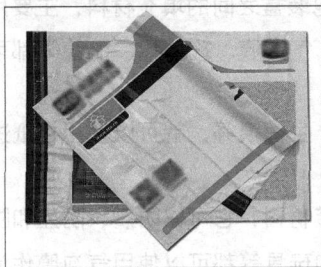

图 9-17　包装袋　　　　　　　　　　　图 9-18　复合气泡袋

- **包装盒。** 包装盒是一种具有较好的抗压强度的包装材料，不易变形，多呈几何形状，糖果、巧克力、糕点等小件物品大多使用包装盒进行包装，如图 9-19 所示。
- **包装箱。** 包装箱与包装盒类似，通常体积较大，包装量较大，使用范围比较广，

主要用于固体货物的包装，非常适合作为运输包装和外包装的材料，如图 9-20
所示。

图 9-19　包装盒

图 9-20　包装箱

2. 包装时的小技巧

在包装商品时，有心的商家可在包装箱上做一些贴心小提示，不仅可以提醒快递
员注意寄送，还可以宣传一下自己的店铺。此外，为了提升消费者的好感度，还可以
送一些贴心卡片、小礼品，或使用具有个性特色且可以迎合目标消费群的包装箱等，
如图 9-21 所示。

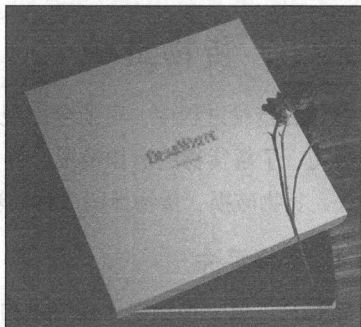

图 9-21　包装小技巧

↘ 9.3.3　商品出库

商品出库是指仓库根据商品出库凭证，所列商品按编号、名称、规格、型号和数
量等，准确、及时、保质保量地发给收货方的一系列工作。对于淘宝网店而言，商品
出库主要包括选择物流公司、联系快递员取货和填写并打印物流信息等主要步骤。

- **选择物流公司**。当收到出库通知时，首先需要核对出库商品的信息，并根据商
  品信息提取对应的商品，填写商品出库表，登记商品出库信息，选择物流公司。
- **联系快递员取货**。根据商品所在地区联系物流公司在该区域的快递网点，通知
  快递员前往取货。
- **填写并打印物流信息**。填写商品的物流单，记录并打印商品的物流信息，方便
  对物流信息进行保存和跟踪。

↘ 9.3.4　物流跟踪

将商品包装好并交给物流公司负责运输后，商家还应时刻关注和监督物流公司的发货和运输信息，对物流情况进行跟踪，保证商品可以在最短的时间内到达消费者手中，避免因物流速度过慢而引起消费者的不满。商家通过淘宝后台的商家中心即可对物流情况进行跟踪，其方法为：登录淘宝网，在"千牛卖家工作台"页面中单击"物流管理"栏中的"发货"超链接，在打开的页面中分别选择"等待发货的订单""发货中的订单""已发货的订单"选项卡即可查看当前状态订单的物流状态，如图 9-22 所示。

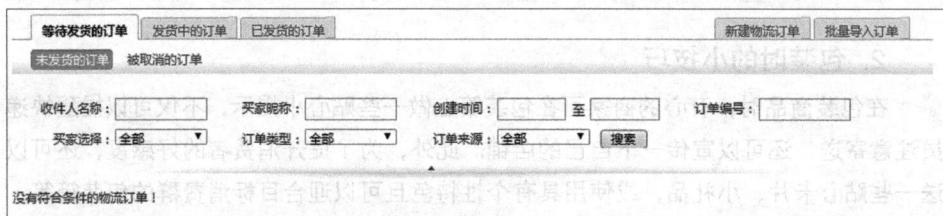

图 9-22　物流跟踪

↘ 9.3.5　货物维护

快递在运输过程中，可能会出现丢失、破损、滞留等情况，此时商家应积极联系物流公司，了解货物的运输情况，并根据不同情况，做出相应的调整。下面分别对货物丢失、货物破损、货物滞留 3 种情况进行介绍。

1. 货物丢失

货物丢失属于物流中比较严重的问题，出现货物丢失的情况时，商家一定要与物流公司进行沟通，及时对货物丢失的详细情况进行了解。一般来说，货物丢失分为人为和非人为两种情况，如果是人为原因造成的货物丢失，则需追究责任人的责任。为了防止这种情况的发生，商家在进行商品包装时，特别是包装电子商品等贵重商品时，一定要做好防拆措施，并提醒消费者先验收再签字，将风险降至最低。如果是非人为原因造成的货物丢失，那么可以要求快递公司对商品的物流信息进行详细排查，检查是否遗漏在某个网点，如果确实找不到了，可以追究快递公司的责任。

不管是何种原因造成的货物丢失，都可能延长消费者收到货物的时间，为了避免纠纷，在商品出现丢失情况时，商家应该告知消费者，并与之协商好处理办法，如果消费者不接受该情况，商家则要尽快重新发货。

2. 货物破损

货物破损是一种非常影响消费者的好感度的情况，商品包装不当、运输不当等都可能导致货物破损情况的发生。为了预防这一情况，商家在包装商品时，一定要仔细严谨，选择合适的包装材料，保证货物在运输过程中的安全。如果是运输不当的问题，则需要追究快递公司的责任。

对于消费者而言，收到破损商品是一件非常影响心情的事情，这可能直接导致差评的产生，因此商家一定要重视商品的合理包装，如果是易碎易坏商品，则要告知快递员小心寄送，并在包装箱上做出标识。

经验之谈

货物丢失和损坏不仅会影响物流质量，还会造成商家、消费者和快递公司等多方损失，处理起来既耗时又烦琐。商家一定要注意避免，选择服务质量更好的快递公司，并确保商品包装的安全。

3. 货物滞留

货物滞留是指货物长时间停留在某个地方，迟迟未进行派送。货物滞留的原因分为人为和非人为两种情况，其中人为滞留多由派送遗漏、派送延误等问题引起，非人为滞留则多由天气等客观原因造成。如果是人为原因造成的货物滞留，则需要商家联系物流公司了解滞留原因，催促物流公司及时进行派送。如果是非人为原因造成的货物滞留，则商家应该及时与消费者进行联系，告知货物滞留的原因，并请求消费者理解。

经验之谈

物流配送质量是商品评价中非常重要的一个因素，为了保证货物的及时配送，商家可以跟快递员建立良好合作关系，让快递员优先配送。

9.4 疑难解答

网店物流与仓储是网店的重要组成部分，要想将网店经营得更好，就必须注重这两方面的内容。下面将对电子商务中物流与仓储部分较为重要的问题进行解答。

1. 如何包装网店的商品?

不同种类的商品，其包装技巧也不尽相同，下面分别对不同类型商品的包装技巧进行简单介绍。

- **服饰类商品**。服饰类商品在包装时一般需要折叠，多用包装袋进行包装，为了防止商品起皱，可用一些小别针来固定服饰，或使用硬纸板来进行支撑，为了防水，还可在服饰外包装一层塑料膜。
- **首饰类商品**。首饰类商品一般直接用大小合适的首饰盒进行包装，如果是易碎、易刮花的首饰，还应使用一些保护材料对首饰单独进行包裹。

- **液体类商品。** 化妆品、酒水等液体类商品都属于易碎品，必须非常注意防震和防漏，必须严格检查商品的包装质量。在包装这类商品时，可使用塑料袋或胶带封住瓶口防止液体泄漏，用气泡膜包裹液体瓶子或在瓶子与原包装之间进行填充，在外包装纸与商品的间隙中也需填充泡沫等材料。
- **数码类商品。** 数码产品一般价格比较昂贵，因此一定要注意包装安全。一般需要使用气泡膜、珍珠棉、海绵等对商品进行包裹，同时还需使用抗压性较好的包装盒进行包装，避免运输过程中商品被挤压损坏。建议对数码商品进行保价，提醒消费者验货后再确认签收。
- **食品类商品。** 食品类商品必须注意包装材料的安全，即包装袋和包装盒必须清洁、干净、无毒。部分食品保质期时间较短，对温度要求也较高，包装这类商品时要注意包装的密封性等，收到订单后应尽快发货，尽量减少物流时间。
- **书籍类商品。** 书籍类商品的防震性和防压性都比较好，主要需注意防水、防潮的处理，一般可使用包装袋或气泡袋进行封装，再使用牛皮纸或纸箱进行打包。

2. 如何寄送贵重物品？

贵重物品因其价值较高，在寄送时更应该格外注意，避免造成重大损失。一般来说，寄送贵重物品时，可从以下6点来避免出现意外。

- **挑选快递公司。** 寄送贵重物品应该挑选信誉较好、服务质量较好的快递公司，不建议选择知名快递公司的代理公司。
- **运单填写。** 在填写贵重物品的快递单时，货物描述中建议不写货物的具体名称，例如珠宝类商品，可以填写为饰品。
- **包装标志。** 为了防止快递包装被私自拆开，可以在外包装上做一些标志，如在箱子底部贴一些与商品或店铺有关的小贴士等。
- **包装。** 贵重物品一定要注意防震、防刮、防水和防压，一般需要将包装盒中的空间填满，防止商品在运输过程中晃动，并起到防震、防水的作用。
- **保价。** 贵重商品建议一定要进行保价，保价时了解清楚保费、赔偿以及保险公司等信息。
- **先验收再签字。** 售出贵重物品时，商家一定要提醒消费者先验收再签字，否则如果出现商品损坏的情况，非常容易引起耗时耗力的纠纷。

9.5 课后习题

（1）任选5个本章提及的快递公司，在网络上查询资料，收集其网络评价、物流速度、价格、网点覆盖、寄送质量等信息，填写表9-1，分析各自的优缺点。

表9-1　调查表

物流公司	网络评价	物流速度	价格	网点覆盖	寄送质量

（2）登录淘宝网，进入千牛卖家工作台，在物流管理中，根据表9-1的分析结果，结合网店售卖商品的特点，开通快递服务。

（3）在物流管理中，根据网店售卖商品的特色，以及开通的快递服务，新建"满额包邮"运费模板及"满额减邮费"运费模板。

（4）在淘宝后台系统中的物流工具管理中心编辑地址库，填写地址、联系方式、联系人和邮政编码等信息。

（5）了解商品入库、商品包装和商品出库的相关知识，拟定一套关于货物丢失、货物破损和货物滞留的解决方案。

CHAPTER

10

网店客服与售后服务

商品的售后服务影响着消费者对商品以及店铺的好感度，是营销中十分重要的环节。因此，商家应着重培养客服人员的素养，为消费者带来良好的消费体验。本章分为了解客户服务、售前服务、售中服务、售后服务、客户关系管理和客服人员管理 6 个部分，对网店客户服务的基本内容和客服管理方式进行介绍。

案例导入

淘淘在淘宝网经营了一家化妆品店铺，因为淘淘舍得花钱做推广，所以店铺的生意一直很不错，但淘淘一直很烦心客服这方面的问题。因为淘淘本身不善于交际，而在网上遇到的客户却问题多且繁杂。

淘淘本以为习惯了就好，但磕磕绊绊地继续经营了小半个月后，却发现问题不仅没有得到改善，还有愈演愈烈的趋势。闺蜜将这一切看在眼里，趁着吃饭的时候和淘淘就此聊了聊。闺蜜和淘淘一样，都在淘宝开了一家店，但闺蜜看起来比淘淘经营得轻松，也没什么烦恼。因此淘淘告诉闺蜜自己遇到的麻烦，并将困在心里的疑惑问了出来：为什么自己经营得这么累，生意却还有变差的趋势呢？

闺蜜告诉淘淘：客户是"上帝"，"上帝"的要求总是没有错的，遇到退换货的，问完基本信息，直接答应就行了，搏个好名声，总比把客户问烦了直接给差评来得好，客服宗旨就是竭尽全力解决客户问题。

淘淘听完豁然开朗，之前她担心给客户留下不好的印象，总爱据理力争，告诉客户自己的商品是经过严格把关的，不会出现这样的问题。也正是因为淘淘这样的态度，客户更容易产生一种商家在狡辩的认知，便越来越不满意，甚至不想再与淘淘交流。

　　淘淘采纳了闺蜜的这个建议，店铺的评分也慢慢提高了，店铺也经营得越来越好了。直至后来淘淘招了客服人员后，仍旧把这段话作为店铺客服工作的主旨。

10.1　了解客户服务

　　客户服务需要一种以让客户满意为导向的价值观，直接影响着店铺的销售额、评分等，是销售中必不可少的一环。商家在经营店铺时，必须了解客户服务的重要性，重视对客服能力的培养。下面分别从客户服务的意义、客户服务的沟通原则和客户服务流程3个方面进行介绍。

↘ 10.1.1　客户服务的意义

　　客户服务是连接客户和店铺的桥梁，为消费者了解商品、活动、折扣等相关信息提供了渠道，是引导消费者购买商品、提高销售量的方法之一。客户服务做得好不仅可以提高商品的成交率，还可以提高客户回头率，塑造店铺形象。

1．提高成交率

　　客户服务体现在交易的整个过程中，商品的交易在发生前、发生中和发生后都可能需要客户服务，这需要客服人员根据不同情况采取不同的处理措施。

- 当消费者为了了解商品的价格、颜色、尺寸或物流等信息，在交易前与店铺客服人员进行沟通时，如果在线客服人员具备良好的客服技能和素养，能够快速、准确地回复消费者的问题，让消费者及时了解想要知道的内容，就更容易促进交易的成功，如图10-1所示。
- 当消费者选择不定、犹豫不决时，优秀的客服人员也可以通过娴熟的销售技巧帮助消费者选择更合适的商品，从而促进消费者的购买行为。
- 当消费者提交了订单但迟迟未付款时，客服人员需要主动与消费者进行联系，以温和的方式对消费者进行催付，例如主动向消费者确定收货地址、联系方式、商品信息等，促进交易的进程。
- 当消费者在使用商品的过程中出现了问题并向店铺提出投诉时，客服人员需要及时提出解决方案，安抚消费者的情绪，避免差评。

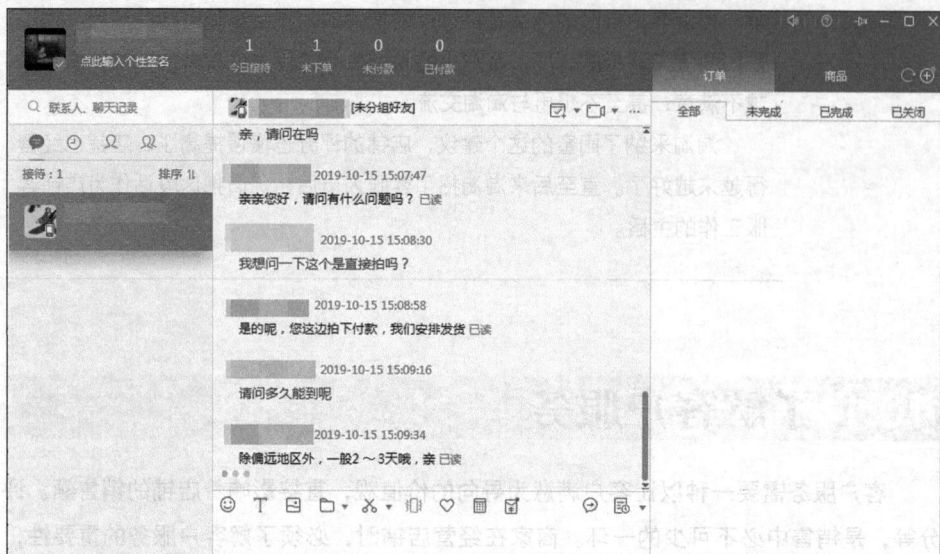

图 10-1　交易之前的客户服务

2. 提高客户回头率

购物体验的好坏是决定消费者是否重复购买的重要因素，当消费者在店铺中进行了一次购物，对店铺的服务态度、商品质量、物流速度和售后服务等有了不错的评价后，就可能收藏店铺，成为回头客。当消费者收藏了店铺后，再次搜索相同商品时，系统会优先推荐收藏的店铺，同时还能带动店铺中其他商品的销量，增加店铺的总体销售额。对于没有收藏店铺习惯的客户，当再次搜索相关商品时，淘宝网也会优先显示购买过的店铺，如图 10-2 所示。如果消费者在该店铺的购物体验良好，也会再次选择已购买过的店铺，而不必花费更多时间重新选择。

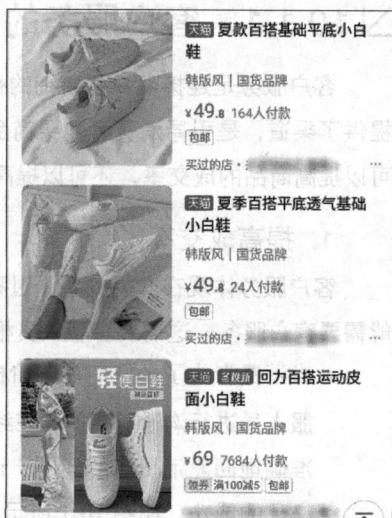

图 10-2　购买过的店铺

3. 塑造店铺形象

网店与实体店不同，在网店中进行购物时，消费者在收到商品之前无法切实地触摸到商品，因此很容易产生顾虑，特别是购买价格较高的商品时，其顾虑就更重。当消费者对商品存在顾虑时，便可以让客服人员与其进行交流，使其感受商家的态度和诚意，通过客服人员对商品的专业讲解和相关售后保证来取得消费者的信任，消除消费者心中的疑虑，使消费者感觉安全可靠，从而树立起店铺在消费者心中的形象。随着消费者对服务要求的逐渐增加，服务质量和售后质量在交易活动中的地位越来越重要，优秀、别致和贴心的客户服务甚至可以成为店铺的标志之一，非常有利于扩大店铺的影响力。

经验之谈

交易是由买卖双方共同完成的，优秀的客户服务在交易过程中可以为买卖双方都带来便利，不仅为店铺带来良好的收益和影响力，还方便了消费者进行购买，是"双赢"的一种体现。

↘ 10.1.2　客户服务的沟通原则

在进行客户服务时，往往会遇到多种多样的消费者，每一个消费者的疑问、性格都有所不同，但对客服人员来说，面对所有消费者需要遵守的基本沟通原则却是相似的。下面分别从以下 7 个方面对客户服务的共同原则进行介绍。

1. 礼貌热情

任何服务行业都遵循着一个共识——"客户是上帝"。"微笑服务"不仅是实体店的客服礼仪，在网店中也尤其重要，一个优秀的网店客服必须能让消费者在交流过程中感受到良好的礼仪和热情的态度。

- **礼貌用语。**对于网店客服而言，礼貌的用语不仅是指语言上的温和、亲切和礼貌，还必须将热情的服务态度也展现出来。一般在对待主动咨询的消费者时，不宜采用"你要买什么""什么事"等冷硬的用语，而应善用"您需要咨询什么""请"等常见礼貌用语，拉近与消费者之间的距离，使消费者感到亲切，与消费者建立起和谐友好的交流氛围。
- **善用表情和图片。**表情和图片是聊天中常见的元素，有利于活跃气氛、表达情绪。在交流过程中使用玫瑰、害羞和飞吻等表情，可以适当地调节气氛，让沟通变得更愉快、轻松。

2. 换位思考

换位思考是指客服人员在与消费者的沟通交流中，应该设身处地站在消费者的立场上来考虑问题，将消费者当作自己的朋友，思考和理解消费者的实际需求，而不是将自己摆在"商家"的位置上，提出不适合消费者的建议。

与消费者交流时，客服人员可能会遇到有各种问题的消费者，如不愿意自己查看商品描述而直接进行咨询的消费者，或遇到一点操作上的问题就迫不及待地进行咨询的消费者，或并没有购买行为却重复咨询商品信息的消费者等。不管遇到什么问题，客服人员都应该抱以耐心宽容的态度，不对消费者的问题提出质疑和偏见，认真解答各种程度的问题，并表达自己非常乐意随时提供咨询服务的态度。

3. 有技巧地应对各种类型的消费者

不同类型的消费者，购买方式和交流方式都不一样，客服人员要善于从消费者的语言中推测他的消费心理，根据其消费特点，选择最合适的方式，从而促进交易的完成。

从心理学的角度出发，消费者购买商品的心理需求主要可以分为求实、求美、求名、求速、求廉、求同、求惯和求安 8 个方面。客服人员在与消费者交流时，要根据消费者的心理分析来调整自己的沟通和营销方式，以便最大化满足消费者的需求并售出商品。例如针对求美的消费者，在介绍商品时，可以突出介绍商品的外观；对于求同的消费者，可以用商品的热销程度来说明购买人数很多、该商品值得信任。

4. 尊重与信任消费者

一名合格的客服人员必须懂得基本的交谈礼仪，尊重消费者是对客服人员的基本要求之一，要做到与消费者沟通时耐心等待，如果消费者话未说完，不要急于去打断对方。对于消费者的问题，要及时准确地进行回答，表现出对消费者的充分尊重和重视，使消费者产生好感，这样消费者会更加愿意接纳商家的意见，也更容易被说服。

5. 聆听消费者的问题和需求

作为一名客服人员，一定要善于聆听消费者的问题和要求。聆听是沟通的基本条件之一。在与消费者交流时，要通过聆听分析消费者的心理，寻找与消费者沟通中的关键词，抓住消费者想表达的主旨，从而快速做出正确的反应，给出使消费者满意的答复。同时，聆听也可以让消费者觉得商家对话题很关注、很重视，觉得商家值得信任。为了更加了解消费者，在聆听的过程中，也可以查看消费者的信用评价及发布的帖子，通过这些来了解消费者的性格特征，从而准确抓住消费者的购物心理，有针对性地做出回应并提供服务。

6. 理性对待消费者的问题

在客流量大的网店中，客服人员每天都要与各种各样的消费者打交道。由于消费者的性格、兴趣和素质等存在差异，导致有些沟通非常轻松，而有些沟通则显得烦琐。不管遇到什么样的消费者，客服人员都应保持理性，快速妥善地解决问题。

- **善于控制自己的情绪**。当遇到挑剔、咄咄逼人等比较难缠的消费者时，客服人员首先要保持理性与冷静，控制自己的情绪，不与消费者争执，以和平的途径来解决问题。
- **积累交流技巧**。作为一名优秀的客服人员，应该提前了解面对不同消费者时的交流方法，多积累各种处理技巧，模拟面对不同消费者时的处理方式，提高自己的承受能力和应变能力。
- **不要草率做出决定**。如果消费者在交流的过程中情绪比较激动，客服人员不应该草率地采取强硬的态度和手段来加剧矛盾，而应该始终以心平气和的态度进行沟通，才有可能解除误会或挽回损失。

7. 尊重对方的观点

在进行交易的过程中，如果与消费者存在不同的看法，可以委婉地进行解释和建议，尝试改变消费者的想法，不能强势地将自己的建议强加给消费者。当消费者对商品的理解有误时，要温和地讲解，传达正确的观点。当消费者对商品有不好的看法与感受时，客服人员依然要尊重消费者的观点，尊重消费者的想法，心平气和地解释。如果消费者依然不接受，就要选择其他的途径进行解决。如果意见有分歧，不要刻意地与消费者发生激烈的争论，客服人员应对自己的言行抱有谨慎的态度，不恶语伤人、勇于承认错误、努力弥补消费者的损失等。

↘ 10.1.3　客户服务流程

客户服务是网店必须设置的一个岗位，大中型网店由于订单繁多、咨询量大、售后内容多，对客服的分工要求更加严格，通常有一个专门的流程化的客服系统和模式。一般来说，客户服务可以分为售前服务、售中服务和售后服务 3 种类型，下面分别进行介绍。

10.2　售前服务

售前服务是商家引导消费者购买商品的服务工作，即客服为消费者解答有关商品规格、颜色以及物流等方面的问题，消除消费者购买商品的疑虑。客户服务的售前服务涵盖了消费者从进店到付款的整个过程，客服需要对消费者的疑问进行了解并解答、促进交易的完成、核对订单信息等。客户服务在售前服务阶段，需要掌握介绍商品、推荐商品、与不同的消费者沟通 3 个方面的知识，本节将从这 3 个方面进行详细介绍。

↘ 10.2.1　介绍商品

与线下门店的售货员需要了解店铺所有商品相同，线上网店的客服也需要了解店铺商品的相关知识，为向消费者介绍商品做准备。一般来说，网店客服需要了解以下 4 方面的商品知识。

- **商品专业知识**。商品的专业知识主要包括商品质量、商品性能、商品寿命、商品安全性、商品尺寸规格、商品使用注意事项等内容。
- **商品周边知识**。商品的周边知识主要是指与商品相关的其他信息，如与同类商品进行分辨的方式、商品的附加值和附加信息等，这类信息有利于提高商品的价值，使消费者更加认可商品。
- **同类商品信息**。同类商品是指市场上性质相同、外观相似的商品。由于市场同质化现象十分严重，消费者会面临很多相似的选择，但是质量是影响客户选择的最稳定因素，因此客服人员需要了解自家商品的劣势，突出优势，以质量比较、货源比较、价格比较等方式获得消费者的认可。

- **促销方案。**网上商店通常会推出很多促销方案，客服人员需要熟悉自己店内的各种促销方案，了解每种促销方案所针对的客户群体，再根据消费者的类型有针对性地进行推荐。

↘ 10.2.2　推荐商品

客服在充分了解商品的相关知识后，就可以根据消费者的不同需求，为其推荐相关商品。一般来说，推荐商品可分为商品本身的推荐以及商品搭配的推荐。

- **商品推荐。**商品的推荐需要因人而异，消费者的需求、使用对象、性格特点等不同，推荐的方式和类型就不一样。例如，消费者购买自用商品时，实用性、美观性和适用性等就是首要推荐点。如果消费者购买商品是为了赠送他人，则商品包装、品牌、实用性和美观性等都需要同时考虑。
- **搭配推荐。**商品的搭配主要包括色彩搭配、风格搭配和效果搭配等，在推荐搭配时，可以以店内模特、流行元素等进行举例。

↘ 10.2.3　与不同的消费者沟通

在运营网上店铺时，往往会遇到许多不同类型的消费者，一般来说，常见的消费者主要有以下 8 种类型。

- **便利型。**这类消费者的网上购物行为多以省时、快捷和方便为主要动力，特别是没有充足的时间逛街购物的人群，他们更愿意选择网上购物平台来满足自己的需求，这类群体也是网络消费的主要群体之一。这类消费者一般对网上购物的流程比较熟悉，且购物行为比较果断、快速并且目的性较强。在与这类消费者交谈时，客服人员只需提供优质的商品和良好的服务态度，注意倾听他们的需求并尽可能地提供帮助即可得到认可。
- **求廉型。**这类消费者大都喜欢价格便宜的商品，同时对质量的要求也不低，他们在购物时比较喜欢讨价还价。在应对他们时，首先应该以亲切热情的用语表达自己的态度，在语言上委婉地透露出他已经享受了足够低廉的价格，若消费者不依不饶，一定要求商家降低价格，可在不造成自己损失的前提下，适当迎合消费者的心理，如略微降低价格或赠送其他赠品等，以促进交易的完成。
- **随和型。**这类消费者一般性格较为开朗，容易相处，与他们交谈时要展现出足够的亲和度和诚意。他们一般很好交流，只要站在他们的角度尽可能地满足他们的需求，即可促进交易的达成。
- **犹豫不决型。**这类消费者一般会在店铺浏览很长时间，花较长的时间选购商品，并且在客服人员的详细解说下，可能仍然犹豫不决，迟迟不下单。与这类消费者交谈时，耐心非常重要，就算消费者一再询问重复的，或者已经解释多遍的问题，也要耐心详细地进行说明，做到有理、有据，用事实说服消费者进行购买。

- **心直口快型**。这类消费者下单比较果断，看好了想要购买的商品后就会立刻下单，对于不喜欢的则会直接拒绝。在与这类消费者交谈时，尽量快速而准确地回复消费者的问题，表现出自己的专业性，用语亲切，从消费者的立场来进行说服，就可以提高交易的成功率。
- **沉稳型**。这类消费者较为精明，做决定时一般会仔细考量，缜密应对。他们的个性沉稳且不急躁，要说服这类消费者，需要迎合他们的思路来进行沟通，让他们自己说服自己。
- **慢性子型**。这类消费者一般会花上较多的时间来查看商品，还可能会同时查看很多同类商品，并重复进行查看和比较，与他们沟通时，一定要有耐心，并详细回答他们提出的问题。
- **挑剔型**。这类消费者很多都对网上购物持不信任和怀疑的态度，认为商品描述的情况都言过其实，并会对商品提出各种各样的刁钻问题。与这类消费者沟通时，首先要仔细说明商品的详细情况，消除他们的不信任，积极解决他们提出的各种问题，并适当给予一些优惠和赠品等，以促进他们的购买行为。

10.3　售中服务

售中服务指商家从消费者下单后到消费者收到商品前提供的服务，包括订单处理、装配打包、物流配送、订单跟踪等内容。

- **订单处理**。订单处理主要是指对订单进行修改，如修改商品价格和运费价格、修改消费者的收货地址和联系方式等。
- **装配打包**。商品在寄出之前，需要对其进行打包，如果消费者提出了特殊的包装要求，也要根据情况予以满足。
- **物流配送**。物流配送是指联系物流公司进行揽件并开始配送，注意物流信息要填写正确和完整。
- **订单跟踪**。订单跟踪是指随时跟踪订单的情况，注意是否有突发事件导致物流出现问题，如果发生意外事件，则需告知消费者。

10.4　售后服务

售后服务指商家在商品出售后为消费者提供的服务，其本身也是一种促销手段。好的售后服务可以提高店铺的信誉，为店铺积累粉丝。对网上店铺来说，售后服务包括关于商品使用和维护的讲解、退换货问题的处理以及消费者评论的处理回复等，其中退换货问题的处理与消费者评论的处理回复是网上店铺客户服务的常见工作，需格外注意。下面将从售后客服注意事项、对待消费者的中评和差评以及退换货处理3个方面对售后服务进行讲解。

↘ 10.4.1　售后客服注意事项

售后服务是消费者购买商品的最后一个环节，很大程度上决定了消费者对店铺的印象，也影响着消费者对店铺的评论。因此，客服应充分了解关于售后服务的注意事项。

- **态度端正**。热情、耐心、礼貌和会尊重客户是客服人员应该具备的最基本的素质，这一点在售后服务中也体现得非常明显，客服人员要耐心温和地处理各种售后问题，满足消费者的合理要求。
- **回应消费者的投诉与抱怨**。消费者收到商品后，如果对商品的质量、性能或服务感到不满，就会有各种各样的投诉与抱怨，此时，客服人员要积极回应消费者的投诉或抱怨，想办法消除消费者的不满，而不是回避问题或消极处理。
- **避免与消费者发生争执**。少部分消费者如果对商品不满意，态度会十分恶劣，客服人员在遇到这类消费者时，一定要避免与其发生争执，防止事态恶化，并且尽快提出实际可行的解决方法安抚消费者并解决问题。
- **留住回头客**。当消费者在使用了商品后，产生比较积极的反应时，客服人员要抓住机会，将其发展为老客户。
- **引导消费者给予好评和收藏**。好评和收藏店铺的人数，对于店铺的发展非常重要，一名优秀的客服人员应该善于引导消费者给予好评和收藏店铺。

↘ 10.4.2　对待消费者的中评和差评

一般来说，消费者会格外重视商品评论中的中评与差评，当消费者认为这些中评或差评自己无法接受时，就会选择放弃购买商品。因此，客服人员必须妥善处理店铺的中评和差评。

1. 应对投诉的原则和方法

消费者投诉是客户服务中会经常遇到的问题，在应对消费者投诉时，客服人员应该在遵循一定准则的基础上对投诉进行处理。

- **及时道歉**。当消费者所投诉内容属实时，客服人员首先应该主动道歉，表达出商家诚恳的态度；若是消费者投诉内容不属实，客服应该委婉温和地详细解释，以解除误会。
- **耐心倾听**。当消费者抱怨发泄时，客服人员要耐心倾听，态度良好，理解消费者的抱怨，认真对待和分析消费者的问题。
- **及时处理**。当消费者在进行投诉时，一般都是抱着尽快解决问题的想法，因此客服人员在处理投诉时要迅速及时，切忌拖延。
- **提出完善的解决方案**。消费者投诉基本都是为了解决问题、挽回损失，客服人员应该针对消费者的这种心理迅速提出让消费者满意的解决方案，如更换商品、退货或赠送赠品等。

2. 对待消费者的中评和差评

在经营网店的过程中，会遇到各种各样的消费者，当遇到比较挑剔的消费者时，很小的一个失误都可能造成中差评的出现。作为网店的客服人员，不能对消费者的中差评表达不满，而应该将中差评看作是提升商品质量和服务质量的机会，认真对待，及时解决。

一般来说，造成中差评的原因主要有以下4种。

- **物流速度**。消费者不满意物流速度，等待收货的时间较长。
- **客服服务**。客服未及时回答消费者的问题，或服务态度不够好，以及消费者对售后服务不满意等。
- **商品质量**。消费者对商品的颜色、大小、外观、价格等不满意。
- **商品破损**。消费者收到的商品有损坏。

遇到不同的问题，需要提出不同的解决方式，例如对商品本身不满意的，可以为消费者提供退货或换货服务。

3. 避免消费者的中评和差评

好评率是消费者对网店进行判断的一个非常重要的因素，会对消费者的购买行为产生直接影响，差评不仅会影响好评率，还会降低网店信用，因此商家要尽量避免消费者的中差评。而在避免中差评之前，应该先分析产生中差评的原因，并有针对性地进行解决，下面对一些常见的避免中差评的方法进行介绍。

- **做好售前、售中的商品介绍**。在进行售前、售中的商品介绍时，要注意主动对一些重要问题和细节问题进行提醒，如商品尺码、颜色偏差等，并说明原因，有需要特别注意的问题也要进行标识和说明。
- **质量把关**。质量是消费者购买商品的首要因素，因此一定不能忽视质量问题；在进货时要注意亲自对质量进行甄选和对比，发货前也要仔细检查商品是否破损或存在缺陷。
- **解释色差**。色差是网上购买商品很难避免的一个问题，色差存在的原因有很多，光线、显示器等都可能造成色差，因此商家可以对色差问题做出适当的提醒。
- **包装**。包装也是商品的卖点之一，好的包装可以让消费者感觉购物更超值，商家可以在包装上做一点小创新，以获得消费者的好感。
- **完善的售后**。售后是避免和挽回中差评的一个关键，完善的售后服务甚至能弥补商品质量上的细小缺陷。
- **热情的服务**。服务质量很大程度上决定着消费者对整个店铺的评价，如果消费者对店铺的印象好，打出中差评的概率就会很低。

- **面对消费者评价。** 收到消费者的中差评后，应该诚恳地面对评价，虚心接受消费者的批评，表达自己立即改进的态度，从而说服消费者更改评论。

4. 引导消费者修改中差评

出现中差评是网店不可避免的情况，很多中差评产生的原因都不算严重，都可以在与消费者沟通之后得到修改，作为一名合格的客服人员，应该要能够合理地引导消费者修改中差评，其过程一般如下。

- **及时联系消费者。** 当收到消费者的中差评之后，首先要及时联系消费者，了解产生中差评的原因，并分析原因。
- **进行沟通。** 了解了产生中差评的原因之后，客服人员要耐心与消费者进行沟通，恳请消费者修改中差评。如果产生中差评的原因在于商家，则要主动承认错误，为消费者换货等，以进行补偿。如果产生中差评的原因在于消费者，也可通过一定的补偿措施恳请消费者修改中差评。

↘ 10.4.3 退换货处理

对网店商家来说，退换货问题的处理是十分常见的问题。一般来说，消费者收到商品后，如果觉得商品规格不合适、颜色不喜欢等，都有可能会产生退换货的想法。因此，客服人员应根据实际情况，对消费者的退换货要求做出退货、折价、换货处理。

- **退货。** 当消费者对收到的商品不满意时，可能申请退货。在消费者申请退货时，商家应该先了解退货原因，以及是否符合退货要求，确认之后再将商家的退货地址告知消费者并请消费者告知物流凭证，收到货物后尽快给消费者退款。目前消费者在淘宝申请退货时，淘宝网会根据消费者的信用等级直接退还货款。
- **折价。** 当消费者对商品不满意或商品存在细微瑕疵时，会向商家进行反映，此时客服可以要求消费者以拍照的方式反馈商品问题，再根据商品的具体情况判断是否折价、折价多少等，选择折价后再退还相应款项即可。
- **换货。** 当消费者觉得尺码、颜色等不合适时，可能会申请换货。商家首先需要判断商品是否符合换货要求，如果符合换货要求，则告知换货地址并请消费者告知物流凭证，收到货物后再换货发出。

10.5 客户关系管理

客户关系管理是指对店铺和客户之间的交互活动进行管理的过程。良好的客户关系管理可以提高店铺市场竞争力，便于制订更合适的营销策略，培养用户忠诚度，提升店铺销量。

↘ 10.5.1　新客户的寻找和邀请

淘宝网上聚集了许多来自不同地区的消费者，对于商家而言，如何让消费者注意大盘、选择购买并成为忠实客户，是十分耗费精力的过程。与维护老客户相比，寻找新客户无疑更难，且花费的时间、精力等成本更高，但是网店商家必须要懂得寻找和邀请新客户的方法，才能促进网店的健康快速发展。

- **利用淘宝增值服务。**淘宝提供了直通车、淘宝客和智钻等增值服务，可以帮助商家将客流量引导至店铺，好好把握这些客流量，即可使他们成为新客户。
- **做好店铺推广。**电子商务的时代，大部分信息传播都是通过网络进行的，商家可以好好利用自媒体、论坛、网站等渠道对自己的店铺进行宣传，以吸引新客户。
- **设置好关键词。**消费者在淘宝进行购物时，大多是通过关键词搜索的方式寻找自己需要的商品，只有设置好了商品关键词，才能让更多人找到店铺。
- **打响店铺名号。**具有知名度的店铺，更容易吸引到新客户。
- **好看的店铺装修。**店铺装修是否美观，也是能否吸引消费者的一个重要原因，美观的店铺装修更容易赢得消费者的青睐。

↘ 10.5.2　影响客户回头率的因素

要想网店持续发展，不仅需要源源不断地吸引新客户，还需要维护已购买过商品的老客户，提高店铺的留存率，积累更多客户。因此，商家必须对影响客户回头率的因素进行了解。

- **商品。**商品性价比是消费者非常关注的一个问题，也是影响消费者回头率的非常重要的因素。性价比越高，对老客户的维护越有利。
- **品牌。**店铺品牌和商品品牌在很大程度上影响着消费者的回头率和忠诚度，因此要做好品牌定位。
- **服务。**消费者是否选择再次在店内消费，服务质量是很重要的因素，良好的客户服务品质和购物体验也非常可能将新客户发展为老客户。
- **促销。**不断变化且能吸引消费者的促销手段，也会刺激消费者再次购买，在商家开展促销活动时，可以通过短信、旺旺、网站宣传等方式提前告知消费者。
- **会员。**会员折扣、会员积分等优惠政策，可以留下更多的老客户。
- **回访。**不定期地通过短信、旺旺、邮件等形式回访消费者，可以增加消费者的印象，使其在选购该类商品时首先想到和选择熟悉的店铺，提高消费者的回头率。

↘ 10.5.3　老客户的发展与维护

网店的每一个客户都来之不易，无论是新客户还是老客户，都要做好其发展与维护工作，加强客户与店铺的联系。

1. 老客户的发展

将新客户发展为老客户，是很多商家都希望做好的一项工作，一般来说，想要更好地发展老客户，需要做到以下 3 点。

- **为消费者着想。**做好售前、售中和售后服务，可以使消费者对店铺产生好感。而站在消费者的角度考虑问题，分析和考虑他们的需求并加以满足，可以让消费者觉得商家值得信任，更容易交流，不仅可以减少交易纠纷，还可以让消费者对店铺的态度更宽容。
- **推荐合适的商品。**如果商家为消费者推荐的商品不够好，则会使消费者对商家产生不信任感。如果商家为消费者推荐的商品质量、价格等都能使消费者满意，就能使消费者再次光顾店铺。
- **取得消费者的信任。**消费者在进行网上购物时，通常都希望获取的信息是真实准确的，因此商家如果证明了自己商品信息的真实性，就能在一定程度上获得消费者的信任。高销量、好评等都是提升消费者信任度的方式。

2. 老客户的维护

老客户的重复消费是网店中非常重要的一个销售数据，对店铺的影响很大。一个成功的网店必须懂得维护老客户的方法，下面对常用的老客户维护方法进行介绍，主要包括建立会员制度、定期举办促销活动和老客户回馈 3 种。

- **建立会员制度。**建立会员制度能帮助商家更好地维护老客户，防止客户流失。会员制度的消费奖励额度一般根据店内商品的价格而定，最好保持在既能抓住客户又能保证经济效益的程度上。会员制度可以分不同等级，如普通会员、高级会员、VIP 会员等，针对不同消费能力或消费总额的客户，给出对应的优惠。
- **定期举办促销活动。**目前的各大网络购物平台，以不同的名义衍生出了节日、店庆、回馈等各种促销活动，好的优惠活动可以为店铺带来非常大的经济效益。在策划促销活动时，一定要提前对活动进行宣传。促销活动必须有时间限制，不然容易让客户产生倦怠感。促销活动推荐的商品一般为畅销商品，但是需要适当地搭配滞销商品，带动其他商品的销量。
- **老客户回馈。**老客户回馈是一种比较常见的老客户维护方法，如果店铺值得信任、商品性价比高、服务质量好，就很容易赢得回头客。在淘宝的客户关系管理系统中，显示了光临店铺的客户基本信息和光顾次数。通过这个功能，商家可以对已有客户进行分类，并通过短信、旺旺等方式定期向老客户推荐优惠活动，还可以通过以往的交易信息对客户数据进行分析，针对不同的客户进行分层营销。

↘ 10.5.4 客户关系管理工具

客户关系管理工具是专门用于整理和管理客户的工具，客户关系管理工具可以使客户管理工作事半功倍，下面对一些常用的客户关系管理工具进行介绍。

1. 淘宝网后台会员关系管理

淘宝网后台的会员关系管理系统是十分常用的会员关系管理工具，可以对网店所有客户进行管理，如制订营销活动、设置会员等级、客户分析等，图10-3所示为淘宝后台的会员关系管理页面。

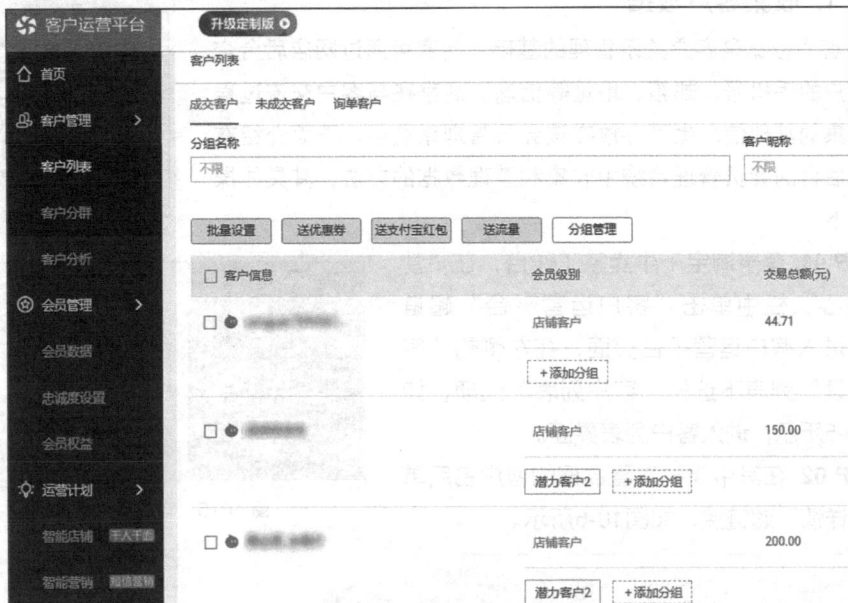

图10-3　淘宝网后台的会员关系管理页面

2. 淘宝开放平台的客户关系管理软件

除了淘宝网提供的会员关系管理功能之外，其他的软件服务商也开发了很多客户关系管理软件，商家可以直接在淘宝网中进行选择和购买，图10-4所示为服务市场中的客户关系管理软件。

图10-4　客户关系管理软件

↘ 10.5.5　客户关系管理的内容

使用客户关系管理工具管理客户是网店中非常重要的一项工作，客户关系管理的内容一般包括收集客户数据、设置客户等级和客户分组等。

1. 收集客户数据

客户数据是客户关系管理的基础，商家可通过网店后台查看客户的手机号、邮箱、地址等信息。商家在与客户交流过程中收集的其他信息也可存放在该会员管理系统中。下面介绍在淘宝后台的会员管理系统中收集和整理数据的方法，其具体操作如下。

微课视频

扫一扫 实例演示

STEP 01 登录淘宝千牛卖家工作台，在"营销中心"栏中单击"客户运营平台"超链接，进入客户运营平台页面，在左侧的"客户管理"列表下选择"客户列表"选项，如图10-5所示，进入客户列表界面。

STEP 02 在其中需要查看数据的客户名后单击"详情"超链接，如图10-6所示。

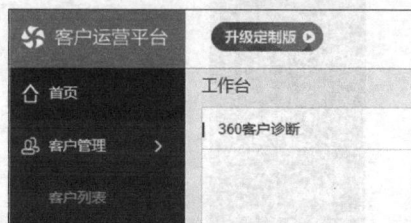

图 10-5　客户运营平台

图 10-6　进入客户列表界面

经验之谈

单击"交易记录"超链接，可打开"已卖出的宝贝"页面查看与客户的交易详细记录。

STEP 03 在打开的页面中将显示该客户的具体信息，单击页面右上方的 编辑 按钮，可对客户信息进行编辑和补充，如图10-7所示。编辑完成后单击 保存 按钮完成保存即可。

2. 设置客户等级

淘宝后台的会员管理系统将会员分为普通会员、高级会员、VIP 会员和至尊 VIP 会员 4 个等级，只要购买商品并完成交易的客户即可自动变成普通会员，而要成为高级会员、VIP 会员和至尊 VIP 会员，则要满足店内指定的消费条件。下面介绍设置 VIP 会员条件的方法，其具体操作如下。

图 10-7　编辑客户信息

STEP 01 进入客户运营中心页面，在页面左侧的"会员管理"栏中选择"忠诚度设置"选项，进入忠诚度管理页面，单击VIP设置右侧的 设置 按钮，如图10-8所示。

STEP 02 打开设置页面，在会员等级右上方单击 设置 按钮，开启升级条件，输入交易额及交易次数；打开会员权益，输入折扣数值，单击 上传图片 按钮，选择图片，单击 打开(O) ▼ 按钮，完后图片上传；单击 保存 按钮，完成VIP会员设置，如图10-9所示，完成其他会员等级设置后，单击 保存 按钮。

图 10–8　VIP 设置

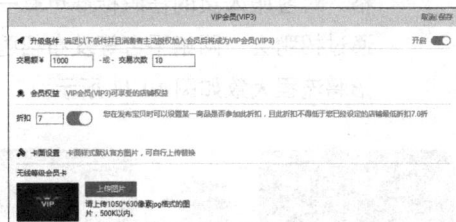

图 10–9　设置会员等级

3. 客户分组

设置了会员等级的消费条件后，系统会自动将满足条件的客户提升到相应的等级，使其拥有相应的优惠或折扣。除此之外，也可以手动对客户进行分组，其方法为：登录淘宝千牛卖家工作台的会员关系管理页面，选择"客户列表"选项，单击右侧的 分组管理 按钮，进入分组管理页面，单击 新增分组 按钮，在"分组名称"文本框中输入组名称，单击 确定 按钮即可完成创建，如图 10-10 所示。建立好分组之后，进入客户的详细资料页面，单击 +添加分组 按钮，在打开的下拉列表中即可为客户设置分组。

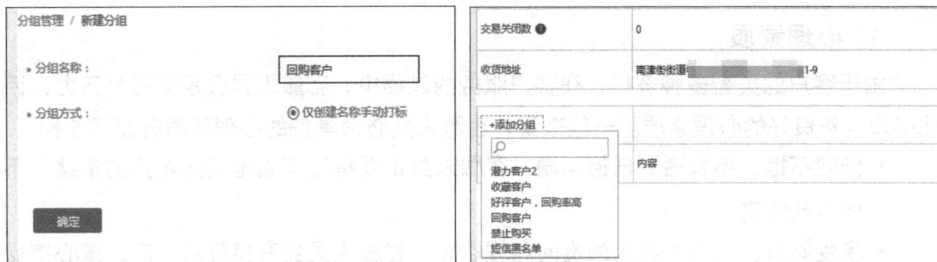

图 10–10　客户分组

10.6　客服人员管理

客服人员就是店铺中专门负责客户服务的工作人员，客服人员的数量和质量在一定程度上影响着网店的发展，因此，商家在挑选及管理客服人员时，应注意并了解相关方法。

↘ 10.6.1 客服人员的招聘和选择

网上店铺客服工作拥有多种不同的工作模式，其对客服人员的要求也不相同。一般，可将工作模式分为集中化模式和分散化模式两种。其中，集中化模式是指网店拥有自己专门的客服团队和工作地点，实行统一管理。分散化模式是指以远程的方式建立起来的团队管理模式，客服人员分散各地，只通过同一个平台联系和共事。

- **集中化模式**。集中化模式对客服人员的要求更高，在数量和质量要求上都更严格，对客服人员的任职标准也有一定的要求。招聘这种客服人员时，一般可以通过招聘会、网络平台等发布招聘信息，通过笔试和面试等方式进行选择，其招聘流程大致如图 10-11 所示。

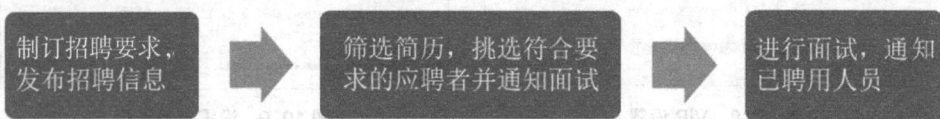

制订招聘要求，发布招聘信息 ➡ 筛选简历，挑选符合要求的应聘者并通知面试 ➡ 进行面试，通知已聘用人员

图 10-11 招聘流程

- **分散化模式**。分散化模式多适用于小型网店，成本较低，对客服人员的要求也相应较低。一般可通过网络来招聘时间充足的人员，通过远程的方式对其进行指导和监督。

↘ 10.6.2 客服人员素质要求

客服人员是网店职能部门中非常重要的一个组成部分，一名合格的客服人员必须在心理素质和技能素质方面都能均衡达标。

1. 心理素质

由于客户的类型多种多样，在客户服务的过程中，客服人员会承受各种压力，因此必须具备良好的心理素质。一般来说，客服人员必须具备的心理素质有以下 5 种。

- **处变不惊**。不管遇到任何问题，客服人员都要稳定沉着地安抚客户的情绪，不能自乱阵脚。
- **承受能力**。当面对客人的责问和埋怨时，客服人员要有良好的心态，虚心接受并积极处理客户的问题，不与客户发生争执。
- **情绪的自我调节**。当客服人员在与客户的沟通中产生负面情绪时，要学习情绪的自我调整，提高抗挫折和打击的能力。
- **真诚付出的心态**。客服人员在对待客户时，要热情真诚；客服人员在对待店铺时，要敬业负责。
- **积极进取**。客服人员的能力直接与店铺的销售额产生联系，为了提高店铺的销售额，客服人员应该积极进取，努力提高自己的业务能力。

2. 技能素质

技能素质即客服人员的专业素质，主要包括商品熟悉度、交流能力、消费者心理分析能力、网站规则熟悉度以及计算机和网络知识等。

- **商品熟悉度**。熟悉商品是客服人员必须具备的基本素质。一名合格的客服人员，必须了解商品的用途、功能、颜色款式、尺码大小、销量、库存和评价等多个方面的知识，当客户询问时，可以做到游刃有余地进行回答，不仅可以节约销售时间，还能体现店铺的专业性。
- **交流能力**。对于销售客服而言，交流即是一种话术，在销售的过程中，需要通过语言中的销售技巧来说服客户，提高交易成交率。对于售后客服而言，需要通过语言拉近与客户的距离，安抚客户的情绪，赢得客户的好感。
- **消费者心理分析能力**。在网店销售中，客户的需求一般都是通过文字反映出来的，因此客服人员必须在文字中寻找和分析客户的需求，投其所好，赢得客户的好感。
- **网站规则熟悉度**。每个电子商务平台都有相应的规则，对买卖双方的交易行为、交易程序等进行了规范。客服人员需要站在商家的立场上详细了解这些规则，把握交易尺度。除此之外，当客户不了解规则时，客服人员需要进行一定的指导。
- **计算机和网络知识**。电子商务建立于网络之上，依靠网络开始和发展，因此客服人员必须了解基本的计算机和网络操作知识，了解收发文件、资料的上传和下载、浏览器以及办公软件的使用等知识，且应具备一定的打字速度。此外，还需熟练淘宝的基本操作。

↘ 10.6.3　客服人员激励方法

为了提高客服人员的工作积极性，以及店铺客服工作的效率，商家可以根据店铺的实际情况，结合一定的方法，对客服人员进行激励，如常见的奖惩激励、晋升激励、竞争激励和监督激励等。

1. 奖惩激励

奖惩激励是指通过制订奖励和惩罚条款来对客服团队进行激励，鞭策和鼓励整个团队向更好的方向发展。

（1）**奖励机制**。商家一般可以采取精神奖励和物质奖励两种方式来激励客服人员。奖励机制可以有效地调动人员的积极性，优化整个团队的风气。

- **精神奖励**。精神奖励是一种以满足精神需求为主的奖励形式，精神奖励可以激发员工的荣誉感、进取心和责任心。商家可以根据自己的实际情况来制订精神奖励的标准，将奖项设置为新人奖、季度优秀服务奖、年度优秀服务奖，或 C 级服务奖、B 级服务奖、A 级服务奖等，并对不同等级的客服人员颁发相应的荣誉勋章等。

- **物质奖励**。物质奖励主要表现为薪资福利奖励，对调动客服人员的服务积极性非常有效。商家可以根据实际的要求和标准制订不同的奖励等级，为满足标准的员工发放相应奖励。

（2）**惩罚机制**。惩罚机制是指商家制订专门的惩罚条例，对表现不好、不合格或犯错违规的客服人员进行相应的惩罚，主要目的是鞭策员工积极向上，保持团队的专业性和责任感，也是对员工行为的一种规范。惩罚形式一般以警告、批评、扣除奖金为主要形式，情节严重者也可进行淘汰。

2. 晋升激励

晋升激励是指为客服部门划分不同的层级职位，对客服人员的工作能力进行考察，能力优秀者则可获得晋升的平台和空间。晋升激励可以充分调动客服人员的主动性和积极性，打造和谐、卓越的客服团队，同时为每位客服人员实现自我价值提供机会。

一般来说，客服部门可以划分为客服人员、客服组长、客服主管和客服经理等层级，但在使用晋升机制激励员工的同时，网店必须为客服人员制订相应的培训计划，制订相应的选拔和任用制度，树立客服人员的学习标杆，引导其他客服人员不断学习和改进，才可使晋升机制真正发挥出良好的作用。

3. 竞争激励

营造积极良性的竞争氛围，是商家科学管理客服团队的有效手段，良性竞争不仅可以促使客服人员之间互相学习，发现并弥补自身的不足，还可以使整个团队在一种积极向上的环境里持续提升自我。

科学良性的竞争机制一般可以借助数据作为支撑，清晰明确的数据可以让客服人员清楚地看到自身的不足和对手的优点，从而不断督促自己做出更好的成绩。

4. 监督激励

监督激励是指商家对客服人员工作态度、工作成绩、客户满意度和员工认可度等进行跟踪督察，从而督促和管理客服人员，使其工作效果达到预期目标。此外，通过对客服人员工作的监督，还可以评估出客服人员的工作效率，将其作为客服考核的指标之一。监督方法主要包括管理者评价、问卷调查等方式。

↘ 10.6.4 客服人员绩效考核

网店的客服考核一般以关键绩效指标考核法（KPI）为主，即将客服人员需要完成的工作标准以指标的形式罗列出来，根据指标对客服人员进行评价，引导客服人员关注公司整体绩效指标和主要考核方向，不断完善和提升自己，图10-12所示为淘宝某店铺的KPI考核表格。

淘宝客服绩效考核表

考核年月：＿＿年＿＿月			被考核客服＿＿＿＿＿		被考核人签字：＿＿＿＿＿		
序号	KPI指标	权重	详细描述	标准	分值	得分
1	询单传化率（X）	40%	最终付款人数/询单人数	X≥65%	100	
				65%>X≥60%	90	
				60%>X≥55%	80	
				55%>X≥45%	75	
				X<45%	65	
2	支付率（F）	25%	支付宝成交笔数/拍下笔数	F≥95%	100	
				95%>F≥90%	90	
				90%>F≥85%	80	
				85%>F≥80%	60	
				F<80%	0	
3	落实客单价（Y）	5%	客服落实客单价/店铺客单价	Y≥1.18	100	
				1.18>Y≥1.14	90	
				1.14>Y≥1.12	80	
				1.12>Y≥1.1	60	
				Y<1.1	0	
4	首次响应时间（ST）	10%	首次响应时间（秒）	ST≤15	100	
				15<ST≤20	90	
				20<ST≤25	80	
				25<ST≤30	60	
				ST>30	0	
5	平均响应时间（PT）	10%	平均响应时间（秒）	PT≤30	100	
				30<PT≤35	90	
				35<PT≤45	80	
				45<PT≤55	60	
				PT>55	0	
6	其他	10%	日常工作完成度		100	
7	总得分	100%				
	评　级		差评处理情况			
	业绩奖金		差评奖金		总奖金	

图 10-12　淘宝某店铺的 KPI 考核表格

10.7　疑难解答

　　客服是一个需要不断总结、不断自省、不断改进的工作，不同店铺的客服人员的工作内容不尽相同，下面将解答一些客服工作的常见疑难问题，以帮助客服人员顺利地完成客服工作。

1. 客服人员应该如何消除消费者的疑虑?

　　在网店中购买商品，消费者可能经常会对商品品牌、材质和价格等产生疑虑。客服人员要想打消消费者的疑虑，首先需要思考消费者产生疑虑的原因。一般来说，消费者最容易对商品的真伪、质量和颜色等产生疑虑。因此客服人员在向消费者介绍商品时，应客观详细地向消费者解释并做出推荐，突出商品的优点，侧重于体现商品的价值，展示商品的性价比，耐心、真心、诚心、热心地为消费者服务，用自己的专业性让消费者放心。

2. 客服人员如何获取商品信息？

在介绍商品给消费者前，客服必须详细了解商品的信息，做好万全的准备，而客服了解商品信息的途径主要有查看已有的商品资料、询问厂商和批发商处的营业人员或资深人员、阅读报纸和专业杂志等资料获取相关信息、通过网络等媒体收集相关信息等。

10.8 课后习题

（1）了解客户服务工作的重要性，熟悉客服的基本工作，掌握客服与消费者交流的技巧以及售后服务的方法。

（2）根据店铺售卖商品的实际情况，进入淘宝客户运营中心，设置店铺会员等级，要求至少包含普通会员、高级会员与 VIP 会员 3 个等级。

（3）在淘宝客户运营中心添加"回购客户""咨询未购客户"等不同分组，将客户分为不同的组。

（4）结合店铺实际情况，设置客服人员的激励制度，要求至少包括奖惩激励。